Skills and Techniques of Social Welfare Practice

사회복지 실천기술론

김성철
김화신
모아라
박윤희
박종란
송희경
오현주
전정이

양 성 원

머리말

사회복지실천기술론이란 사회복지의 실천대상이 되는 개인과 가족, 집단의 사회기능을 향상시키기 위해 사회복지사가 습득해야 하는 다양한 실천기술, 기법, 지침(면담기술, 사정기술, 개입기술, 지지망 구축기술, 협상기술, 평가 및 종결기술)과 이를 실천대상에게 적용하며, 실제에 개입하고 평가하는 것이다.

사회복지실천기술론 교과목지침서의 교육 목표는 이전에 비하여 사회복지실천론과의 교육 범위를 구분하고, 실천기술을 직접적인 실천에 초점을 두어 개인, 집단, 가족과 함께 실천할 때 요구되는 사정－면접－개입－종결의 과정에서 필요한 구체적인 임상기술에 초점을 두고 있다. 이를 위해 다양한 사회복지실천 모델을 익히고, 모델에서 제시하는 주요 기법을 익히고 활용할 수 있도록 교육하는 데 초점을 두고 있다. 지역사회대상실천기술은 지역사회복지론에서, 기록과 평가는 사회복지실천론에서 다루는 것으로 구분하고, 직접적인 실천기술에 더 역점을 두었다.

본서는 대학에서의 한 학기 강의에 적합하도록 총13장으로 구성되었으며 크게 사회복지실천개입모델, 개인사회복지실천, 집단사회복지실천, 가족사회복지실천, 제언 및 전망과정으로 나누어 정리하였다.

사회복지실천개입모델에서는 인지행동모델, 해결중심모델, 과제중심모델 ,위기개입모델, 동기강화모델을 중심으로 살펴보았으며 개인사회복지실천 영역에서는 개인대상 사회복지실천의 기술, 클라이언트와 함께 하기를 연구하였으며, 집단사회복지실천영역에서는 집단대상 사회사업 실천기술 모델, 집단대상 사회복지실천과정을 다루었으며 가족사회복지실천애서는 집단발달단계, 가족의 이해와 실천 영역을 정리하였고 제언 및 전망에서는 다양한 가족과 일하기와 사회복지실천기술의 사례관리와 서비스 전달을 연구하였다.

미래사회복지의 과제는 미래사회를 바라보며 양적 팽창에서 질적 성장을 위한 사고의 전환이 필요다고 보며, 본서가 이 사회의 어둡고 추운 겨울의 땅을 녹이는 봄날의 따뜻한 희망의 날갯짓이 되길 바란다. 이 책이 출간되기 위하여 애쓰시고 배려해주신 양성원 사장님과 직원 여러분께 다시 한 번 감사를 드린다.

2020년 9월

저자 일동

차례

PART 03 집단 사회복지실천

PART 04 가족 사회복지실천

[PART]

1

사회복지실천 개입모델

CHAPTER 01 인지행동모델

1 개요 및 목표

1) 인지행동의 원리

인지행동모델은 인간의 사회적 · 행동적 역기능이 사건이나 상황에 대한 클라이언트의 잘못된 인지와 비합리적 사고로 인해 발생하였으며, 인지 및 행동의 수정을 통해 그 역기능이 해소될 수 있다고 보는 것이다. 인지행동모델 실천가는 클라이언트가 상황을 왜곡하여 역기능적 문제를 일으키는 잘못된 가정과 사고의 유형을 검토하여 정서를 변화시킬 수 있도록 하는 인지치료와 함께 강화를 통해 바람직한 행동을 습득하고 실제 생활에서 행동의 변화를 유지시키도록 돕는다.

반면, 행동이론은 행동이 일어나는 원인이 인간 내부에 있는 것이 아니라 외부환경에 있으므로 대부분의 인간행동은 반복적인 학습을 통해 개선될 수 있다고 본다. 따라서 두 이론을 통합하는 인지행동모델은 인간의 심리적 특성에 의해서만 결정되거나,

단지 환경에 의해서만 행동하는 것도 아니고, 인지적 · 환경적 영향 사이에 끊임없는 상호작용에 따라 행동한다고 본다. '환경 속의 인간(person in environment, PIE)'의 관점을 통해 사회복지실천에서 환경과의 맥락 속에서 인간을 이해하는 인지행동적 시각이 필수적이다(양옥경, 김정진, 서미경, 김미옥, 김소희, 2009).

인간이 환경적 요인으로 인해 여러 가지 문제를 해결하는 과정에서 현장에서의 사회복지사는 심리역동적 접근에 의한 방어로 인지행동모델을 적용하였다. 이 모델은 클라이언트가 생각하는 방식이나 행동의 변화에 초점을 결합하는 것으로서 그 핵심적 특성은 다음과 같다(Cooper & Lesser, 2008; Goldstein & Noonan, 2005).

지금 겪고 있는 문제와 관련된 클라이언트의 사고와 행동, 문제를 유발하는 환경적 요인에 대한 체계적인 사정이 이루어진다. 문제를 확실히 하거나 목표 설정에 초점을 두거나 왜곡된 사고나 자기 파괴적 행동을 개선하고, 자신과 타인에 대한 새로운 신념체계와 행동의 습득에 대한 명료한 개입방법을 갖는다. 개입의 성과에 대해 객관적인 측정방법을 갖게 된다.

인지행동모델은 구조화된 접근과 체계적인 개입 과정으로 인해 클라이언트와 사회복지사 모두에게 무난히 받아들여지는 모델이다. 사례에 적용 가능성이 높기 때문에 사회복지사에게 매우 유용한 실천기술로 이바지한다. 사회복지사는 인지행동적 접근으로 인해 개입의 효과를 비교적 단기간에 알 수 있을 뿐더러 단일설계 방법 등으로 개입의 효과에 대한 객관적 평가가 가능하다(장수미 외, 2018). 따라서 인지행동모델은 최근에 사회복지사에게 부각되고 있는 중요한 개념으로 증거기반 실천방법으로 유용하게 적용되고 있다(Cooper & Lesser, 2008; Goldstein & Noonan, 2005).

2) 기본 가정 및 적용과정

인지행동모델은 행동이 보상과 처벌에 의해 자동적으로 구성된다고 가정하기보다는 환경이 제공하는 정보와 개인의 인지적 과정의 상호작용 결과로 이루어진다고 본다. 환경은 끊임없이 인간에게 경험과 정보를 제공하고 이러한 환경의 영향은 관심, 기대, 자극변형, 반응과 같은 개인의 인지적 과정에 의해 중재된다(설진화, 2018).

인지행동모델은 문제에 중점을 부여하고 시간에 한계를 둔 접근이며, 클라이언트가 자신의 사고와 행동을 제한하기 위한 대처기제를 학습하는 교육적 접근을 부각시킨다. 또한 인지 변화를 감정으로 전환하기 쉽게 연결하는 반면, 인지 변화가 자연적으로 행동변화를 수행하는 것을 지양하고 인지 변화를 행동변화로 주도하기 위한 다양한 행동주의 기술과 기법들을 긍정적으로 활용한다.

최근 사회복지실천에 지대한 영향에 인접하고 있는 인지행동모델은 생각하고 정보를 처리하는 단계인 인지 과정의 연구로부터 도출된 개념과 함께 행동주의와 사회학습이론으로부터 나온 개념들을 통합 적용한 것이다(양옥경 외, 2010).

표 1-1 인지행동모델과 이론적 배경

인지이론	행동주의 이론	인지행동모델
• 인간의 경험과 사회적 상호작용의 결과 인지 능력 발달 • 정보의 투입, 전환, 산출 메커니즘 • 정보 조직화, 정보의 내적 표현 • 인지 과정의 오류가 정서 및 행동 문제 초래 • 논박과 소크라테스적 질문을 통해 인지적 오류 수정	• 인간의 행동, 정서, 사고는 외부환경이나 자극에 의한 학습 결과 • 구체적으로 관찰할 수 있는 행동에 초점 • 정확한 문제 규정, 변화 목표, 개입 과정 강조 • 파블로프의 고전적 조건화 • 스키너의 조작적 조건화 • 반두라의 사회적 학습이론(관찰학습, 사회적 모델링 등)	• 비합리적 신념에 의한 행동과 정서의 문제 초래 • 적응적·합리적 믿음과 사고로의 전환을 위한 인적 개입 • 새로운 적응적 행동 양식의 학습 • 학습을 위한 연습과 실연 등 행동주의적 훈련 • 행동의 변회에 따른 긍정적인 피드백 경험 • 긍정적인 피드백으로 긍정적 사고 및 행동의 강화

출처: 김정진(2019).

3) 사례

(1) 사례 개요

〈표 1-2〉의 사례는 클라이언트인 현지혜(가명)가 임신중절을 하고 1년이 지난 후 상담을 의뢰한 것으로 클라이언트는 임신중절로 인해 우울과 죄책감의 감정이 지속되고 있었다. 사회복지사는 클라이언트의 감정에 대해 심도 있는 상담을 진행 후, 합리정서적 치료방법을 통해 바람직하지 않은 정서 상태를 극복할 수 있도록 돕기로 했다.

치료의 초기는 클라이언트의 원치 않는 정서와 비합리적 행동의 근원이 되는 비합리적이고 부정적인 자기 언어를 깨닫는 것을 돕는 것이다. 클라이언트가 이를 깨닫게 된 후에는 보다 합리적이고 긍정적인 자기 언어의 틀을 가지고 그러한 비합리적인 자기 언어에 도전하도록 교육하고 격려한다. 비합리적인 자기 언어에 대해 합리적 자기 도전을 발전시키기 위해 행동과제를 부여한다.

이 사례를 보면 사건을 명확히 하고, 사건 자체가 자신을 곤란에 빠뜨린 것이 아니라는 것을 받아들이게 하는 논박(Da), 클라이언트의 비합리적 생각들에 대한 논박 D(B-1~5)을 통해 우울과 죄의식에서 벗어나는 데 도움이 되는 인지로 변화한 것을 볼 수 있다. 이 사례를 통해 합리정서적 치료의 ABCDE 과정에서 논박을 통한 클라이언트의 합리적 사고로 변화하면서 정서 및 행동의 변화가 어떻게 나타나는지 이해할 수 있을 것이다.

(2) 사례 개입 과정

표 1-2 RET 개입 사례

A(선행사건)	D(a): A에 대한 논박
나는 13개월 전 임신한 사실을 알게 되었다. 이 사실을 남자친구 기범(가명)에게 말했더니 그는 이러한 현실에서 벗어나려고 하였다. 기범과의 만남은 그가 교통사고를 당하고 난 후 지속되었다. 그가 매우 의존적이고 나약한 사람이란 것과 나로부터 모성애를 느끼되면서 알게 되었다. 우리는 만난 지 얼마 안 되어서 임신이 되었다. 그 당시 나는 대학생활의 꿈을 갖고 있을 시기였고, 내 부모님은 딸인 나를 믿고 존중해 주셨기 때문에 임신 사실을 알려서 실망과 상처를 드리고 싶지 않았다. 그렇기 때문에 나는 아이를 낳을 수 없다는 생각이다. 기범이가 나에게 떠났을 때 나는 중절수술 이외에는 다른 대안을 찾지 못하고 그것을 실행에 옮길 수밖에 없었다. 하지만 임신중절은 내 자신의 죄책감으로 인해 우울감에 빠지게 되었다.	모든 내용은 대부분 사실에 관련된 것이며, 임신중절을 실행에 옮겼다는 현실이 우울하고 죄책감에 사로잡히게 만든 것은 아니다. 나로 하여금 우울과 죄책감을 느끼도록 만든 것이 임신중절을 실행에 옮겼다는 것에 대한 내 자신에 대한 자기 언어(self-talk)이다.
B(신념체계)	**D(B): B에 대한 논박**
[B-1] 나는 하나의 생명체를 죽였다.	[D(B-1)] 내 자신은 태어날 때까지는 삶이 시작되지 않는다고 믿는다. 피임약을 먹은 다른 여성과 마찬가지로 나는 단지 원하지 않은 아이를 갖는 것을 예방한 것이다.
[B-2] 임신중절을 실행에 옮긴 것은 내 자신을 부도덕적인 사람이 되도록 만들었다.	[D(B-2)] 원하지 않은 아이를 예방하는 것이 부도덕적인 것은 아니다. 임신했을 때 나는 한 가지 옳은 대답은 없다고 결론을 내려야 했다. 임신중절이 타인에게 부도덕적으로 보인다고 할지라도, 어떤 틀 안에서 부도덕적으로 보인다고 결론 내리는 것이 나를 부도덕적인 사람으로 만든 것이다. 나의 행동과 결정은 나의 도덕적 가치체계와 일관된 것이다. 결국 나는 부도덕적인 사람이 아니다.

[B-3] 임신중절을 한 것은 나를 무책임한 사람이 되도록 만들었다.	[D(B-3)] 임신중절에 대한 나의 결정은 내가 아이 양육에 대한 준비가 전혀 안 되었다는 점에서 책임 있는 것이었다. 기범은 임신을 지속하는 것에 대처할 수 없었거니와 나는 부모님을 위해 문제를 일으키지 않았다. 내가 미리 주의하지 못하고 사랑을 나눈 것은 무책임한 것이지만, 임신중절에 대해선 정당했다고 결론 내렸다. 그래서 하나의 무책임한 행동이 나를 무책임한 사람으로 만들지는 않는다.
[B-4] 내가 임신을 하지 않았더라면 기범은 나를 떠나지 않았을 것이고, 지금처럼 외로움을 느끼지는 않았을 것이다.	[D(B-4)] 나는 아직도 기범에게 좋은 감정을 갖고 있다고 생각한다. 처음에는 그 사실을 잘 인지하지 못하였지만, 지금 시점에서 기범과의 관계를 지속해 나갈 수 없다는 것은 명백하다. 나중보다는 지금 이것을 깨닫는 것이 더 낫다. 외로움은 내가 지니고 있는 또 다른 불유쾌한 감정이고, 나의 외로움에 대한 감정은 다른 치료에서 논의할 생각이다.
[B-5] 나는 아이를 낳아 가족을 이루기 원하지 않는다.	[D(B-5)] 내가 진정으로 원하는 것은 결혼하는 것, 직업을 갖는 것, 그리고 가족을 이루는 것이다. 만약 내가 아이를 출산했다면 학교를 그만두었고, 장차 내가 원하는 성격의 사람과 만나 결혼하는 것은 더욱 불가능한 일이다.
[B-6] 나는 하나님께 기도하고 삶과 죽음의 문제를 논할 자격이 없는 사람이다.	[D(B-6)] 나에게는 나 자신에 대한 최선의 이익을 위해 결정할 권리가 있다.
C(결과)	**E(효과)**
우울하고 죄책감을 갖고 있으며 다소 외롭다.	임신중절을 한 것에 대한 죄책감과 우울한 감정에서 벗어나고 다른 사람과의 만남을 시작하므로 현재와 미래에 대한 나의 생각에 초점을 맞춘다.

2 주요 가정과 특성

1) 벡(Beck)의 인지치료

인지행동 및 정서가 상호작용으로 서로 영향을 주는 것에 미칠 수 있는 행동적인 과정으로 인지치료(cognitive therapy)에 적극적으로 적용된다. 이 모델은 현재의 관계에 가져오게 된 기존의 인지 도식과 상호작용 과정의 시행착오를 통해 발달한 관계에 대한 특정한 인지 도식을 구분하였다(김진숙, 2007). 인지치료는 사람들에 의한 감정과 행동을 확정하는 단계에서 어떤 사건이나 상황보다는 그러한 상황을 해석하는 방법에 의해 결정된다고 본다. 자신과 타인, 자신의 주위에 관한 세계, 생활 사건에 대한 정보를 정리하는 과정에서 왜곡된 사고와 인지적 오류의 부정적 사고방식과 부정적 신념은 문제의 중점과 원인이라고 가정한다.

(1) 기본 가정

벡의 인지치료 모델은 엘리스와 마찬가지로 한 개인이 자신과 세계에 대해 가지고 있는 지각은 자신의 심리적 · 사회적 문제나 행복에 있어 다른 무엇보다 중요한 역할을 한다고 가정한다. 그러므로 클라이언트의 심리사회적 문제를 해결하려면 정서 및 행동적 측면도 중요하지만 인지적 측면의 왜곡을 수정하는 것이 가장 효과적이라고 믿는다. 그러나 벡의 인지치료 모델은 엘리스 모델과 기본 가정에서 차이점이 있다. 엘리스는 한 개인이 가지고 있는 규범의 경직성으로 인해 자신과 타인에게 극단적이고 자기 파괴적 평가를 내리는 행위의 역기능적인 면인 평가적 신념의 오류, 즉 비합리적 신념을 문제의 핵심으로 가정한다. 반면 벡은 자신과 세계에 대한 개인의 정보처리 과정에 나타나는 오류와 왜곡을 문제의 핵심으로 가정한다(정원식 외, 1999).

(2) 주요 특성

- **스키마**: 특정 대상에 대한 이전 경험, 그 대상에 대해 타인이 겪은 경험의 관찰, 그 대상에 대한 타인과의 대화, 개인의 기본적인 신념과 가정, 어떤 사건에 대한 개인의 지각, 반응 등을 협상하는 인지구조로 대개 이전의 경험에 의해 형성된다. 즉 개인이 보고, 듣고, 느끼고, 맛보고 경험한 직접 경험의 모든 자극들과 타인에게 듣고 관찰한 간접경험 모두를 말할 수 있다.
- **자동적 사고**: 한 개인이 어떤 상태에 의해 즉각적이고 자발적인 평가를 의미한다. 어떠한 사건에 대한 개인의 즉각적이고 계획되지 않은 해석을 말한다. 자동적 사고를 인식하게 되면 자신의 사고의 타당성을 평가할 수 있어 자신의 해석이 잘못됨을 알고 교정하게 된다.
- **임의적 추론**: 어떤 결론을 지지하는 증거가 없거나 그 증거가 결론에 위배되어도 그러한 결론을 내리는 것을 의미한다.
- **선택적 추론**: 다른 중요한 요소들은 무시한 채로 사소한 부분에 초점을 맞추고 그 부분적인 것에 근거해서 전체 경험을 이해하는 것을 의미한다.
- **과잉 일반화**: 한두 개의 고립된 사건에 근거해서 일반적인 결론을 내리고 그것에 서로 관계없이 상황에 적용하는 것을 의미한다.
- **개인화**: 자신과 관련시킬 근거가 없는 외부 사건을 자신과 관련시키는 성향으로 실제로 다른 것 때문에 생긴 일에 대해 자신이 원인이고 자신이 책임져야 할 것으로 받아들이는 이치이다.
- **극대화 및 극소화**: 어떤 사건이나 개인이 경험한 일을 그 사건이나 경험이 가진 특성의 한 측면만 고려하여 그것이 실제로 가진 중요성과는 무관하게 과소평가하거나 과대평가하는 것을 의미한다.

(3) 개입 목표

인지치료의 개입 목표는 다음과 같다.

- 생활 사건에 대한 클라이언트의 왜곡된 평가를 현실에 기초한 합리적 평가로 대체한다.
- 왜곡된 사고를 재평가하고 수정한다.
- 현실적이며 적응적인 행동을 강화한다.
- 증상을 경감시킨다.

2) 엘리스(Ellis)의 합리적 정서치료

(1) 기본 가정

합리적 정서치료(rational-emotive therapy, RET)모델은 인간의 본성과 정서장애의 본질 및 기원에 대해서 다음과 같은 가정을 한다(Ellis, 1982). 첫째, 인간은 이성적인 동시에 비이성적이다. 합리적으로 생각하고 행동할 때, 그는 효율적이고 행복하며 능력을 갖추게 한다. 둘째, 정서적 혹은 심리적 장애 신경증적 행동은 비합리적이고 비논리적인 사고의 결과이다. 정서는 사고를 수반하며 사실상 편견적이고 선입견적이며, 대단히 개인 중심적인 비합리적 사고라고 할 수 있다. 셋째, 비합리적 사고는 생물학적 경향성을 띠고 있으며, 부모와 그 문화에서 특별하게 획득한 초기의 비논리적 학습에 기원한다. 넷째, 인간은 언어적 동물이며, 사고는 보통 기호나 언어의 사용을 통해 일어난다. 사고는 정서와 정서적 장애를 동반하므로 정서적 장애가 지속되면 비합리적 사고는 필연적으로 지속된다. 다섯째, 자기 언어화의 결과로서 계속되는 정서장애 상태는 외부환경이나 사건에 의해서가 아니라 내재화된 문장으로 구체화되는 사건들에 관한 지각과 태도에 의해 결정된다. 여섯째, 부정적이고 자기 패배적인 사고와 정서는 비논리적이고 비합리적인 것보다는 논리적 · 이성적 사고를 하도록 사고와 지각을 재구성하는 방법으로 해결해야 할 것이다.

합리적 정서치료모델에서 인간은 합리적이고 정확한 사고를 할 가능성과 왜곡되고 비합리적인 사고를 할 가능성을 동시에 지닌 존재로 가정한다. 인간의 정서적 또는 심리적 혼란 상태는 사건에 대한 비합리적이고 비논리적인 사고의 결과라고 보는 것이다. 인간은 그를 비합리적으로 이끄는 강력한 생물학적 · 사회적 힘이 있는 반면, 이성적일 수 있는 잠재력을 가지고 있다고 가정한다. 따라서 이 모델은 실천가가 논박과 도전을 통해 부정적이고 자기패배적인 사고와 감정을 가진 클라이언트의 비합리적 지각과 사고를 논리적 · 합리적 사고와 감정으로 변화하도록 도울 수 있다고 가정한다.

(2) 주요 특성

합리적 정서치료는 인간은 근본적으로 비합리적인 사고를 하지만 자신의 비합리적 생각을 변화시킬 수 있는 능력이 있다고 믿는다. 비합리적 신념으로 인간은 부정적 감정과 행동으로 시작된다고 가정하고 있다. 합리적 정서치료는 인지적 · 행동적 요소를 부각하거나 적극적인 행동 방법을 활용하여, 클라이언트가 치료 중에 깨달은 통찰을 생활에 적용할 수 있도록 긍정적으로 과제를 부여한다. 인지기법, 행동기법, 정서기법을 통합하는 다차원적 접근으로 적용한다. 실제보다 어떠한 문제가 과대평가로 결론을 맺거나 그러한 현실일 경우 절대로 행운은 존재하지 않는다고 한다. 실행하면 안 되는 결정을 자신이나 타인이 행하였을 때 인격을 저하시킨다. 비합리적 신념의 범주로는 과도한 자기기대감, 과다한 인정 욕구, 비난성향, 정서의 무책임, 과민한 좌절 반응, 문제의 회피, 완전무결주의, 과도한 불안, 의존성, 무력감 등이 있다. 따라서 비합리적인 신념을 긍정적인 생활철학을 수용하고 기능적이고 합리적인 신념으로 전환시킬 수 있도록 반론과 행동으로 체험하는 인지 및 정서, 행동변화를 계획하는 것이 합리적 정서치료의 특성이다.

(3) 개입 목표

- **자기 관심**: 정서적으로 건강한 사람은 우선 자기 자신에게 관심이 있거나 진실하며, 타인을 위해 자기 자신을 자학적으로 희생시키지 않는다.

- **자기 지향**: 정서적으로 건강한 사람은 자신의 인생에 책임감이 있고 자신에 대한 대부분의 문제를 독립적으로 해결해 나가며 가끔 타인과 협력하고 도와주지만 타인의 도움을 강요하지는 않는다.
- **관용**: 기능적인 사람은 남에게 실수할 권리를 주며 타인의 어떤 행위를 싫어하거나 혐오할 수 있지만 하나의 인간으로서 타인을 비난하거나 저주하지는 않는다.
- **불확실성의 수용**: 정서적으로 성숙한 사람은 인간이 가능성과 기회를 가진 세계에 살고 있다는 것을 인정하며, 거기에는 어떤 절대적인 확실성이 없다는 것을 긍정한다.
- **융통성**: 정서적으로 건강한 사람은 지적으로 융통성이 있으며 변화에 대해 개방적이고 그를 둘러싸고 있는 무수히 다양한 사람, 관념과 사실을 수용 가능한 것으로 본다.
- **과학적 사고**: 정서적으로 건강한 사람은 객관적이고 합리적이며 과학적인 사고를 통해 존재하는 사람과 사건에 대한 것뿐만 아니라 자기 자신과 그의 대인관계에 대해서 논리와 과학적 방법을 이용할 수 있다.
- **자기 수용**: 정서적으로 건강한 사람은 보통 자기가 존재하기 때문에 그리고 끊임없이 스스로 즐기고 행복과 기쁨을 창조할 수 있는 어느 정도의 힘을 가졌다는 사실 때문에 자기 자신을 좋아한다.

3) 행동주의모델 및 사회학습이론

스키너(Skinner)의 행동주의모델은 인간의 행동에서 학습된 것이며 학습 조건의 변화와 조작에 따라 수정이 가능하다고 본다. 또한 인간의 의식, 생각, 신념과 같은 심리내적인 측면은 믿을 수 있는 것으로 보고, 관찰 가능한 행동으로서 행동을 변화시키는데 도움이 되는 학습이나 재학습 경험에 초점을 두고 있다.

사회학습이론에 대한 반두라(Bandura)의 접근은 사회적 현상에서 다른 사람의 행동을 단순히 관찰(observation)만 하여도 그들의 행동을 학습할 수 있다. 다시 말해 반두라의 사회학습 개념은 대부분의 학습이 타인의 행동을 관찰하고 모방한 결과에서 일어난다는 인식에서 비롯되고 있다. 아동이 자신의 행동에 대해 직접적 강화를 받지 않더라도 다른 아동이 보상이나 벌을 받는 것을 관찰함으로써 직접적 강화를 받기 때문에 보상받는 행동은 학습되고, 벌 받는 행동은 학습되지 않게 된다. 따라서 반두라의 사회학습 이론은 관찰을 통하여 이루어지기 때문에 관찰학습이라 하며, 대리학습(vicarious learning)이라고도 한다.

(1) 기본 가정

인간행동은 환경적 자극에 의해 동기화되며, 행동에 따르는 강화에 의해 전적으로 결정된다고 본다. 한편 반두라는 인간행동은 외적 환경의 자극과 인간 내적 사건이 상호작용하여 결정된다고 보았다. 행동주의모델은 몇 가지 기본 가정을 전제로 하고 있다.

우선, 행동치료적 접근은 어떤 가정적 원인보다 행동 자체를 더 강조한다. 심리 장애에 대한 의학적 모델에 의하면 부적응 행동은 내적인 병리 상태나 질환에 의한 단순한 증상에 불과하며 증상을 치료한다고 해도 근본적인 병리 상태에 변화가 없으면, 그러한 증상은 다시 악화되거나 다른 증상이 생겨날 수 있다고 본다. 그러나 행동치료자들은 이러한 가정을 거부한다. 둘째, 행동치료적 접근에서는 부적응 행동은 정상행동이 학습되는 것과 동일한 방식의 학습 과정을 통해서 습득된다고 가정한다. 셋째, 행동치료적 접근에서는 학습원리와 같은 심리학적 원리가 부적응 행동의 치료에 매우 효과적일 것이라고 가정한다. 어떤 행동이 학습 과정을 통해서 학습된다면, 그러한 행동은 학습원리에 의해 수정, 치료될 수 있다고 가정할 수 있다. 넷째, 변화시키려는 부적응 행동을 구체적이고 분명하게 치료목표를 설정한다. 다섯째, 특성은 다양한 상황에서도 동일하게 행동하려는 일종의 행동 경향성으로 보는 전통적 특성이론을 거부한다. 여섯째, 행동치료자들은 모든 문제를 해결하기 위한 단일치료 방법이란 있을 수 없다고 본다. 즉, 문제의 성격에 따라 상이한 치료방법과 절차를 적용해야 한다고 가정한다. 일곱째, 지금-여기에 초점을 두고 있다. 행동치료자는 생활사적 사상이나 경험에 대한 통찰이 치료과정에서 중요하다는 주장을 분명하게 거부하고 있다. 여덟째, 과학적 연구에서 비롯된 치료기법으로 다양한 치료기법에 대한 경험적 증거에 큰 비중을 두고 있다.

(2) 주요 특성

- **용암법**: 한 행동이 다른 상황에서도 발생할 수 있도록 그 상황을 점진적으로 변경하여 가는 방법을 말한다. 예를 들면, 대인관계에 미숙한 클라이언트에게 대화법을 학습시키고자 할 때 먼저 사회복지사와의 관계에서 대화법을 익힌 후에 점차 다른 상황에서도 대인관계를 잘할 수 있도록 확대시켜 나가는 방법이다.
- **타임아웃**: 문제행동이 어떤 상황으로 인하여 강화를 받게 되는 경우에 문제행동을 한 사람을 그 상황으로부터 격리시키는 방법이다. 예를 들면, 동화시간에 아동이 옆에 있는 아동을 괴롭히면 문제행동을 한 아동이 그 동화를 계속 들을 수 없도록 그 상황으로부터 격리시키는 것이다. 후속 결과에 따라 강화와 처벌로 나눈다. 긍정적 강화는 좋은 자극을 얻는 것이고, 부정적 강화는 싫어하는 것을 제거하는 것이다. 긍정적 처벌은 싫어하는 자극을 얻는 것이고 부정적 처벌은 좋아하는 것을 감소시키는 것이다.

(3) 개입 목표

일반적 원조 과정과 마찬가지로 행동주의모델에서도 사회복지사는 클라이언트를 수용하고 지지하며, 클라이언트의 문제해결에 대한 능력과 자신감을 격려하고 클라이언트가 가지고 있는 장점을 강조한다. 클라이언트의 문제는 클라이언트의 행동과 환경의 관계에 기인한다고 전제하기 때문에 클라이언트의 문제를 병리적으로 보지 않고 매우 중립적인 입장을 견지한다. 관찰 가능한 객관적이고 구체적인 행동과 환경을 강조하는 행동주의모델을 적용하는 사회복지사는 클라이언트의 문제가 되는 행동과 행동 전후에 어떤 상황과 결과가 있었는지를 분석하고, 클라이언트의 행동을 변화하기 위한 목적으로 개입한다. 클라이언트의 문제를 구체적으로 규정하고, 강화 조건부를 변화하기 위한 개입 방법을 결정한 후, 사회복지사와 클라이언트가 동의하는 사항을 계약한다. 개입은 클라이언트가 최종 목록을 달성하도록 원조하는 데 초점을 두며, 개입과 동시에 진행 과정을 정리하고 기록, 평가한다. 특히 클라이언트의 일상생활에서의 강화 조건부가 중요하므로 클라이언트를 도와줄 수 있는 가족이나 친구, 이웃들을 찾아내어 클라이언트의 환경에서 강화가 이루어지도록 개입한다(김혜란 외, 2006).

3 주요 기술

인지행동모델에서 클라이언트 특성과 문제행동의 정도에 따라 주요 기법들 중 대표적인 몇 가지를 살펴보고자 한다.

1) 인지 재구조화

인지 재구조화(cognitive restructuring)는 역기능적이고 자기 패배적인 사고와 잘못된 신념을 인식하여 그것을 현실과 부합되며 클라이언트의 기능을 향상시키는 데 필요한 신념과 행동으로 대체하는 개입방법이다. 실체적 인지나 인지 과정을 계획하고 의논하여, 변화시키는 절차를 통틀어 활용하는 말로서 클라이언트는 일상 문제에 대한 자신의 정서적 반응 과정을 가정이나 신념을 가지고 있다. 이에 상담자는 클라이언트가 잘 수용할 수 있도록 지지한다. 클라이언트가 문제에 내재해 있는 역기능적 신념과 사고과정의 유형을 파악할 수 있도록 돕는다. 클라이언트가 자신의 역기능적 인지를 유발시킬 수 있는 과정을 공감할 수 있도록 지지한다. 스스로 판단을 대체할 만한 것으로 수긍하고 순기능적인 대책으로 자기 진술을 대신할 원조와 성공적 대처에 주력할 수 있도록 클라이언트는 스스로 보상을 지지한다.

2) 체계적 둔감화

체계적 둔감화(탈감법, systematic desensitization)는 불안을 일으키는 자극을 가장 약한 정도에서 가장 강한 자극으로 옮겨 가면서 차츰 자극에 대한 반응 강도를 감소시켜 나가는 기법으로 과정을 요약하면 다음과 같다. 첫째, 불안을 일으키는 상황을 구체적으로 열거한 후, 위계목록을 작성한다. 둘째, 근육 이완훈련을 시작한다. 셋째, 클라이언트가 이완을 통해 완전히 평온한 상태가 되면, 가장 약한 불안을 일으키는 장면을 상상하여 그 상황 속에서 자신의 능력으로 극복하도록 유도한다. 이 기법은 불안이 극복되면 더 높은 수준의 불안 장면으로 점차 높여 나가고, 최고 불안 장면까지 극복하게 되면 현실 상황을 적용시켜 마침내 불안을 완전하게 이겨낼 수 있다.

3) 모델링

모델링(modelling)은 클라이언트가 취할 만한 행동을 표현해 주고 클라이언트가 관찰학습 과정을 통해 이를 똑같이 따라 하도록 하는 기법으로 역할극을 통해 가끔 적용되며 클라이언트가 보인 행동에 대해 다시 피드백을 부여해 준다. 이 기법의 과정을 살펴보면, 우선 변화를 필요로 하는 구체적 행동을 파악하고, 모델을 제시한다. 클라이언트가 모델링에 주의와 관심을 갖도록 하고, 모델의 행동을 따라 하도록 한 후, 따라한 행동을 강화시킨다.

4) 이완훈련

이완훈련(relaxation training)은 클라이언트가 스트레스를 겪을 수 있는 상황일 때 적당하게 대응하도록 지원하는 기법이다. 근육의 수축이나 이완, 깊고 규칙적인 호흡, 유쾌한 일이나 상상 등을 단련하여 일상생활에서 초래되는 불안 장애, 중독, 기타 스트레스성 장애에 적용되고 있으며, 클라이언트가 재생하여 반복하여 들을 수 있도록 하는 개입방법으로 유용하다.

5) 사회기술훈련

사회기술훈련(social skills training)은 대인관계 기술을 발전시키는 데 목적을 갖고 진행한다. 사회복지현장에서 다양하게 적용되고, 클라이언트에게 의사소통 기술이 부족하거나 만족했을 때 대인관계를 형성하는 데 상당히 필요하며, 경청 및 말하기 기술 등을 포함하고 있어서 아동을 대상으로 하는 집단 실천에서 많이 활용된다(신성자 외, 2017).

6) 시연

시연(행동시연, rehearsall)은 가족이 경험하고 있는 문제를 사회복지사가 더 정확하게 이해하기 위해서 가족들로 하여금 가족의 역기능적 상호작용을 상담자 앞에서 실제로 행동을 통해 연기하도록 하는 것으로써 구조적 가족치료모델의 기법이다. 가족구성원들은 직접 행동함으로써 자신의 상호작용을 경험하고 관찰해 볼 수 있기 때문에 개입의 방향에 대한 정보를 확인하는 도구이자 그 자체로서 가족의 변화를 위한 도구가 된다.

4 한계점

인지행동모델은 인간의 인지 혹은 신념이 부적응의 원인이라고 전제하면서 실천과정에서 이에 대한 통찰의 중요성을 주장한다. 이는 다양한 문제에 적용할 수 있고 클라이언트 스스로 삶에 대한 책임을 강조하며 교육을 통한 능동적인 변화 방법을 제시하였다는 점에서 기여한 바가 매우 크다. 그리고 인지행동적 접근은 인간과 환경 간의 호혜적인 상호교류를 충분히 설명해 준다. 그러나 인지행동모델의 한계점으로는 우선 지적 능력이 낮거나 현실감이 없는 클라이언트 혹은 사고가 지나치게 경직되어 있는 클라이언트에게는 효과를 기대할 수 없고, 치료방법이 매우 지시적이고 교육적이므로 사회복지사의 가치와 철학을 클라이언트에게 강요할 수 있어 사회복지사는 가치 중립적이어야 한다는 전문적 윤리원칙과 갈등을 초래할 수 있다. 인지행동모델에 입각한 기술을 적용할 때 사회복지사는 개입 · 치료과정에서 적극적이어야 한다. 즉, 클라이언트에게 이들 기술을 활용하는 목적을 분명하게 설명하고 이를 수용할 수 있어야 한다. 나아가 문제해결을 위해 클라이언트는 새로운 시도를 해 보려는 의지를 갖고 있어야 한다. 예를 들어, 공포로 인해 두려움을 갖고 있는 클라이언트에게 사회복지사가 공포감을 줄여 주기 위해 일련의 체계적 둔감화를 적용하여 지속적인 공포 상황에 연달아 노출시켰을 때 클라이언트는 오히려 지나친 공포감으로 인해 더욱 악화될 수 있는 가능성이 있기 때문이다. 이러한 점에서 사회복지사는 클라이언트의 교육 및 인지 수준과 인지행동모델에 입각한 치료기술을 익힐 의지와 동기 그리고 윤리적 문제에 대해 충분히 고지된 동의와 이해를 파악한 상황에서 이들 기술을 적용할 필요가 있다(엄명용 외, 2015).

CHAPTER 02 해결중심모델

1 개요 및 목표

1) 이론적 관점

해결중심모델은 강점 관점을 기반으로 과거 문제나 결점보다는 클라이언트가 선호하는 미래와 강점을 지향하는 목표와 해결책에 초점을 두고 클라이언트가 현재 있는 자리에서부터 시작하는 특성을 가진다. 클라이언트에게 더 협력적인 접근으로 다양성을 인정, 존중하고 클라이언트 자신의 역량을 실현해 나가도록 돕는 것이다.

이러한 관점에서 상담자는 원조 과정에서 역량을 공유함으로써 클라이언트와 전문가 사이에 편중된 역량을 이완시키고 협력관계를 구축한다. 그러므로 상담자는 사례에 개입하기 위해서 우선 그 사례의 문제를 깊이 이해하는 것이 필수적이다. 클라이언트가 가진 문제 원인을 사정하는 것으로부터 사례에 대한 접근을 시작한다는 것은 문제중심 패러다임을 지닌 전문가의 기본적인 특징이다.

강점 관점의 실천지침을 살펴보면, 우선 클라이언트의 개인적인 관념과 갈망, 강점에 시선을 두고 클라이언트의 역량과 어떠한 자원을 가지고 있는지, 현재 효율적인 자원인가, 클라이언트는 어떤 가치와 권리를 추구하는가에 초점을 맞춘다. 또한 상담자와 클라이언트 간의 가장 중요한 여건으로는 관계형성이거니와 라포형성에 있어서 신뢰하고 의지할 수 있는 자원이 되어야 한다. 클라이언트의 자기결정권을 존중하면서 합의를 바탕으로 조력자의 역할로 관여한다. 현실적으로 지역사회를 무궁무진한 자원체계로 여기고 공식적인 자원뿐만 아니라 비공식적인 자원 확장을 위해 지역사회에 속한 자원을 개발하고 충분히 활용한다. 어떠한 문제나 장애를 갖고 있는 클라이언트라 할지라도 사람은 끊임없이 배우고 성장, 발전하는 것으로 변화에 신념을 갖고 개입활동이나 실천과정에서 긍정적인 평가나 반응으로 적용한다.

표 2-1 병리적 관점과 강점 관점 차이점

병리적 관점	강점 관점
• 개인을 '사례', 즉 진단에 따른 증상을 가진 자로 규정한다.	• 개인을 독특한 존재, 즉 강점을 가진 기질, 재능, 자원을 가진 자로 규정한다.
• 치료의 초점을 문제에 둔다.	• 치료의 초점을 가능성에 둔다.
• 클라이언트의 진술은 전문가에 의해 재해석되어 진단에 활용된다.	• 클라이언트의 진술은 그 사람을 알아가고 평가하는 중요한 방법 중 하나이다.
• 상담자는 클라이언트의 진술에 회의적이다.	• 상담자는 클라이언트의 진술을 인정한다.
• 어린 시절의 상처는 성인기의 병리를 예측할 수 있는 전조이다.	• 어린 시절의 상처는 개인을 약하게 할 수도 있고 강하게 할 수도 있다.
• 치료의 핵심은 실무자에 의해 고안된 치료계획이다.	• 치료의 핵심은 개인, 가족, 지역사회의 참여이다.
• 상담자는 클라이언트 삶의 전문가이다.	• 개인, 가족, 지역사회가 클라이언트 삶의 전문가이다.
• 개인적 발전은 병리에 의해 제한된다.	• 개인적 발전은 항상 개방되어 있다.
• 변화를 위한 자원은 전문가의 지식과 기술이다.	• 변화를 위한 자원은 개인, 가족, 지역사회의 장점, 능력, 적응기술이다.

병리적 관점	강점 관점
• 원조 목적은 행동, 감정, 사고 관계의 부정적인 개인적·사회적 결과와 증상의 영향을 감소하는 것이다.	• 원조 목적은 그 사람의 삶에 함께 하며 가치를 확고히 하는 것이다.

출처: Saleebey(1996) 재인용.

2 주요 가정과 특성

1) 개입 목표 및 개입 과정

(1) 목표설정

상담자가 원하는 목표나 내담자에게 필요하다고 생각하는 목표를 중시하지 않고 내담자가 원하는 목표를 지향한다. 상담의 목표를 구체적으로 설정하는 일은 내담자의 성장과 변화, 즉 상담의 효과성을 측정할 수 있는 기초를 준비하는 것이다. 목표를 설정하지 않고 상담을 진행하는 경우 상담 효과를 평가하고 측정할 수 있는 근거가 없어서 더 많은 시간과 에너지가 소모될 수 있으며, 더 중요한 것은 상담결과에 대한 만족도가 상대적으로 낮을 수 있다. 구체적인 목표는 상담자가 평가할 때 매우 중요한 부분이며 추후 서비스와 결과 연구에도 필요한 부분이다.

(2) 관계형성

상담 과정에서 관계는 일반적으로 상담자와 내담자와의 관계이다. 이러한 관계는 두 사람 간의 상호작용의 결과이며, 라포(rapport)라고 표현한다. 상담자와 내담자가 정서적인 분위기 속에서 마음을 쉽게 열고 목표를 향해 노력하게 되므로 상담 과정에서 서로 간의 필요한 부분이다. 해결중심 상담에서는 상담자와 내담자가 서로 협력해서 가장 좋은 상담 관계를 만들어 나간다고 강조하고 있다(정문자 외, 2017).

(3) 협동적 목표설정

목표설정 과정에서 다양한 내담자들, 상담자들 혹은 내담자 상담을 위한 서비스 기관들이 개입할 상황일 때 상담목표를 의논하는 과정에서 어려움이 발생할 수 있다. 이와 같은 경우 상담 과정에 관련된 개인, 서비스 제공자, 기관 등은 상담을 위한 다른 목표를 제시할 수 있다. 가족구성원들은 자신에게 중요하다고 생각하는 것에 차이점이 있으므로 가족구성원의 목표도 상이할 수 있다. 이러한 경우에 서로의 목표를 공유하여 참여자들 사이에 가치 있는 영역을 탐색하는 것이 유용하다.

2) 사회복지사의 역할

(1) 해결지향적 질문

해결지향적 질문은 클라이언트의 태도가 긍정적인 측면으로 변화되거나 클라이언트의 강점이 어떠한 문제로 발생하지 않는 예외상황에서 클라이언트가 해결방안을 도모할 수 있는 효과적인 기법이므로 질문을 중요하게 다룬다.

(2) 알지 못함의 자세(Not knowing posture)

강점관점 해결중심에서의 사회복지사의 역할은 클라이언트의 준거 틀을 따라 가면서 탐색하게 된다.

알지 못함의 자세는 클라이언트를 진심으로 궁금해하는 역할자의 행동에서 나타난다. 상담자는 자기 생각이나 기대를 전달하는 대신 클라이언트의 이야기에 호기심을 가지고 더 많이 경청하고자 한다. 상담자는 선험적으로 깨닫는 것이 불가능하므로 끊임없는 연습과 현장에서의 많은 경험, 훈련이 필요하다. 오로지 자기 노력의 결과로 반복하면서 몸으로 익혀 실천에 옮길 때 비로소 이해할 수 있다.

3) 개입기술

해결중심모델에서 대표적이고 특징적인 대화 기술로는 다음과 같은 질문 기술들이 있다.

(1) 관계에 따른 유형별 고객

클라이언트는 변화를 원하는 고객으로 자신을 인식하는 고객 관계가 형성되어야 효과적이다. 그러므로 상담자는 클라이언트가 어떤 유형인지 확인하는 것과 이에 맞추어 대처하는 것이 중요하다. 클라이언트의 관계유형은 다음과 같다. 클라이언트가 고객으로 발전해 나갈 수 있도록 이끌고 격려하는 것이 필수적이다.

① 고객형 클라이언트

고객형 관계유형은 사회복지사와 클라이언트가 함께 자신이 해결책의 한 부분임을 인식하게 되고, 문제해결을 위해 기꺼이 무엇인가 하려는 의지를 갖게 된다. 이에 상담자는 클라이언트의 목표를 성취하도록 지도할 수 있는 능력이 자신에게 있음을 확신한다. 이러한 유형은 변화는 자신의 노력에 의해 이루어진다고 믿기 때문에 과제부여가 가능하다.

② 불평형 클라이언트

불평형 관계유형은 문제해결의 목표나 클라이언트의 불평을 공동으로 발견했으나 해결을 위해 클라이언트 자신이 무엇을 해야 하는지 구체적으로 인식하지는 못한다.

이들은 자신의 불평이나 문제해결의 목표를 구체적으로 설명하지만, 자신이 해결의 실마리를 갖고 있다기보다는 주위 사람들이 변화함으로써 해결책을 찾을 수 있다고 믿는 유형이다.

③ 방문형 클라이언트

클라이언트가 해결하고자 하는 치료나 문제해결의 목표를 인식하지 못한 경우에 일어난다. 클라이언트는 자신의 문제는 자신에게 있는 것이 아니고 다른 사람에게 있다고 생각하고 변화해야 할 의지가 낮은 경우이다. 이러한 관계유형은 대부분 스스로 방문했다기보다는 억압으로 인해 수동적인 클라이언트로 구축될 실현성이 높은 유형이다.

4) 효과적 해결중심 개입을 위한 메시지 전달방법

메시지 전달방법은 칭찬, 연결문, 과제로 형성된다. 칭찬은 클라이언트가 성공적으로 이루는 것을 통해 강점을 강조해 준다. 연결문은 칭찬 다음에 나오는 제안이나 과제에 관련되고 제안의 근거를 제시한다. 과제는 관계유형에 따라 변하는데 고객형은 행동과제를 주고, 불평형은 관찰 또는 생각 과제를 준다. 방문형은 과제 없이 어려운 상황에서도 찾아온 것에 대한 격려나 칭찬으로 상담이 계속 이어지도록 한다.

〈사례 적용〉

내담자는 처음 상담실에 방문하였을 때 남편이 음주 문제가 오래 지속되었고, 특히 음주가 심할 때는 폭력이 빈번해서 이혼을 생각하고 있었지만 자식들이 걱정되어 지금껏 살아 왔다고 하소연하였다. 남편은 반복된 음주 문제로 병원치료를 받는 중이다. 사회복지사는 첫 면담에서 내담자에게 "무엇이 변하면 오늘 여기에 온 의미가 있을까요?"(목적확인)라는 질문을 하였고, 내담자는 남편의 음주와 폭력 문제가 개선되는 것이고, 남편이 변한다면 가족이 모두 화목해질 것이라고 하였다. 2차 면담부터 참석한 남편은 "가족들이 자신을 조금만 이해해 주었더라면 술을 덜 마셨고 나처럼 운이 없는 사람은 없다."라고 하였다(불평형).

사회복지사는 가족과 면담을 하면서 기존의 어떤 상황에서 음주하게 되는지, 문제행동은 무엇인지 질문 대신에(이러한 질문은 알코올 문제가 있는 내담자나 그 가족이 자주 듣게 되는 질문이며 이를 통해 자신과 가족에 대한 부정적인 감정을 더욱 강화하게 된다) 남편이 음주나 폭력을 행하지 않거나 심하게 하지 않는 예외상황을 찾도록 하였다(예외질문). 처음에 이 질문에 내담자는 '남편에게 그런 일은 없으며 항상 술을 마신다'라고 하였다. 이에 사회복지사는 "밤새 기적이 일어난다면 아침에 일어나 당신의 어떤 행동을 보면 가족들이 기적이 일어났다고 말할까요?"(기적질문)라고 질문하였다. 이를 통해 내담자는 "남편이 술 마시고 들어왔는데 제가 잔소리를 하지 않고 술국을 끓여준다면 남편이 기적이라고 하겠죠."라고 응답하는 것을 통해 서로 간의 기대와 목표를 찾게 된다. 이 과정에서 아들이 "아버지가 술을 마시면 새벽에 들어오는데 상담받으러 가는 어제는 술은 마셨지만 밤 12시에 들어오셨어요."라고 얘기하는 것에 작은 예외를 발견하였다. 사회복지사는 이를 놓치지 않고 남편에게 "어떻게 그렇게 할 수 있으셨어요?"(간접적인 칭찬) "아버지가 일찍 오실 때 그때 가족들은 무엇을 하고 있었나요?"(관계성 질문, 예외상황)에 주목한다. 이러한 상황은 이미 면담 전에 변화는 시작되고 있었음을 간접적으로 알려주며, 이런 질문에 답하면서 가족들은 예외상황과 강점에 관심을 갖게 된다. 또한 남편이 술을 마시지 않고 일찍 들어오면 가족들이 어떻게 반응하는 것이 남편의 행동에 영향을 미치고 서로 연결되어 있음을 알게 되면서 기존의 불평형에서 고객형으로 전환할 수 있다.

이 과정에서 사회복지사는 가족들이 여러 가지 경제적인 곤란에도 치료를 계속 받으려는 의지를 격려하면서 "어떻게 포기하지 않고 치료를 할 수 있었나요?"(대처질문) 남편에게는 "치료를 거부 할 수 있었는데 어떻게 치료에 응하셨나요?"라는 질문을 통해 스스로 자원과 강점이 있음을 알게 된다. 그리고 음주 문제나 가족 문제를 함께 변화시키도록 목표를 세우면서 척도질문을 통해 자신의 목표와 지금 자신의 모습을 비교하면서 자신의 모습은 어디에 있는지 구체적으로 자각하였다. "지금의 모습에서 1점이 올라가려면 무엇이 달라져야 할까요?"(척도질문, 관계성 질문) 등을 통해 성취할 수 있는 작은 변화를 목표로 삼았다. 이후 고객형으로 전환한 가족에게는 과제를 부여하여 단기적 개입 이후에도 가족에게 변화가 적용될 수 있도록 도왔다.

출처: 신정자 외(2017).

3 주요 기술

해결중심모델에서의 개입 과정은 일반적 상담, 해결지향적 질문, 목표설정, 메시지 작성 및 전달, 과제 부여로 분류하고 특징적인 개입기술로는 다음과 같이 요약할 수 있다.

1) 면담 전 변화를 위한 질문

해결중심 접근에서 기본 가정은 변화란 필수적이며 끊임없이 발생한다고 보기 때문에 상담 신청 이후부터 상담을 오기 전까지의 경험에 의한 변화에 대한 것으로 상담 전 변화에 관한 질문을 중요하게 생각한다. 상담자는 어떤 방법으로 문제 심각성이 완화되었는지 클라이언트가 파악할 수 있는 질문을 하며, 다른 사람의 도움 없이 변화할 수 있다는 잠재력을 가지고 있으며, 해결능력을 느끼고 확장시킬 수 있도록 인정하고 격려하는 것이다.

〈질문의 예〉

- 전화로 상담을 신청했을 때와 상담을 받으러 오는 동안에 어떤 변화가 조금이라도 있었나요?

2) 예외질문

예외질문은 문제를 해결하기 위해 어쩌다 실시한 방법을 탐색하여 계획적으로 실행하는 것이다. 클라이언트가 문제해결을 위해 무엇인가 터득하여 행동하는 것이 아니라

이미 성공을 이룬 것을 탐색하여 의미 부여를 통해 의도적으로 지속성 있게 효과적으로 실시하는 것이다. 어떠한 상황에서든 예외라는 문제는 있기 마련이지만 해결중심 단기치료에서는 중요한 예외를 찾아내어 강조하면서 클라이언트의 성공을 확대하고 강화해 준다.

〈예외질문의 예〉

- 살아오면서 '그래도 잘 살아왔구나'라고 생각할 때 무엇을 보면 알 수 있나요?
- 문제가 발생하지 않을 때는 언제였나요?
- 최근에 보람된 일이 있었다면 무엇이었나요?

3) 척도질문

척도질문은 숫자를 이용하여 클라이언트에게 자신의 문제나 문제의 우선순위, 성공에 대한 태도, 정서적 친밀도, 자아존중감, 치료에 대한 확신, 변화를 위해 투자할 수 있는 노력, 진행에 관한 평가 등의 수준을 수치로 표현하도록 하는 질문 방법이다. 이러한 척도질문을 통해서 사회복지사는 클라이언트의 문제해결에 대한 태도를 보다 정확하게 알아볼 수 있거니와 클라이언트의 의지와 동기부여, 현재 상태, 자신감 등의 변화 과정을 격려하고 강화해 주면서 클라이언트는 자신의 상황을 객관적으로 바라볼 수 있다. 그리고 클라이언트가 원하는 변화로 나아가는 데 있어 다음 단계를 구체적으로 그려 보면서 무엇을 조금 더 해야 하는지 확인할 수 있게 한다(Berg & Dolan, 2001). 이에 상담자는 척도질문을 통해 클라이언트의 변화 정도와 종결 시점 등을 대략 알게 된다.

〈척도질문의 예〉

- 1에서 10까지 척도에서 10은 문제가 모두 해결되었다는 확신이 들었을 때이고, 1은 문제가 가장 심각할 때를 나타냅니다. 현재 상황을 숫자로 표현해 보시겠어요?
- 현재 상태가 6이라는 숫자는 무엇을 의미하는 것일까요?
- 지금보다 올라간다면 7이 될 수 있겠죠? 1점을 높이기 위해서 어떤 변화가 있어야 할까요?
- 10이 되었다는 것을 내가 어떻게 알 수 있을까요?

4) 기적질문

기적질문은 문제가 해결되었거나 감소하지 않은 상태에서 문제와 분리하여 해결된 상태를 상상하도록 하는 것이다. 이 질문을 통해 클라이언트는 문제가 해결되었을 때를 생각하면서 본인이 원하는 것을 이전보다 더 구체적이고 명확하게 설명하여 문제 집중에서 벗어나 해결중심 영역으로 초점을 맞춘다. 그러므로 기적질문을 사용한 후 클라이언트가 구체적이고 실제로 이루어질 수 있는 미래를 추측해 나갈 수 있도록 후속질문을 이어나간다.

〈기적질문의 예〉

- 이제는 좀 다른 방향의 질문을 하는데요. 상상력을 발휘해야 할 것 같습니다. 밤새 잠을 자는 동안 기적이 일어나 그동안의 문제가 해결됩니다. 하지만 본인은 잠을 자고 있었기 때문에 기적이 일어났는지 전혀 모르고 있습니다. 아침에 눈을 떠보니 지난 밤에 기적이 일어나 모든 문제가 해결되었을 때, 당신은 기적이 일어났다는 것을 무엇을 보면 알 수 있을까요?
- 기적이 일어났으니까 당신은 예전과 어떻게 변화된 모습일까요?
- 기적과 같은 일이 최근에 언제 일어났었나요?

5) 대처/극복질문

대처질문은 클라이언트 자신이 미래를 매우 절망적으로 보고 아무런 희망이 없는 상황에서 주로 사용하는 질문기법이다. 상담자는 클라이언트에게 어려움이나 위기에서 어떻게 생활하였는지, 그런 상황에서 무엇을 기대하였는지 등의 질문으로 클라이언트의 역량을 인정해 주고 강화시킨다. 대처질문을 통해 상담자는 클라이언트의 신념체계와 무기력에 저항하는 동시에 클라이언트에게 다소 성공을 감지할 수 있게 유인할 수 있다. 그러면 클라이언트는 자신이 대처했던 방식과 강점, 능력을 발견하면서 역량 강화에 도움이 된다.

〈대처/극복질문의 예〉

- 당신의 상황을 보니 우울할 수밖에 없는 것을 잘 알 수 있습니다. 그런데 이러한 상황을 어떻게 견딜 수 있었는지 궁금해집니다. 일상생활을 잘 할 수 있기까지 어디서 그런 힘이 나올 수 있었나요?
- 어렵고 힘든 상황을 지금까지 어떻게 견딜 수 있었나요?

표 2-2 해결중심모델의 개입과정과 개입기술

개입과정	개입기술	설명
일반적 상담	경청과 인정	클라이언트의 강점과 능력에 대해 경청하고, 이러한 강점을 인정해 줌으로써 클라이언트가 사회복지사로부터 존중받고 있다는 느낌을 갖도록 함
	호기심 갖기	클라이언트를 진단하거나 특정한 어떤 것을 하도록 강요하는 것이 아니라 클라이언트가 원하는 것, 그것을 성취하기 위해 어떻게 해야 하는가를 명확히 하도록 질문하고 그에 대한 반응에 호기심을 갖는 것
	초대하기	클라이언트가 상담으로부터 기대하는 바가 무엇인지 클라이언트의 목적이 성취되고 문제가 해결되는 것 또는 발전을 나타내는 징조가 무엇인가에 대해 대화하도록 초대함
	격려하기	클라이언트가 효과적으로 할 수 있는 것을 하도록 용기를 북돋아 주는 것을 중요하게 여김

개입과정	개입기술	설명
해결 지향적 질문	면담 전 변화에 관한 질문	변화란 불가피한 것이므로 면담 약속을 결정하고 면접에 오기까지 일어났던 변화를 질문함
	예외 질문	문제해결을 위해 성공적으로 질문하고 있으면서도 의식하지 못하고 있거나 가치를 두고 있지 못하는 것을 발견하고 상담자가 의식적이고 의도적으로 성공하였던 클라이언트의 행동을 강화시키는 기술
	척도 질문	문제의 심각한 정도를 사정하고 치료목표 성취 정도를 측정하고 결과를 평가하는 데 있어 구체적인 수치를 이용하여 그 정도를 표현할 수 있도록 하는 질문
	기적 질문	문제가 해결된 미래에 대해 상상하도록 함으로써 클라이언트가 안도감, 희망, 용기를 갖도록 하는 것
	대처 질문	클라이언트가 절망적인 상황에서도 잘 견디어 내어 더 나빠지지 않는 것을 강조하고 위기에서 살아남기 위해 대처해 온 방법을 파악하고 그것을 인식, 강화, 확대하기 위해 활용하는 기술
목표 설정	관계성 질문	클라이언트가 상담을 통하여 원하는 것이 무엇이라고 말하는가? 클라이언트가 원하는 것이 자신에게 어떤 변화를 줄 수 있는가? 클라이언트가 자신이 원하는 것을 위해 노력하고 있다는 것을 어떻게 알 수 있는가? 클라이언트는 자신이 지금 원하는 것을 얼마나 경험하고 있는가? 클라이언트에게 중요한 사람들과의 관계에 대한 질문
메시지 작성과 전달	간접적 칭찬	클라이언트가 이미 실시하고 있는 것이 클라이언트에게 도움이 되고 좋은 것임을 알게 함
		가능한 한 클라이언트가 사용한 단어를 사용하여 클라이언트의 협조를 증가시킴
		상담자는 클라이언트의 목표에 동의함
		적절한 시기에 도움을 받으러 왔으며 목표 성취가 어려울 것이라는 점을 인식할 수 있도록 도움
		적절한 문장으로 시작함
		명확하게 과제와 그 목표를 설명할 것
		칭찬 형태로 자신이 감정과 자원을 발견하도록 질문함
과제부여		클라이언트에게 생각, 관찰, 확인, 작은 것 행동하기 등과 같은 과제를 내줄 수 있음. 이때 과제는 항상 잠재적인 문제나 해결해야 하는 문제가 해결되는 방향으로 이끄는 것이어야 함

4 한계점

해결중심모델은 단기치료 접근방법이지만 장기치료와 비슷한 치료의 효과가 있다는 점과 클라이언트 중심의 관계 및 협조를 활용하고 클라이언트의 장점을 파악한다는 점에서 많은 유용성을 갖고 있다. 하지만 이러한 이론에 대한 비판도 적지 않은 것을 볼 수 있으며 다음과 같은 한계점을 찾아볼 수 있다.

해결중심모델은 클라이언트의 과거에 대한 이해를 중요하게 인정하지 않지만 사회복지사는 변함없이 클라이언트에 대해 사정하고 진단할 필요가 있다. 클라이언트의 객관적인 측면을 인정할 필요성이 있음에도 불구하고 클라이언트의 경험에 대해 거론하지 않고 있다. 클라이언트에 대한 공감을 위해서 문제를 듣는 것은 결국 해결중심모델의 독특함을 인정하지 않는 것이며 상담 기간이 길어지고 결국은 지지치료와 흡사한 형편을 고려해 볼 수 있다. 클라이언트가 이전에 사용한 해결책이나 자신이 개발한 해결책, 또한 문제에 대한 예외에 초점을 결합하여 일련의 관여를 통해 클라이언트가 그러한 행동을 좀 더 많이 할 수 있도록 격려함으로써 클라이언트의 강점과 적응 유연성을 이끌어 낸다는 점에서 해결중심모델은 사회복지실천의 패러다임의 변화에 거대한 공헌을 하였다(정순둘 외, 2010).

CHAPTER 03 과제중심모델

1 주요 개요

과제중심모델(task centered model)은 클라이언트가 주어진 문제나 욕구를 해결하기 위해 자신에게 주어진 구체적이고 계획적인 행동적 과제를 통해 클라이언트 스스로 수행 가능한 과제로 대치하도록 하고, 문제를 해결할 수 있도록 지원하는 사회복지실천방법이다. 현재의 문제갈등에 초점을 두고 있으며, 최근에 주목받고 있는 권한부여 관점과 증거기반 실천의 요구에 보다 적합한 모델로서(Marsh & Dole, 2005) 실천현장에서 다양하게 활용되고 있다.

과제중심모델은 클라이언트가 정해진 시간 내에 수행해야 할 특정한 과제를 스스로 해결한다는 점에서 다른 모델과 구별된다. 또한 클라이언트와 사회복지사가 동의한 표면적 구체적인 과제를 중심으로 문제해결과정을 조직하며 동의에 의해 구체화되고 구조적인 문제해결과정을 조직하며 클라이언트가 과제를 수행할 수 있도록 원조하는 모델이다. 이에 보다 객관적이고 과학적인 개입 활동을 통해 사회복지실천적 책무성

증진에 기여할 수 있는 실천모델로 평가되고 있으며 초점화된 면접과 시간제한적인 속성은 클라이언트의 적극적인 참여와 자기결정권의 강화를 중시하게 되었다. 과제중심모델은 보다 실용적이고 융통성 있는 접근방법으로 단기적 접근에 사용되는 시간제한, 제한된 목표, 초점화된 면접과 현재에의 집중, 활동과 지시, 신속한 사정, 치료적 융통성 등을 적극적으로 활용하였다(Epstein & Brown, 2002). 한편 과정중심모델은 사회복지임상실천에 기본을 두고 다양한 이론과 모델을 절충하여 활용하고 있으며, 특정이론이나 접근방법에 고집하지 않고 경험에 기초한 실증적 연구에 의해 지지되고 있는 방법과 이론지식을 중요시한다. 따라서 사회복지실천현장에서 전통적으로 중시해온 대인 간 문제, 개인 내적 문제뿐만 아니라 현대사회의 다양한 위기상황 등 개인과 환경 간의 상호작용과 관련된 문제에 폭넓게 적용 가능한 모델이다.

1) 이론적 배경

과제중심모델은 1960년대에 시작된 단기치료의 영향을 받았으며, 1970년대 미국 뉴욕 시카고대학의 레이드(W. J. Reid)와 엡스타인(L. Epstein)이 발전시킨 사회복지실천의 한 모델이다. 이 모델은 장기간의 개입을 필요로 하는 정신역동모델이나 심리사회적 모델에 의존하는 경우 시간과 비용이 많이 들고 빠르게 변화하는 현대사회가 가지고 있는 복잡하고 다양한 문제를 융통성 있게 적용하지 못한다는 한계를 지적하였다. 이에 시대적 요구에 따라 레이드와 엡스타인은 약 3년간의 프로젝트를 착수하여 과제중심개별사회사업(Task-centered Casework, 1972)를 발표하면서 이 모델을 설계하였고, 실천적인 틀로서 과제중심모델을 제시하였다. 이 프로젝트의 목표는 첫째는 효율적으로 학습할 수 있는 전문적 원조기술을 개발하고, 둘째는 직접적인 실천의 효과성을 증진시키며, 셋째는 실천결과를 평가하는 능력을 증진하는 원조기술개발에 있다(Epstein & Brown, 2002). 그 결과 다양한 대인관계의 문제와 사회적 관계의 어려움, 역할수행의 어려움, 정서적 고통 등 생활상의 문제들을 다룰 수 있는 실천적 틀로써 과제중심모델을 제시하게 되었다.

한편 사회복지임상실천현장에 뿌리를 두고 있는 과제중심모델은 다양한 이론, 즉 일반체계이론, 의사소통이론, 인지이론, 학습이론 등의 기본원칙들을 통합하고 절충하였으며, 어떠한 특정한 이론이나 개입방법을 고집하지 않고 실용적이고 융통성이 있는 접근방법을 제시하고 있다. 특별히 펄만(H. Perlman)의 문제해결적 요소와 학습이론과 관련된 행동기법, 인지·행동적 이론과 방법 그리고 구조적 접근을 통합하면서(Reid, 1996) 특정이론이나 접근방법만을 고집하지 않고 경험에 기초한 지식을 중시하고 있다. 과제중심모델은 근거가 확실하지 않은 상태에서 이론을 구성하는 것을 피하고 실증적인 연구에 의해 검증되고 지지되는 방법과 이론을 선호한다. 이에 클라이언트의 문제를 계획적이고 구조적인 과정을 통해 구체적인 과제수행으로 잘 해결할 수 있도록 다양한 이론을 융통성 있게 통합하고 활용하는 모델이다. 따라서 개입내용도 클라이언트가 이해하고 관심을 가지고 있는 구체적인 표적문제를 경감 또는 완화하기 위해 클라이언트의 문제를 해결할 수 있도록 문제 인식을 강화하고 문제를 해결하기 위한 과제를 구체화해 주는 것이다.

2) 주요개념

(1) 표적문제

이 과제중심모델은 클라이언트가 직면하고 있는 문제 중에 당장 해결해야 할 표적이 되는 문제를 확인하는 데서부터 출발한다. 즉, 클라이언트가 자신이 직면하고 있는 문제를 인식하고 그 문제를 경감 혹은 해결하기 원하며 이에 사회복지사의 전문적 판단에 의해 인정한 문제로 클라이언트와 사회복지사가 동의한 문제를 말한다(Epstein & Brown, 2002: 6-8). 이는 클라이언트의 초기면접에서 문제에 대한 정보를 확보하고 클라이언트의 견해를 최대한 반영하여 사회복지사와 클라이언트 모두가 설정한 표적문제

(target problem)가 무엇인지 분명하게 이해하고 있어야 한다. 또한 클라이언트의 협조하에 표적문제를 잠정적으로 결정하여 클라이언트의 욕구를 근거로 우선순위에 따라 지속적인 탐구를 통해 표적문제를 상술한다. 표적문제 선정 시 가장 중요한 것은 클라이언트의 견해가 최대한 반영될 수 있어야 하며, 클라이언트와 사회복지사의 의견이 다를 경우 논의와 타협이 필요하다. 표적문제 선정기준은 첫째는 클라이언트가 인정하는 문제여야 하며, 둘째는 클라이언트 자신의 노력으로 해결 가능한 문제여야 한다. 셋째는 구체적인 문제여야 하며, 최대한 세 개까지 우선순위를 고려하여 선정하여 제한적인 시간에 단기개입이 가능하게 한다.

대표적인 표적문제로는 대인관계 갈등, 사회관계의 어려움, 조직체와의 상호작용의 어려움, 사회적 역할수행의 어려움, 사회적 지위와 역할과 상황의 변화에 따른 문제, 정서적인 문제, 스트레스적인 문제 그리고 자원부족문제 등이 있다.

(2) 과제

과제(task)는 사회복지사와 클라이언트가 함께 계획하고 동의한 표적문제를 해결하기 위하여 동의한 공동의 목표를 달성하고자 계획한 문제해결 활동이다. 과제는 일방적으로 사회복지사가 클라이언트에게 부과하는 과제와는 다르며 클라이언트뿐만 아니라 사회복지사도 이를 수행하는 경우가 일반적이다.

즉, 과제는 클라이언트 자신의 문제를 해결하기 위한 노력과 의지가 구체화된 것으로 자신의 문제를 완화하고 해결하기 위해 사회복지사와 함께 수행하기로 합의한 활동개입 목표이며 과정이다.

따라서 과제는 클라이언트가 자신의 문제를 해결하기 위한 노력과 의지가 구체적으로 표현된 것으로서 클라이언트는 문제해결을 위한 혹은 문제해결에 도움이 되는 활동을 수행하게 되고 사회복지사는 클라이언트의 과제수행을 지원하기 위한 활동을 말한다. 또한 과제는 클라이언트가 추구하는 직접적인 이익뿐만 아니라 더 큰 문제해결 목적을 달성하기 위한 수단이기도 하다.

과제의 유형에는 기본적으로 일반적인 과제와 조작적 과제가 있으며 그 외에 다양한 유형의 부수적 과제가 있다. 과제의 분류는 활동 수행을 계획하는 데 필요한 것이지만 특별한 효과나 목적을 갖는 것은 아니다(Epstein & Brown, 2002: 174).

① 일반적인 과제

일반적인 과제는 각 단계마다 무엇을 해야 하는지에 대해 대략적으로 기술하며 각 단계마다 무엇을 해야 하는가? 를 묻는 과제이다. 즉, 클라이언트와 사회복지사가 과제 수행을 하면서 세부적인 사항을 변경할 수 있는 하위과제로서의 위치를 차지하게 된다. 또한 일반적인 과제는 클라이언트의 목표를 내포하고 있기 때문에 과제와 목표가 동일하며 과제가 실행되었을 때 달성되어야 하는 상태를 말한다.

표 3-1 일반적인 과제의 예

일반적인 과제의 예
• 노인 일자리 등록하기 • 결혼 이민자 대상 한국어 교육강좌 수강 신청하기
잘된 일반적인 과제의 예
• 이씨는 복지관 노인 일자리사업에 등록 • P씨는 결혼이민자 대상 한국어 교육강좌에 수강신청
잘못된 일반적인 과제의 예
• 재취업하기 • 한국어 능력 향상

② 조작적 과제

클라이언트의 문제해결을 위해 수행해야 할 과제에 대한 구체적인 활동을 말하며 일반과제로부터 나온다. 일반과제가 목표 달성과 관련된 상위 과제라면 조작적 과제는 그 상위 과제에 도달하기 위한 구체적인 하위과제로 일반적과제로부터 나오게 된다.

표 3-2 조작적 과제의 예

조작적 과제의 예
• 직업훈련센터 지원서 작성하여 제출하기 • 노인 일자리사업 등록절차 확인하기 • 심리검사 예약하기
잘된 조작적 과제의 예
• 복지관 방문하기 • 심리검사 시간 문의하기 • 주거시설 방문하기
잘못된 조작적 과제의 예
• 정기적 상담받기 • 심리사회적 사정 실시 • 주거자원 파악하기

③ 그 밖의 유형의 과제

일반적인 과제의 하위유형은 세분화될 수 있으며, 이러한 유형은 유동적이거나 다른 과제와 합쳐지거나, 실천과정에서 우연히 실행되거나, 중간에 누락될 수 있다. 과제를 분류하는 것은 특별한 조작적 의도가 있는 것이 아니라 수행과정을 더욱 주의 깊게 계획하기 위한 것이다.

가. 유일과제(unique tasks): 한 번의 수행을 위해 계획된 과제(예: 김씨 부인은 화요일에 복지관 사회복지사를 만난다)

나. 반복과제(recurrent tasks): 반복적인 활동을 위해 계획된 과제(예: 김씨 부인은 매일 아침 아들을 안아준다)

다. 단일과제(unitary tasks): 여러 단계가 필요한 하나의 과제(예: 김씨 부인의 자활사업 신청하기)

라. 복잡한 과제(complex tasks): 밀접하게 관련된 둘 또는 그 이상의 구분된 과제(예: 자활사업 참여를 위한 절차와 준비과정 담당자와 의논하기, 자녀를 돌보아 줄 자원 탐색하기)

마. 개인적 과제(individual tasks): 한 사람이 수행하는 과제(예: 김씨 부인이 동사무소 전담공무원과 면담 약속하기)

바. 상호적 과제(reciprocal tasks): 둘 또는 그 이상의 사람들이 수행해야 하는 과제로 구분되지만 서로 연관되어 있는 과제(예: 김씨 부인은 남편에게 잔소리를 하지 않고, 남편은 술을 마시는 대신 화나는 감정을 아내에게 말할 것이다)

사. 공유과제(shared tasks): 둘 또는 그 이상의 사람이 같은 과제를 하는 것(예: 김씨 부부는 함께 부부치료를 받는다)

아. 인지적 과제(cognitive tasks): 사고 및 감정 활동과 관련된 과제로 정신적인 활동을 검토하여 명확히 하기(예: 김씨 부인은 남편에게 화가 날 때가 언제인지, 그때의 감정이 어떠한지에 대해 활동일지에 기록한다)

3) 주요 가정과 특징

(1) 주요 가정

과제중심모델에서 서비스의 초점은 클라이언트가 자신의 문제를 인식하고 그 문제를 해결하기 위한 능력을 가질 수 있도록 돕는 것이다. 즉, 클라이언트와 환경이 문제해결 노력에 관련될 수만 있다면 변화가 일어날 수 있다고 전제한다. 이에 구체적인 기본가정은 다음과 같다.

첫째는 시간제한적 단기개입으로 2~4개월 동안 8~12회기 전후로 서비스가 진행된다.

둘째는 과제중심모델의 가치 전제와 관련된 것으로 클라이언트의 자기결정권을 강조한다. 클라이언트가 자신의 문제를 인식하고 함께 해결하고자 요청한 문제에 한하여 접근한다. 개입과정에 있어서도 명확하게 제시한 문제에 대해 계약함으로써 클라이언트는 과제를 설정하고 실행하고 평가하는 주체자의 역할을 수행한다.

계, 구조화, 문제해결 활동(과제) 등에 있다(Reid, 1996: 618-620).

(1) 경험적 기원

과제중심모델은 경험적(실증적) 연구에 의해 검증되고 지지된 방법과 이론을 선호한다. 클라이언트 체계에 대한 가설과 개념은 실제 자료에 근거한 것으로서 사정, 과정, 성과자료는 개별사례에서 체계적으로 수집되어야 하며, 모델의 개선을 위해서는 지속적인 프로그램 연구가 이루어진다.

(2) 통합적 자세

과제중심모델은 문제해결, 인지 · 행동적, 인지적, 가족 구조적 접근방법 등의 다양한 접근방법의 양립 가능한 접근방법 가운데에 경험적 기초가 있는 이론과 방법을 선별적으로 선택하여 사용한다.

(3) 클라이언트가 인식한 문제에 초점 두기

과제중심모델은 클라이언트가 관심을 가지고 있는 표적문제, 즉 명백하게 인식한 특정 문제에 서비스 초점을 둔다.

(4) 체계와 맥락

클라이언트의 문제는 복잡한 체계의 맥락에서 발생한다. 따라서 문제의 해결이나 문제재발방지를 위해서는 맥락적인 변화가 필요하며, 문제의 해결은 역으로 문제가 발생한 맥락에 긍정적인 영향을 미칠 수가 있다.

(5) 계획된 단기개입

과제중심모델의 일반적인 서비스는 계획된 4개월 이내 6~12회기의 단기간 동안 개입으로 실행된다.

(6) 협력적인 관계

클라이언트와 사회복지사의 관계는 돌봄(caring)보다는 협력적인 파트너로서의 노력을 강조한다. 또한 사회복지사는 숨겨진 목적이나 의견은 피하며 사정정보를 공유하여 개입전략을 세우는 데 있어서 클라이언트를 최대한 참여케 함으로 보다 효과적인 개입을 고안하고 클라이언트의 문제해결능력을 개발한다.

(7) 구조화

개입 회기를 비롯하여 전체 프로그램은 잘 다듬어진 연속된 활동으로 구조화된다.

(8) 문제해결 활동(과제)

클라이언트의 변화는 기본적으로 클라이언트가 회기 중이나 회기 외의 시간에 문제해결 활동(과제)을 수행함으로써 달성된다. 특히, 사회복지사의 과제는 클라이언트의 환경 변화에 영향을 미치는 수단을 제공하며 클라이언트는 자신의 환경 속에서 스스로 행동을 동기화하는 데 초점을 둔다.

3) 실천개입과정

과제중심모델의 실천적 틀의 단계는 시작하기, 표적문제의 규명, 계약하기, 실행 및 종결 등 다섯 단계로 제시할 수 있다(Epstein, 1992: 116-119). 사회복지실천의 일반적인 과정과 마찬가지로 과제중심모델의 각 단계는 엄격하게 분리되기보다는 필요에 따라 상호 중복되거나 이전 단계로 돌아가는 등 유연하게 활용될 수 있으며, 다른 모델에 비해 과제중심모델의 실천개입과정은 체계적이다. 체계적인 실천과정을 통해 시간과 노력, 비용의 낭비를 최소화하고 실천하는 과정을 효과적으로 진행한다.

표 3-4 과제중심모델의 개입과정

구분	내용
시작단계	• 자발적 · 독립적으로 신청한 클라이언트 또는 기관에 의해 의뢰된 클라이언트 • 자발적 개입을 요청한 클라이언트는 바로 1단계로 진행 • 타 기관 의뢰된 클라이언트는 자신의 목표와 이유의 일치 여부 탐색
1단계: 표적문제 규명	• 클라이언트의 표적문제 확인 및 선정 • 신속한 초기사정
2단계: 계약	• 계약체결(개입목표, 표적문제, 과제, 개입 기간, 개입 일정, 면접시간, 면접장소 기타 관계자 등 포함)
3단계: 실행	• 사정하기 • 과제의 개발과 수립 • 클라이언트의 과제수행 및 사회복지사 과제수행지원 • 점검 및 모니터
종결	• 표적문제와 전체문제 상황에 대한 검토 • 성공적 문제해결 전략규명 • 남아있는 문제에 대한 논의 후 개입연장 및 사후지도

출처: Epstein & Brown(2002: 100).

(1) 시작단계(starting up)

과제중심모델에서 클라이언트의 참여는 자발적이고 독립적으로 기관을 찾아오는 경우와 다른 기관으로부터 의뢰되는 비자발적인 경우로 시작하게 된다. 자발적으로 찾아오는 경우는 곧바로 과제중심모델의 개입실천단계에서 제1단계인 문제규명단계로 넘어간다. 그러나 비자발적으로 참여하게 된 경우는 의뢰기관에서의 의뢰이유에 대해 그리고 의뢰기관에서 제시하는 클라이언트의 문제와 목표가 무엇인지에 관해 구체적이고 확실한 이유가 무엇인지를 탐색하여야 한다. 이러한 문제와 목표가 클라이언트가 제시하는 것과 일치하지 않는다면 사회복지사는 이에 대해 직접적으로 협상하고 조정하여야 하며, 법정명령으로 위임된 목표와 클라이언트의 목표가 다른 경우에는 클라이언트에게 이해를 구하여야 하며 적합하지 않을 경우에는 다른 기관으로 의뢰해야 한다. 사회복지사는 정서적 자원뿐만 아니라 물질적인 자원을 포함하여 의뢰기관에서 클라이언트에게 제공할 수 있는 자원이 무엇인지 알아보고 활용한다.

(2) 1단계: 표적문제 규명(target problem identification)

이 단계에서는 가장 큰 관심사인 표적문제를 규명하고 이를 설명하여 구체적으로 명명하는 과정에 클라이언트의 참여를 촉진시키고 문제의 우선순위를 결정하며 신속하게 초기 사정하는 것 등이다.

① 표적문제 규명하기

초기면접에서 사회복지사는 클라이언트 자신이 원하는 문제를 탐색한다. 과제중심모델은 클라이언트가 원하는 욕구를 중심으로 사회복지사와 함께 문제를 구체적으로 규명할 것을 강조한다. 이때 클라이언트가 자신의 표적문제를 말하는 데 어려움이 있다면 사회복지사는 클라이언트가 변화되어야 할 상황에 대해서 가능한 한 명확하게 설명하고 제안이나 권고의 형태로 제시할 수 있으며 상호 협의하거나 동의를 구하여야 한다. 표적문제를 선정할 때는 사회복지사가 일방적으로 선정하기보다는 클라이언트의 관심과 사회복지사의 전문적 판단을 최대한으로 반영하는 방향으로 해야 한다. 표적문제는 클라이언트의 독립성과 자기결정권 그리고 자신의 삶에 대한 스스로의 통제권을 존중한다는 윤리적 토대 위에 서 있기 때문에 클라이언트 자신의 언어로 표현하는 것이 좋다. 또한 클라이언트가 말하는 문제는 사회복지사의 전문지식과 경험에 의해 확인되는 과정을 거쳐야 하는 것으로 전체과정에서의 표적문제의 규명은 가장 핵심적인 작업이다.

표 3-5 표적문제의 구체화

잘된 표현	잘못된 표현
• 이씨 부부는 일주일에 3번 이상 싸운다. • 민수는 하루 5시간 이상 게임을 한다.	• 이씨 부부는 자주 싸운다. • 민수는 게임중독에 빠져 있다.

② 표적문제의 우선순위 결정하기

표적문제의 탐색과 구체화 이후 효과적으로 문제해결전략을 활용하기 위해서는 사회복지사와 클라이언트는 우선하는 표적문제의 순위를 결정한다. 이러한 기준은 문제를 다루기 위해 그동안 사용했던 방법과 특성, 기관으로부터 받은 권한과 클라이언트의 견해를 포함한다.

첫째는 과제중심모델에서 강조하는 문제는 클라이언트가 자신이 문제로 인식하고 실천의 초점으로 동의한 표적문제를 규명하는 것이며, 문제를 구체적으로 규명하는 책임은 사회복지사에게 있다. 이때 사회복지사는 표적문제에 대해 클라이언트에게 명확하게 설명해 주며, 클라이언트가 질문하고 반응하고 생각할 수 있는 기회를 충분히 주어야 한다.

둘째는 표적문제 규명 후 실천의 우선순위를 결정한다. 우선순위를 결정하기 위해서는 문제목록에서 사회복지사의 제안한 문제 중에서 클라이언트가 가장 중요하게 생각는 것과 현실적으로 변화가능성이 높은 것부터 우선순위로 결정하게 된다.

셋째는 사회복지사는 면접을 통해 표적문제와 그들의 사회적 상황을 세밀하게 조사하고 문제에 영향을 미치는 클라이언트의 특성을 인식하는 초기사정에 주력한다. 초기사정은 클라이언트에게 가능하면 빠른 시기에 고통을 덜어주기 위해 신속히 이루어지는 게 좋다.

(3) 2단계: 계약하기(contracting)

계약단계는 문제해결 방향에 대한 동의로서 클라이언트와 사회복지사 간의 목표달성을 명확히 하는 중요한 수단이다. 계약은 개입의 기본요소로 서면 또는 구두계약을 통해 개입의 목적과 형태, 구조 등에 대해 제시하는 것으로 개입과정을 명확히 하는 데 도움이 되고 클라이언트와 사회복지사의 관계를 강화시킨다. 계약을 하는 이유는 개입에 대해 동의가 상호 성립되었고 개입목표와 과정 등이 클라이언트의 자기 결정에 의한 것임을 강조하기 위한 것이다. 클라이언트와 사회복지사 사이에 표적문제, 서비스 목표, 클라이언트의 과제, 사회복지사의 과제, 개입 기간과 일정, 면접일정, 클라이언트와 사회복지사와 참가자 등에 대해 합의하고 계약하게 된다. 일반적으로 하나의 표적문제에 대해 하나의 목표를 설정하며 클라이언트의 입장에서 구체적으로 서술한다.

특별히 비자발적인 클라이언트와의 계약에 있어 주의해야 할 사항은 비자발적인 클라이언트의 경우 계약체결과정에서 쉽게 충격을 받거나 별 생각 없이 계약에 동의하는 경우가 있기 때문에 이들의 이해와 동의를 구하기 위한 특별한 노력이 요청된다. 한편 초기 계약은 개입과정 중 중대한 문제와 상황에 변화가 생기면 클라이언트와 상의하여 변경 또는 수정할 수 있다.

계약 내용에 포함되는 내용은 다음과 같다(Epstein & Brown, 2002).

- 표적문제는 우선순위가 되는 주요문제 3가지
- 사회복지사가 수용한 클라이언트의 구체적인 목표
- 클라이언트의 일반과제

표적문제를 경감하기 위해 수행해야 할 클라이언트 과제

- 사회복지사의 일반과제

클라이언트의 과제수행 지원, 다른 기관 의뢰, 클라이언트의 가족, 친지, 이웃 등과의 협의와 협상 활동에 초점을 둔다.

- 개입 스케줄
- 면접 스케줄
- 개입의 지속시간
- 개입에 있어 누가 참여할 것인가?
- 면접장소

(4) 3단계: 실행(implementation)

과제중심모델에서 개입의 대부분은 실행단계이다. 실제로 구체화된 과제를 수행하는 단계이며, 그 목표를 달성하기 위해 클라이언트와 사회복지사가 해결해야 하는 활동을 의미한다. 이때 사회복지사는 클라이언트에게 일방적으로 부과하는 과제보다는 클라이언트의 과제를 수행하는 데 지원하게 된다. 전체를 8회기로 계획한 경우라면 2~7회기 정도의 세션이 해당될 정도로 중심적인 단계이며, 클라이언트의 과제수행을 원조하는 것이 무엇보다도 중요한 목표이다. 즉 표적문제를 집중적으로 사정하고, 대안을 모색하고 결정하며, 문제를 해결하기 위한 과제수행을 점검하고 모니터하며, 필요에 따라서는 과제를 수정한다.

① 실행단계에서의 사정(재사정, 표적문제 사정)

초기 단계의 사정을 보다 실행단계에서는 더욱더 정교하게 만드는 과정으로 표적문제와 사회적 맥락, 클라이언트의 장점을 포함하는 인지·정서적 상황에 대해 포괄적인 사정이 이루어지게 된다. 여기서 사회적 맥락은 클라이언트의 문제를 촉진하고 유지시키는 역할을 할 수도 있기 때문에 매우 중요하다. 심리검사나 정신의학적 조사가 유용하며, 이를 통해 사회복지사는 클라이언트의 성격, 특성, 생활방식, 대인관계능력, 문제해결능력, 인지능력 등이 문제 상황에 어떤 영향을 미치는지 또한 클라이언트의 잠재력과 한계는 어떠한지를 이해하는 데 도움을 얻게 된다. 실행단계의 사정을 통해서 초기사정의 오류나 불충분한 부분을 보완함으로써 과제의 가치를 높이고 과제수행을 방해하는 장애요인을 제거한다. 이 과정에서 사회복지사는 기초선을 설정한다.

② 문제해결과정

과제를 수행하면서 사회복지사와 클라이언트는 문제가 해결되거나 감소되는 것을 경험하게 된다. 클라이언트는 과제를 실천하기 위해 과제를 잘 이해하도록 충분히 토의하고 동기유발로 과제수행의 가능성을 향상시켜야 한다. 또한 클라이언트가 과제를 수행하는 데 장애 요인을 미리 예견하고 두려움을 경감시키는 활동도 필요하다. 과제수행이 예상대로 진전이 되지 않을 때는 클라이언트의 사회적 환경, 대인관계상의 상호작용, 심리상태 등의 세 가지 측면을 살펴볼 필요가 있다. 그 외에도 클라이언트의 자원부족, 스트레스, 적절한 강화의 결여, 과제수행에 상반되는 신념, 과제수행능력 부족, 클라이언트의 편견 등을 검토해야 한다.

또한 주기적으로 모니터링을 실행하여 과제수행이 잘 되고 있는지와 효과를 보이고 있는지를 점검해야 하며, 이때 사회복지사는 성급한 변화의 기대와 초조해하는 마음을 갖지 않도록 한다. 실천과정 중에 문제를 재 정의하고 새로운 계약을 할 만큼 문제의 양상이 변화한다면 실천 또는 개입에 있어서 전면적인 수정이 필요하다. 따라서 사회복지사는 클라이언트에게 일방적인 지시를 내리지 않도록 하며 과제를 개발하고 수립하여야 하며 그 과정은 다음과 같다(Reid & Epstein, 1977).

- 클라이언트에게 가능한 과제 제시한다.

클라이언트의 문제를 해결하기 위한 노력으로 아이디어를 생성해 내는 것이 중요하다. 이러한 아이디어는 클라이언트가 문제해결을 위해 어떠한 노력을 해 왔는지를 검토하여 아이디어가 생각날 수 있도록 사회복지사가 제시할 수도 있다.

- 동기형성하기

과제를 달성하기 위해서는 적절한 동기가 필요하며 이때 동기화의 필수 요건은 클라이언트가 노력을 기울일 수 있는 과제를 설정하는 것이다. 클라이언트의 문제해결의 노력에 대한 가치를 인정함으로써 문제가 경감될 수 있다는 사실을 믿어야 과제수행을 위한 노력을 지속할 수 있다.

- 과제수행 계획하기

과제수행에 있어 구체적인 계획은 사회복지사는 클라이언트에게 어떤 방식으로 과제를 달성할 것인지 과제수행의 구체적인 계획에 대한 질문을 하면서 이끌어 낼 수 있다.

• 예견되는 장애물의 규명과 해결

과제달성을 위한 과제수행활동에서 예견되는 장애물을 규명하고 극복하는 대안에 대해 탐색해야 한다. 계획단계에서 사회복지사는 클라이언트로 하여금 무엇이 과제수행을 방해하는 실제적 장애물인지를 예견하도록 한다. 과제수행에 있어 실제적인 장애물로는 클라이언트의 기술부족, 다른 사람들의 협력과 지지부족, 자원부족 등이다.

• 모의실험과 예행연습하기

어떠한 계획이던지 사전에 시도해 볼 수 있다면 성공적으로 수행할 가능성이 높다. 과제수행을 위해서 역할극으로 세션 내에서 리허설을 해 볼 수 있다.

• 과제 동의하기

사회복지사는 과제를 부여하기 전에 클라이언트에게 과제에 대해 동의를 구하여야 한다. 클라이언트의 명백한 동의 없이 과제를 제시하는 것은 많은 문제를 내포할 수 있다. 과제에 대한 클라이언트의 명백한 동의는 과제시도를 인정한다는 의미를 내포하며 계약을 완성시킨다고 볼 수 있다.

• 과제계획의 요약하기

사회복지사는 회기를 끝내기 전에 클라이언트에게 과제계획에 대한 요점을 숙지시켜야 한다. 이 단계는 과제계획이 복잡하거나 여러 과제가 주어진 경우 아동이 수행자라면 특히 중요하다.

③ 개입전략의 실행

초기에 계약을 통해 설정된 일반과제는 실행단계 동안 새로운 과제로 진행되거나 수행되면서 발전한다. 수행될 만한 가능성을 가진 과제를 발달시켜가고 동시에 과제수행을 위해 다양한 지지활동이 수행된다. 즉, 자원의 획득과 사용, 교육과 지도, 역할훈련 및 모델링 등 다양한 활동을 강화하기 위해서 사회복지사는 과제를 적극적으로 발굴해 내는 것과 동시에 과제수행에 장해물이 되는 것을 탐색하여 그것을 감소시키기 위한 활동을 수행한다.

④ 점검 및 모니터

개입의 효과를 검사하고 확인하기 위해 개입과정과 그 결과를 주기적으로 점검하는 것이 필요하다. 정기적인 모니터링은 개별적인 면접상황에서 과제수행 여부와 문제 상태의 변화, 새로운 문제 혹은 수정된 문제 등을 검토한다. 사회복지사는 회기마다 클라이언트가 수행한 과제를 확인하고 점검하며 과제수행과정 중에 나타나는 장애물이나 예견치 못한 상황에 따라 과제를 수정하고 보완하며 모니터한다. 모니터링을 통해 사회복지사의 개입이 실행할 수 없거나 비효과적이라고 판단될 경우 개입전략을 수정할 수 있다.

표 3-6 모니터링 도표

1. 과제수행					
과제 1					
과제 2					
과제 3					
2. 문제상태					
문제 1					
문제 2					
문제 3					
3. 변경된 문제					
문제 1					
문제 2					
문제 3					

출처: Epstein & Brown(2002: 216) 재인용.

(5) 4단계: 종결(termination)

사회복지실천과정에서의 종결은 우연히 이루어지는 것이 아니라 계획된 활동이며, 종결계획은 개입의 처음부터 계획되어 있어야 한다. 사회복지사와 클라이언트가 언제 종결되는지 계획하게 되며 개입목표가 달성되면 개입을 종료하게 된다. 과제중심모델에서 목표는 제한적이고 구체적이어야 하고 목표가 성취되었을 때 분명하게 측정할 수 있는 것이어야 한다. 따라서 종결 시 사회복지사와 클라이언트는 문제의 해결 정도를 파악하고 클라이언트의 과제수행 여부를 평가한다. 이때 클라이언트가 성취한 것을 강조하면서 어떻게 유지할 것인지 계획을 세우며 분명하게 합의된 목표에 대해서 필요한 경우 개입을 연장하거나 사후지도계획을 수립한다.

① 표적문제와 전체문제 상황에 관한 검토하기

종결할 때는 클라이언트의 표적문제로 선정되었던 문제들과 완수된 목표와 문제 상황 전반에 관하여 검토하며 목표 달성과 표적문제를 해결했을 때는 개입을 종결한다.

② 클라이언트가 사용한 성공적 문제해결 전략의 규명하기

사회복지사는 목표성취 과정에서 클라이언트의 문제해결 기술을 검토하며 새롭게 확인된 능력을 칭찬함으로써 종결 후에도 스스로 문제를 해결할 수 있도록 돕는다.

③ 남아 있는 문제에 관한 검토하기

종결 시 해결되지 않는 문제들이 남아 있는 경우 이를 어떻게 할 것인가에 대한 논의가 필요하다. 중간 중간 클라이언트가 달성한 목표에 대한 것은 확인하고 앞으로 클라이언트가 혼자 수행해 나갈 수 있는 또 다른 과제를 계속해서 도와주며 종결 시에 해결되지 않는 문제에 대하여는 필요에 따라 계약을 연장하거나 타 기관에 의뢰하기도 한다.

4) 주요 실천기법

과제중심모델의 실제 실천개입과정에서 활용될 수 있는 기법은 주요개념을 근거로 볼 때 전통적인 사회복지실천기법의 관계 및 과정에서 활용되는 기술과 명확히 차별되는 것은 아니다. 사회복지사의 관찰과 전문적 판단, 초점화된 개입의 방향에 따라 어떤 실천기법을 언제 사용할 것인지에 대한 판단은 달라진다.

기간은 2~3개월 동안 8~12회를 전후로 단기개입하며 대부분 클라이언트가 8회기 이내에 개입 효과를 본다는 연구결과에 근거하였다. 구조화된 순서로 '시작 → 문제 규명 → 계약 → 실행 → 종결'의 5단계로 이루어지며 각 단계마다 사회복지사와 클라이언트의 역할을 구체적으로 명시한다. 사회복지사는 클라이언트의 견해인 표적문제를 우선적으로 반영하며 개입방향을 설정하고 계약하며, 이때 클라이언트는 과제를 설정하고 실행하고 평가하는 문제해결 전 과정에서 주체자로서의 역할을 한다. 또한 클라이언트가 문제라고 인식하는 특정 문제에 초점을 두고 과제를 중심으로 변화를 유도한다. 과제수행의 점검, 모니터링으로 과제가 잘 수행되는지 확인하며 개입전략을 수정하며 클라이언트의 과제는 필요에 따라 변경이 가능하다. 또한 클라이언트의 문제와 관련이 있는 환경과 자원을 탐색하고 활성화하는 방안을 강조한다. 전체 사회복지실천과정을 클라이언트와 사회복지사가 평가하여 개입의 책임성을 강조하게 된다.

구조화되고 체계화된 과제중심모델의 개입과정을 보다 실제적으로 이끌어가는 데 필요한 전략적인 측면의 기법을 소개하고자 한다.

(1) 표적문제의 설정

표적문제는 우선순위를 고려하여 최대 3개까지 선정함으로써 시간제한적 단기개입이 가능하도록 한다. 표적문제 선정 시에 클라이언트의 의견이 최대한 반영되어야 하며, 사회복지사와 클라이언트는 선정된 표적문제를 분명하게 이해하고 있어야 한다. 사회복지사와 클라이언트가 의견이 다른 경우에는 충분한 논의와 타협이 요구된다.

표적문제의 우선순위를 선택하는 과정에서는 우선 클라이언트가 가장 높은 관심을 보이고 해결하고 싶어 하며, 상황을 개선하는 데 가장 어려울 수 있는 문제를 상호 간에 성립된 판단에 따라 결정한다. 아울러 다양한 관점에서 발생하는 의문점을 탐색하는 동안에는 우선순위의 결정을 잠시 중단하고 불명확한 쟁점을 파악하는데 이는 선택과 결정이 모호한 상태에서만 적용한다(Epstein & Brown, 2002: 171).

판단 기준은 무엇보다도 클라이언트 상황에서 가장 비중이 있는 문제, 가장 부정적인 영향을 미치는 문제, 변화를 통해 가장 긍정적인 영향을 미칠 수 있는 문제, 클라이언트가 가장 관심을 가지는 문제, 가장 변화 가능성이 있는 큰 문제를 고려한다. 이때 판단에는 클라이언트의 참여와 동의를 구해야 한다.

(2) 목표설정

과제중심모델의 실천에서 목표는 실천개입의 방향을 설정하는 데 강력한 도구이다. 클라이언트의 동기를 강화하고 바람직한 문제해결을 위한 기준으로 목표를 설정한다. 목표설정을 위해 필요한 기본조건은 클라이언트가 원하는 요구로서 동기가 있어야 하고, 제한된 시간에 수행 가능하고 구체적이어야 하며, 반드시 문제와 관련된 것이어야 한다(Marsh & Dole, 2005). 또한 행동적인 것으로 표시되는 것이 바람직하며 성취한 후에 성취 여부를 측정할 수 있어야 한다. 일반적으로 하나의 표적문제에 대해 하나의 목표를 설정하며, 표적문제와 목표는 클라이언트의 입장에서 주어와 서술어의 형식으로 서술한다. 표적문제의 우선순위를 결정한 후 목표설정을 위해서는 어떤 부분이 가장 필요한지, 가장 먼저 이루어졌을 때 도움이 될 목표는 무엇인지, 원하는 결과는 무엇인지, 그 결과에 대해 어떤 느낌인지, 수립된 목표에 대해 확실하게 동의하는지 등에 대해 토의한다.

(3) 과제개발과 검토

클라이언트와 사회복지사 간에 합의에 의해 특별한 유형의 문제해결 과제활동은 계획되고 면접의 안팎에서 수행된다. 무엇보다 무엇을, 언제, 누구와, 어떤 조건에서, 어떻게 해야 하는지에 대해 구체적으로 구성될 때 과제를 완수할 가능성이 높아진다.

표 3-7 과제계획 시 필요한 정보의 원천

1. 클라이언트 자신의 경험(기초자료): 과제계획의 첫 단계는 표적문제 완화를 위해 클라이언트 자신이 할 수 있다고 생각하는 것에서부터 출발한다.
2. 브레인스토밍을 통한 과제계획: 과제와 관련된 선택 가능한 아이디어가 부족할 경우 문제해결 기술의 학습과 증진을 위해 다양하고 선택 가능한 대안을 제시한다.
3. 문제해결활동과 관련된 전문적 지식: 일반적인 치료기법, 전문자료 및 사례회의, 슈퍼바이저의 의견들을 활용한다.
4. 사회복지사 자신의 경험: 사회복지사 자신의 이전경험 중 유사한 실전경험을 활용한다.

출처: Epstein & Brown(2002: 177-178).

1~2회의 면담을 통해 과제가 설정되는데 개입과정에서 필요한 경우에는 새롭게 수정될 수 있으며 과제개발과 수행을 위해 필요한 요건을 구조화하면 다음과 같다.

① **과제선택**: 문제해결을 위해 할 수 있는 일은 무엇인가?

② **과제동의**: 대안적 가능성을 검토한 후에 가장 적합한 과제를 선택하고 분류한다.

③ **수행계획의 구체화**: 과제 선택과 개발 후에 구체적 전략을 수립한다.

④ **인센티브와 근거확보**: 과제수행으로 얻는 것은 무엇인가?

⑤ **장해물 예측**: 실패할 수 있는 요인은 무엇인가?

⑥ **예행연습**: 모델과 시연을 통해 실제상황에 적용한다.

⑦ **과제검토**: 과제수행과정을 검토하고 상대적으로 성공적인 부분과 어려운 부분을 검토한다.

표 3-8 과제검토 예

과제	과제검토	평가
김씨는 이웃을 만나면 먼저 인사한다.	과제수행하기가 어려움. 이웃과 지난달에 싸운 일로 아직도 감정이 격해 있음	0 시도하지 않음
어린 동생이 화나게 해도 무시할 것이다.	매 순간 과제수행을 적절히 함. 그러나 비난하는 말은 한두번 사용함	3 부분적 성공
사회복지사: 지역사회에서 여가활동을 할 수 있는 기관 알아보기	지역문화회관에서 운영하는 수영교실의 이용방법을 확인하여 클라이언트에게 소개함	5 긍정적 성공

출처: Marsh & Dole(2005: 134).

또한 간접적으로 행동변화를 이끌어내는 기법으로는 의사소통기술, 탐색, 구조화, 상황분석이 있으며, 직접적으로 행동변화를 이끌어내는 기법으로는 인식증진, 격려, 지시 등이 있다.

(4) 간접적으로 행동변화를 이끌어내는 기법

① 의사소통기술

과제중심모델은 단기간에 문제해결을 위한 원조서비스이므로 스스로 문제해결을 인식할 수 있도록 클라이언트에게 명확히 하는 것이 중요하며, 무엇을 추구하고 바라고 있는가에 대해 언어화하는 것이 좋은 방법이다. 면담과정에서 클라이언트가 자신의 의사를 분명히 밝힐 수 있게 도와주는 의사소통기술이 필요하다.

② 탐색(exploration)

사회복지사는 클라이언트로부터 자료 및 정보를 이끌어내려는 노력이 필요하다. 이러한 탐색과정을 통해 클라이언트의 문제를 명확하게 하며 과제의 방향과 문제해결의 가능성을 검토한다.

③ 구조화(structuring)

구조화기술은 3단계로 구분한다. 1단계는 클라이언트에게 개입의 성격과 목적, 개입의 조직화와 관련된 문제, 과제, 시간제한 등 과제와 관련 있는 내용에 대한 명확한 의사소통 반응들에 대해 클라이언트에게 다시 들려주는 작업이다. 2단계는 클라이언트를 위해 실천계획을 구체화하는 사회복지사의 노력이다. 3단계는 조작적 과제들을 구조화하는 작업으로서 사회복지사와 클라이언트의 의사소통에 대한 명확한 지침을 제공하는 것 등의 활동들로 구성된다.

④ 상황분석

문제의 상황은 문제해결의 장애물과 문제를 다룰 때 동원될 수 있는 자원으로 구성된다. 상황요인으로는 물리적, 인지적, 가족, 지역사회체계가 포함된 다원적인 틀 속에서 이루어지며 표적문제와 관련하여 검토된다. 이때 사회복지사는 클라이언트의 왜곡된 지각, 비현실적 기대를 수정하도록 돕고 역기능적이며 상호작용이나 행동유형을 지적한다. 또한 상황분석과 관련하여 사회복지사는 클라이언트가 장애물을 확인하여 해결하도록 돕고, 클라이언트의 생활상에 나타나는 문제의 변화를 확인한다. 일반적인 자원은 클라이언트 개인의 능력과 힘, 가족 내의 충성과 애정의 유대, 외부세계에서 제공하는 유형 또는 무형의 지지 등에서 찾아볼 수 있다.

(5) 직접적으로 행동변화를 이끌어내는 기법

① 인식증진(awareness enhancement)

과제를 성취하기 위해 장애가 되는 요인들을 제거하거나 극복할 수 있도록 클라이언트의 인식을 증진시키는 기술이다. 인지적 왜곡이 클라이언트의 과제성취에 장애가 되고 있는 상황에서 특히 중요한 기술이다. 인식증진을 돕기 위해서는 개별화된 교육적 노력이 필요하며 특수한 기능과 상황에서 인식증진에 대한 사회복지사의 집중적인 노력이 요구된다.

CHAPTER 04 위기개입모델

1 주요 개요

인간은 발달과정에 있어서 그들이 처한 주위환경에 적응하기 위해 살아가는 중에 위협적인 사건으로 위기에 처하게 된다. 더구나 현대사회에서는 갑작스럽고 예기치 못한 일이 발생하는 위기사건이 점차 급증하고 있다. 위기가 발생하면 사람들은 부적응 상태에 놓이게 되어, 스스로 문제해결이 어려울 수 있어 전문가의 도움이 필요한 위기상태를 경험하게 된다. 따라서 위기란 스스로 해결할 수 없는 혼란스러운 상황에 놓인 경우를 말하며 그 예로 자연재해, 사랑하는 사람의 죽음, 갑작스러운 사고 또는 질병 등의 큰 정신적 충격과 스트레스로 인한 경우 등을 들 수 있다.

이러한 위기상태에 처해 있는 개인, 가족, 집단을 돕기 위하여 그들의 생활 상황 속에서 문제를 해결하도록 돕는 것이 위기 중재 또는 위기개입이다.

위기개입모델은 기존 지식과 임상적 측면에서 결합되어 있다는 점에서 다분히 절충적이며, 전통적 개별사회복지실천보다는 실제적인 기법으로 평가되고 있다(신성자 외,

2000: 352-353). 따라서 위기개입이란 위기로 인한 불균형 상태를 회복하기 위하여 일정한 원조수단을 개인, 가족, 집단 그리고 지역사회 등에 적용하는 과정에서 위기상황을 변화시키려는 클라이언트의 노력을 중시한다(김기태, 1998: 19).

또한 위기개입모델(crisis intervention model)은 위와 같이 위기상황에 놓인 사람들을 대상으로 즉각적으로 개입하여 단기간 내에 전문적인 도움을 제공하는 실천모델로 위기에 처한 사람이 외상(trauma)적인 사건으로 인해 발생되는 정서적 · 인지적 · 행동적 왜곡을 인식하고 교정할 수 있도록 돕는 것을 강조하기 때문에 다른 유형의 실천모델들과는 차별된다.

1) 이론적 배경

위기개입모델은 제2차 세계대전 후에 전쟁으로 인한 후유증과 이별이나 사별 등에 따른 심리적인 문제 등에 신속하고 숙련된 전문서비스가 요구되는 연구에서 출발하게 되었다. 이 모델은 심리학, 사회학, 정신분석학 등에 그 뿌리를 두고 있으며 그중에서도 긴장이론과 린더만(Lindermann, 1944)의 사별에 따른 격심한 슬픔 반응에 관한 연구 그리고 카플란(Caplan, 1964) 등의 예방정신의학연구 등에 위기개입이론의 토대를 형성하면서 1950년대 이후 급격한 속도로 성장하게 되었다. 인간의 위기는 지역사회서비스 체계의 중요성을 주장하게 됨에 따라 개인의 심리적 문제뿐만 아니라 환경에 대한 접근을 중요시하면서 심리 중심의 위기개입과 생태학적 측면의 환경 중심적 접근이 강조되었다(이문국 외 역, 1998: 686).

위기개입모델은 사회복지실천의 역사라고도 할 수 있는데, 그 이유는 현재 위기를 겪고 있거나 잠재적인 위험 가능성이 있는 클라이언트들이 사건에 노출되어 위기를 겪는 클라이언트들을 대상으로 사회복지실천이 이루어지기 때문이다. 이에 사회복지실천에서의 사회복지방법의 이론들이 갖고 있는 개입목표와 위기이론의 개입목표는 매우 유사하다(김만두, 1985). 하지만 위기개입모델은 평소 문제해결 방법으로 해결하기 어려운 위기적 상황에서 일시적으로 깨어진 균형상태를 적시에 개입하여 단시간에 최대의 치료적 효과를 낸다는 점이 다르다.

따라서 위기개입모델은 현장에서의 실무자나 조사자 그리고 이론가들이 공동으로 만들어낸 결과물이기도 하다. 스트레스 및 대처이론, 병리적 위기 및 역기능적 결과들에 관한 임상 조사 등의 영향을 받아 위기에 대한 지식 들이 형성되었으며, 보건 및 인간 서비스영역에 종사하던 실무자들이 위기를 예방하고 심리적 병리나 가족해체 등을 미연에 방지하고자 하는 노력을 통해 이 모델이 형성되었다(신성자 외, 2017: 174).

2) 주요개념

(1) 위기의 정의

위기(crisis)란 클라이언트가 감당하기 어려운 사건이나 상황에 직면하여 경험하는 것을 말한다(한인영 외 역, 2001: 19). 카플란(Caplan, 1964)은 위기를 균형상태의 혼란으로 보고 위기는 사건 자체보다는 사건에 대한 개인의 주관적 생각이나 행동이라고 정의하였다. 이러한 상황에서도 위기는 개인마다 느끼는 정도가 다를 수 있다.

파라드와 파라드(Parad & Parad, 1990)는 위기에 대해서 첫째, 개인이 기존에 가지고 있는 대처방식으로는 당면한 문제를 해결할 수 없는 상태이며 둘째, 당황스럽거나 위험한 경우, 곤경에 빠지거나, 자포자기, 무감각, 무력감, 절박감, 곤란 등을 경험하는 정신적 고통이라고 정의하였다(Goldstein & Noonam, 2005).

바드와 엘리슨(Bard & Ellison, 1974)은 위기상태는 "고통스러운 인생 경험에 대한 주관적인 반응으로 이것이 개인에게 영향을 미쳐서 대처능력과 일상생활 기능에 심각한 손상을 가져오는 상태"라고 하였다.

이러한 정의를 통해서 알 수 있듯이 위기의 가장 중요한 선행요소는 고통스럽거나 위험한 사건이다. 그러나 그보다는 고통스러운 사건이 상당한 혼란과 붕괴를 가져올 것이라는 개인의 지각과 이전의 대처방법으로는 문제를 해결하지 못하는 대처능력의 부족이 더 중요한 요소가 된다. 즉, 위기는 상황 그 자체가 아닌 상황에 대한 개인의 지각이나 반응을 의미한다(Parad, 1971). 또한 위기(危機)는 위험과 기회의 양면적인 의미를 갖는다. 그 예로 수십 년간 아내를 구타해온 폭력 남편이 경찰에 구속되어 전문적인 상담을 받게 된 후 위기상황에서 놓일 수 있고, 또한 전문가의 상담을 통해 남편 스스로의 이해가 높아져 부부갈등이 해결되는 기회를 갖게 되기도 하므로 위기사건은 인생의 결정적 전환점이 될 수도 있다(장수미 외, 2015: 15).

(2) 위기의 유형

위기는 위험과 기회라는 두 가지 요소가 혼합되어 있으며, 위기상태를 촉발시키는 특성에 따라 환경적 위기, 상황적 위기, 실존적 위기, 발달적 위기로 구분된다(James & Gilliland, 2008).

① 환경적 위기

자연이나 인간이 일으킨 재해가 개인이나 집단에게 덮쳐 위기로 발생한다. 이러한 위기는 태풍이나 홍수, 지진, 폭풍, 비바람, 산불 등과 같은 자연재해일 수도 있고, 기름 유출이나 전염병 등과 같은 인재, 전쟁이나 민족 말살과 같은 정치적인 사건일 수도 있으며, 갑작스러운 경제 위기일 수도 있다.

② 상황적 위기

상황적 위기는 사람이 예견하거나 통제할 수 없는 드물고도 극히 이례적인 사건이 발생할 때 나타난다.

예를 들어 사고로 인한 부상, 교통사고, 질병, 이혼, 실업, 자살 등과 같은 사건에서 발생하는 위기로 누구에게나 일어날 수 있는 갑작스럽고 충격적인 사건으로 개인과 그 가족의 일생을 송두리째 흔들어 놓을 수 있다.

③ 실존적 위기

이는 인간에게 요구되는 책임감, 독립감, 목적, 헌신, 자유 등 중요한 인간적 이슈에 동반되는 내적갈등이나 불안과 관련된 위기이다. 예를 들어 독신을 고집한 여성이 부모님을 모시고 살아오면서 50대에 이르러 자신이 진정으로 독립적인 삶을 살지 못하고 행복한 삶을 이룰 수 있는 기회를 가지지 못했다는 사실에 대한 후회로 발생할 수 있다. 또한 40세 남성이 자신이 어떤 특정 전문직이나 조직에 중요한 영향력이 없는 존재임을 깨달으면서 경험하게 되는 위기 등이 이에 해당한다.

④ 발달적 위기

인간이 성장하고 발달하는 과정에 있어서 지극히 자연스럽게 발생하는 위기사건으로 아이의 출생, 대학 졸업, 중년기의 직업변화, 은퇴 등으로 인해 일으키는 경우이다. 예를 들어 인간의 생애주기에 따른 청소년의 정체성 위기, 중년의 위기, 노년의 위기 등 개인의 따른 위기와 결혼 자녀의 출생 등으로 인한 가족의 생애주기에 따른 위기를 포함한다. 인간발달과정에서 발생하는 사건은 정상적인 발달과정으로도 볼 수 있으나 각 사건에 대한 반응은 개인마다 다르기 때문에 주의 깊게 사정하고 개입해야 한다.

(3) 위기의 구성요소

위기는 위험사건, 취약상태, 촉발요인, 실제 위기상태, 재통합 등을 구성요소로 볼 수 있으며, 이러한 구성요소는 위기의 발달 및 진행 과정과 맥을 같이한다고 볼 수 있다(Golan, 1978). 위기는 고통을 극복하고 노력하는 측면에서 보면 변화와 성장의 기회라고 할 수 있지만 신체적·정신적으로 고통과 증상을 느낀다면 분명 위험이라고 할 수 있기에 적절하게 대처하고 관리를 잘하게 되면 긍정적인 성장의 기회가 된다.

① 위험사건

위기의 시작은 대체적으로 위험사건에서 발생된다. 이러한 위험사건은 외부적인 사건일 수도 있고 내부적인 사건일 수 있으며 하나의 사건일 수 있고 연속적으로 축적된 사건일 수도 있다. 하나의 위험사건은 갑작스러운 배우자의 죽음, 교통사고로 인한 장애, 해고, 이혼, 이민, 지속적 스트레스 등을 그 예로 들 수 있으며, 연속적인 위험사건은 최근 직장에서의 상사와의 갈등이 있는 여성이 남편의 질환, 시댁과의 갈등, 자녀의 일탈 등 연속적으로 경험하게 되면서 위기에 빠지는 것을 예로 들 수 있다.

② 취약상태

위험사건으로 개인의 항상성에 불균형이 초래된 상태를 말한다. 취약상태에서는 위험에 대처하기 위해 평소에 사용하던 문제해결 기제를 시도하게 되며, 이에 성공하지 못할 경우 새로운 방법을 찾게 된다.

③ 촉발요인

긴장과 불안을 한층 고조시켜 취약상태를 불균형 상태로 만드는 요인이다. 위험사건은 매우 압도적이어서 촉발요인이 되기도 하지만 촉발요인은 위험사건과 직접적 관련이 없을 수도 있다. 예를 들어, 최근에 이혼한 여성이 별다른 사건이 없는 듯이 일상생활을 잘 유지해 오다가 교통사고로 인해 지금까지 가까스로 유지해 오던 평형상태가 깨지면서 위기를 맞는 경우를 말한다.

④ 실제 위기상태

실제 위기 상황이 진행되는 것으로 위기에 처한 사람들의 인식의 차이가 나타나고, 인식의 차이에 따라 정서적인 반응에도 차이가 나타난다. 이 상황은, 즉 혼돈, 불안, 염려, 절망, 분노와 같은 감정을 동반하는 격심한 정서적 혼란 상태를 말하며, 이러한 상태에 놓인 개인은 심리적 취약성, 방어기제의 위축, 문제해결 및 대처능력의 와해를 경험하기도 한다. 또한 위기상황은 과거에 해결되지 않았거나 부분적으로 해결된 경우 갈등을 재활성함으로써 현재의 대처기능을 저하시키기도 한다. 그러므로 위기개입은 현재의 위기 상황뿐만 아니라 과거 갈등으로 인한 현재의 문제를 해결할 수 있는 기회도 갖게 된다.

⑤ 재통합

이 단계에서는 위기에 대해서 인지하고 위기와 관련된 감정을 표현하며, 변화를 수용하고, 새로운 대처능력을 개발한다. 위기상황을 성공적으로 극복할 경우 자기효능감과 자아존중감이 증진되기도 하고 새로운 적응기제는 앞으로의 문제에 대처하는 데 좋은 경험으로 적용될 수 있다. 그러나 부적절한 대처기제로 위기상황에 적절히 대처하지 못했을 경우 위기상황 이전보다 전반적인 기능이 떨어질 수도 있다.

(4) 위기개입의 정의

한 인간이 인생을 살아가면서 지속적인 적응 노력과 문제해결과정을 통해 계속하여 평형상태를 유지하며 살아가기를 원하는데, 위기는 이러한 개인의 평형상태가 깨진 상태를 말한다. 즉, 통상적인 대처전략이 현재의 문제를 해결하기에는 부적절한 상태를 말한다. 위기에 놓인 개인은 그 기능이 위기 이전과 같거나 오히려 개선될 수도 있지만 어떤 경우는 더 악화될 수도 있다. 이러한 경우 위기개입의 목표는 위기 이전의 기능 수준으로 돌아갈 수 있도록 클라이언트를 돕는 것이다(Goldstein & Noonan, 2005). 이러한 과정에서 클라이언트는 스스로 자신의 감정을 다스리고 위기를 해결하기 위한 구체적인 단계를 밟아가며 이러한 활동계획의 실행은 대처기술과 문제해결에 핵심이 된다.

위기개입은 적극적이고 단기적이며 상황 중심적인 문제해결 방법으로서 클라이언트의 작은 변화는 문제를 해결하는 데 충분하며, 이때 클라이언트의 능력과 강점이 문제해결에 핵심이 된다(Palmer et al., 2004).

위기는 시간제한적인 개념으로 4~6주 정도 지속되는 위기상황에 빠진 사람들에게 전문적인 원조가 즉각적으로 제공되어야 하는데, 그렇지 못할 경우 심각한 정신적인 문제까지 이어지는 경험을 하게 된다. 예를 들어, 사고로 남편을 잃고 가장으로 살아가야 하는 아내는 남편의 죽음으로 인한 위기가 지나갔다고 하더라도 앞으로 자녀들을 돌보며 살아가야 하는 힘든 상황이 계속될 것이다. 이와 같은 경우 당장의 위기개입 이후에도 지속적인 사례관리의 사회복지실천이 요구된다. 위기상황에 즉각적으로 개입하여 단기 전문원조를 제공하기 위한 모델로, 높은 스트레스 상황에 놓인 클라이언트를 대상으로 한 개입에 매우 효과적이고 유용한 방법이 위기개입방법이다(이영호, 2008: 175).

(5) 위기개입과 일반상담의 차이

일반상담은 위기개입과 달리 형태, 목표, 구조 등의 측면에서 차이가 있다. 위기개입은 조직적으로 문제를 정의하고 문제해결을 위한 대안을 찾고 행동계획을 세우며 클라이언트의 참여를 확보하는 데 초점을 둔다. 또한 시간 구조적인 측면에서도 사건 직후 보통 30분에서 2시간 사이에 이루어진다. 한편 일반상담의 형태는 충분한 정보수집과 자성을 통해 목표를 계획하며, 클라이언트와 협력하여 계약, 상담 회기에서 이루어지는 내용에 대한 클라이언트의 느낌을 다루고 과제를 제시한다. 이는 보통 심리 · 교육적 형태로 이루어지며 클라이언트에게서 광범위한 성격 변화를 가져오는 것이 목표이다. 또한 시간적으로도 장기상담이 보통 매주 1회 정도의 다소 여유 있는 방식으로 이루어진다(James & Gilliland, 2008: 25).

위기개입모델은 단기치료모델 중 하나로 두 가지 개입모델 모두 클라이언트의 기능을 평형상태로 회복할 수 있게 한다는 공통적인 특징을 갖고 있다. 하지만 클라이언트가 문제를 얼마나 과도하게 느끼는지, 정서적 불평형을 얼마나 많이 느끼는지에 따라 적용모델은 달라지게 된다. 즉, 단기치료가 다소 지속적인 정서적 문제를 재조성하는 것이라면 위기개입은 위기에 처한 사람이 외상적 사건으로 인해 발행한 정서적 · 행동적 · 인지적 왜곡을 인식하고 교정하도록 돕는다. 그 예로는 고3 내내 성적이 많이 떨어진 학생이 자신은 결코 대학입시 시험에서 좋은 성적을 얻을 수 없고 부모가 바라는 의사가 될 수 없다고 결론 내리고 무력감과 절망감과 함께 자살을 생각한다. 이 학생의 경우는 위기개입이 모델을 적용하게 된다. 반면 똑같이 성적이 떨어진 학생이 앞으로 어떻게 해야 할지 혼란스러움을 느끼고 상담실로 찾아간다면 해결중심치료와 같은 단기치료모델을 적용할 것이고 개입목표는 학습습관의 수정이나 시험 치르는 기술의 향상에 둘 것이다.

〈표 4-1〉은 전통적인 상담형태인 정신분석과 단기치료, 위기개입의 목표, 초점, 상담자의 주요활동, 문제영역, 개입횟수 등을 비교하였다.

표 4-1 정신분석, 단기치료, 위기개입 모델의 비교

구분	정신분석	단기치료	위기개입
개입의 목표	성격의 재구조화	구체적 문제 제거	위기 해결
개입의 초점	과거, 무의식	현재 상황과 관련된 과거, 무의식	위기 이전의 기능 수준 회복
상담자의 주요활동	탐색적, 수동적 관찰자, 비지시적	지지적, 참여적 관찰자, 간접적	지지적, 적극적 참여자, 직접적
문제영역	신경증적 성격 양상	급격히 와해된 정서적 고통 및 심각한 상황	생활 상황에 대처하는 능력의 급작스러운 상실
개입횟수	한정되지 않음	1~20회	1~6회

출처: Anguilera(1998); 김기태 외(2006).

3) 주요 가정과 특성

(1) 주요 가정

위기개입의 기본가정은 '인간은 누구나 다양한 상황으로부터 직접적인 스트레스와 위험한 사건에 직면하게 되며 정서적으로 사회적으로 불균형상태의 어려움을 겪게 되는데 이는 인간의 지극히 정상적인 삶의 과정'이라고 보는 데서 출발한다.

길리랜드와 제임스(Gilliland & James, 1997)는 다음과 같이 위기개입 시에 고려해야 할 기본가정을 제시하였다.

첫째는 인간이 처한 다양한 상황에서 초래되는 직접적 스트레스와 위험한 사건에 직면했을 때 겪는 격심한 정서적 불균형과 사회적 해체 현상은 정상적인 것이다.

둘째는 위기상황으로 겪는 고통은 정상적인 삶의 경험으로 일시적 혼란이라 할 수 있으며, 누구에게나 일생을 통해 겪을 수 있는 현상이다.

셋째는 정서적 불균형을 경험하는 사람은 본능적으로 정서적 균형을 찾으려는 경향이 있다.

넷째는 사람들은 정서적 균형을 회복하려고 노력하는 과정에서 일시적이고도 격심한 심리적 유약성을 경험할 수 있다.

다섯째는 심리적으로 현저히 약해져 있을 때 일반적으로 사람들은 심리적 치료서비스를 수용하는 태도를 갖게 된다.

여섯째는 위기는 부정적인 결과를 가져올 수도 있지만, 한편으로는 성장과 발전의 기회가 되기도 하는 양면성이 있다.

(2) 특성

위기개입에 있어서 위기상황에 놓인 사람들은 다음과 같은 일반적인 특성을 가지고 있다(Roberts, 2005).

첫째, 촉발사건 또는 촉발요인을 위협적으로 인식한다.

둘째, 두려움과 긴장감, 혼란을 경험한다.

셋째, 매우 높은 수준의 주관적 불편함을 경험한다.

넷째, 불균형의 상태로 급속히 진행한다.

다섯째, 지금까지 사용해왔던 일상적인 대처방법이나 방어기제로는 상황을 조정하거나 대처할 수 없을 것이라 느낀다.

2 실천개입기술

(1) 위기개입목표

인간은 지속적인 적응 노력과 문제해결과정을 통해 계속적으로 평형(equilibrium)상태를 유지하며 살아가게 되는데, 이러한 개인의 평형상태, 즉 통상적인 대처전략이 현재의 문제를 다루기에 부적절한 상태를 위기라 한다. 위기를 겪게 되는 개인의 기능은 위기 이전과 같거나 오히려 개선될 수도 있고 어떤 경우는 더 악화될 수도 있다. 이때의 개입목표는 위기 이전의 기능 수준으로 돌아갈 수 있도록 클라이언트를 돕는 것이다(Goldstein & Noonan, 2005). 즉 평형상태로 되돌아가도록 돕고, 적어도 기능이 더 악화되지 않도록 후퇴를 막는 것이다(Parad & Parad, 1990). 이러한 과정에서 클라이언트 자신은 스스로의 감정을 다스리고 이러한 위기를 해결하기 위한 활동계획을 실행하기 위해 구체적인 단계를 세워 대처기술과 문제해결능력을 재수립하게 된다.

따라서 위기개입모델의 목표는 위기로 인한 정서적 문제를 해소하고 위기 이전의 기능까지 회복시키며 더 나아가 위기 이전의 수준을 능가하는 기능을 수행하도록 하는 데 그 목표가 있다. 위기개입은 위기상황과 관련된 구체적인 문제해결에 초점을 두기 때문에 목표가 제한적이다. 다음과 같은 위기개입의 여섯 가지 목표 중 처음 네 가지는 반드시 달성해야 할 목표이고 마지막 두 가지는 상황이나 클라이언트의 특성 등이 허락하는 경우에 달성할 수 있는 목표이다(Rapoport, 1970).

첫째, 위기로 인한 증상을 완화한다.

둘째, 위기 이전의 수준으로 기능을 회복한다.

셋째, 불균형 상태를 가져온 촉발사건에 대해 어느 정도 이해한다.

넷째, 클라이언트나 가족이 지역사회 자원을 통해 얻을 수 있는 치료기제를 규명한다.

다섯째, 현재의 스트레스를 과거의 경험이나 갈등상황과 연결시킨다.

여섯째, 새로운 인식, 사고, 정서를 개발하고 위기상황 이후에도 사용할 수 있는 새로운 적응적 대처기제를 개발한다.

위기개입은 단기적이고 적극적이며 상황 중심적인 문제해결 방법으로서 클라이언트의 작은 변화는 문제를 해결하는 데 충분하며, 이때 클라이언트의 능력과 강점이 문제해결에 핵심이 된다(Palmer et al., 2004). 강점관점에 입각한 위기개입은 클라이언트가 위기 상황을 성공적으로 다루기 위한 자원과 대처기술을 이미 가지고 있지만 위기상황으로 인해 매우 혼란스럽고 혼미하며 다양한 측면을 보지 못하는 터널시각(tunnel vision)을 갖고 있기 때문에 그것들을 잘 사용하고 있지 못할 수도 있어서 사회복지사는 클라이언트가 그들 내에 있는 자원을 찾도록 돕고 사용하도록 촉매 역할을 한다(Saleeby, 2002).

(2) 위기개입의 원칙

위기개입의 실천적 원칙은 이론적 준거 틀에 의해 이루어지며, 종합해 보면 다음과 같다.

첫째는 신속한 개입이다. 위기상태로부터 즉시 이루어져야 하며 6주 이내에는 어떤 형태로든지 해결되어야 한다.

둘째는 위기개입에 있어 위기에 처한 클라이언트의 행동에 초점을 두며 클라이언트의 과거를 탐색하는 데 비중을 두지 않는다.

셋째는 위기개입의 목표는 직접적으로 위기 상황과 관련된 구체적인 문제에 초점을 둔 제한된 목표가 설정되어야 하며, 증상의 완화가 일차적 목표이다.

넷째는 위기에 처해 있는 클라이언트에게 희망과 기대를 고취시키는 것이 중요하다. 이는 주로 사회복지사의 태도에 의해 성취된다.

다섯째는 클라이언트에게 정보를 제공하거나 정서적으로 지지하는 것이 중요하며 사회적 지지체계를 개발하고 형성하도록 해야 한다.

여섯째는 문제를 파악하고 해결하는 데 초점을 두면서 클라이언트가 현실에 직면하도록 돕는다.

일곱째는 대부분의 클라이언트는 자기 자신을 실패자로 인식하기 때문에 사회복지사는 클라이언트의 자기상을 사정하고 이해해야 한다. 사회복지사는 클라이언트와 신뢰 관계를 조성하여 클라이언트의 자기상(self-image)을 보호해 주고 더 나아가 건전한 자기상을 확립하도록 원조한다.

여덟째는 사정, 개입, 계획에 있어 클라이언트가 함께 참여할 기회를 제공한다. 감정, 증상, 걱정거리 등에 대한 표현을 격려하고 자신감을 회복하기 위해 효과적으로 대처할 수 있도록 가능한 한 신속히 지원한다.

(3) 위기개입의 절차

위기개입모델은 위기에 처한 사람들 사정하고, 문제를 경감시키고, 대안적인 대처방법을 고안하는 세 가지 단계로 이루어진다. 이러한 해결방법을 기초하여 학자마다 세분화된 단계별로 위기개입과정을 제안하고 있다. 강점관점을 주장하는 로버츠(A. R Roberts)의 7개 단계 위기개입과정과 골란(Golan)의 3단계 위기개입과정에 대해 알아보고자 한다. 7단계는 "하나의 지침으로 보아야 하며, 각 단계는 엄격한 과정이 아니다. 어떤 클라이언트는 단계가 중복되기도 한다."라고 언급하며 클라이언트에 따라 개별화 접근의 중요성을 지적하였다.

■ 로버츠(Roberts)의 7단계 위기개입 과정

① 1단계: 위기 정도와 정신건강 상태 사정하기

이 단계에서는 심리 · 사회학적 측면에서 포괄적으로 위기 정도와 위기사건에 대해 철저한 사정이 이루어진다. 자살, 타살, 폭력 등 위험성에 대한 사정이 신속히 이루어지고, 의료적 상황, 긍정적 · 부정적 대처전략과 약물, 알코올 사용에 대해서도 살펴본다. 초기 위기 사정에서는 적응 유연성과 비공식적 관계망 지원에 대해서도 알아본다. 즉, 위기상황에서 사회적으로 고립될 수 있기에 사회복지사는 회복에 도움이 되는 사람을 개입에 참여시켜 클라이언트에게 안정감을 준다.

② 2단계: 관계형성으로 친밀감 형성하기

1단계와 동시에 이루어지며 신속한 라포형성으로 친밀감을 형성한다. 이 단계에서 사회복지사는 클라이언트를 존중하고, 수용하며, 진심어린 관심과 이해, 비심판적 태도 유지, 통제할 수 있는 자세가 필요하게 되며, 이러한 기술은 위기개입의 중요한 핵심기술이기도 하다.

③ 3단계: 주요문제 확인하기

클라이언트에게 개방형 질문을 사용하여 자신이 가장 중요하게 생각하는 것이 무엇인지, 위기의 원인은 무엇인지에 대해 문제를 언어로 표현하게 한다. 이때 강점자원을 찾아내는 해결중심 치료의 질문기법(예: 예외질문, 대처질문)은 클라이언트의 대처기술을 확인하도록 하는 데 도움이 된다. 사람들은 자신의 단점(문제, 역기능, 실패 등)이 아닌 강점에 관심을 두는 것이 더 편안하고 안정감을 느끼기 때문에 클라이언트의 강점과 자원을 찾는 것은 중요하다.

④ 4단계: 감정 다루기

적극적으로 반응하기, 지지하기, 격려하기 등의 적극적인 경청은 클라이언트의 감정을 다루는 데 효과적으로 사용된다. 이와 같은 언어적 피드백은 전화 상담에서 특히 중요하다. 사회복지실천기술에서 감정 다루기 기술은 반영하기, 재진술하기, 정당화 등이 있다.

⑤ 5단계: 문제해결방안 탐색

이 단계에서는 클라이언트가 갖고 있었던 과거 성공적인 대처기술을 찾아보고 현재 클라이언트가 가지고 있는 강점을 찾는 것이 중요하다. 이러한 과정은 사회복지사와 클라이언트의 협력적인 작업활동으로 현재 문제해결의 대안적 해결방법(예: 자원을 찾고 연결하기)이 탐색되는 것이다.

⑥ 6단계: 활동계획 수립하기

해결방안을 위해 실행할 구체적인 활동계획을 수립하는 단계이다. 이 단계에서는 이전단계보다 사회복지사의 역할이 제한적이며, 가능한 한 클라이언트가 역량 강화되도록 지원하여 실행하도록 한다.

⑦ 7단계: 종결 및 사후관리

위기가 해결되었다고 하더라도 클라이언트에게 문제해결 이후 상황에서 위기가 재현되거나 대처능력이 약화될 수 있는 상황을 고려하여 지속적인 사후관리를 해야 한다. 사후관리는 대면접촉 혹은 전화로 이루어지며 사회복지사가 바뀐 경우 다른 사회복지사가 이어서 서비스가 지속적으로 이루어지도록 의뢰한다.

■ 골란(Golan)의 3단계 위기개입과정

① 시작단계

클라이언트와 처음 대면하는 것으로부터 위기개입이 시작된다. 이 단계에서 사회복지사는 클라이언트의 위기상황을 파악하고 현재 어려움을 논의하고 앞으로 개입과정에 대해 계약을 실행하게 된다. 이 단계에서 중요한 부분은 클라이언트의 주관적인 반응을 이끌어내어 감정을 표현하게 하는 것이다.

② 중간단계

클라이언트의 중요문제에 대해 현재와 과거의 일까지 탐색하며, 실제적으로 계약이 실행되는 단계이다. 이때 사회복지사는 과제를 체계화하여 행동변화를 초래할 수 있도록 노력하며 클라이언트가 점차 자율성을 회복함에 따라 단계적으로 사회복지사의 역할을 줄이고 활용할 수 있는 자원과 지지체계를 발굴하여 연계한다.

③ 종결단계

클라이언트가 성취한 과제나 성취하지 못한 과제를 대상으로 개입상황을 점검하여 향후 미래의 계획을 수립한다. 또한 클라이언트가 다른 문제들을 가지고 돌아오는 것에 대해 괜찮다고 느끼도록 도와준다.

(4) 전화 위기개입

전화는 위기개입의 유용한 도구이며 전화를 이용하는 위기상담이 증가하고 있다. 그 이유는 편의성, 익명성, 통제성, 고립된 지역에 대한 서비스, 비용 효과성 등이다(James & Gilliland, 2008).

전화 위기개입은 클라이언트의 목소리 톤이나 억양, 속도, 정서적인 내용만으로 개입해야 하기 때문에 언어적·비언어적 측면을 연결시켜 볼 수 없으므로 발생할 수 있는 상황에 대한 물리적 통제가 어렵긴 하다. 따라서 앞서 위기개입 7단계의 순서와는 달리 위기개입에 맞는 구체적인 전략이 필요하다. 전화 위기개입은 관계형성이 가장 우선적인 과업이다. 사회복지사는 심리적 접촉을 통해 신속히 클라이언트의 신뢰를 이끌어내어 수용적이고 공감적인 관계구축으로 상담을 지속시킨다. 이를 위해 적극적 경청과 반영 기술을 사용해야 하며 목소리는 안정감 있는 저음을 사용하여 침착하게 반응을 이끌어낸다.

3 실천개입과정과 사례적용

아길레라와 메씩(Augilera & Messick)은 문제해결모델에 근거하여 4단계의 개입과정인 사정, 계획, 개입, 위기대비계획 등을 제시하였다(양옥경 외, 2003: 319-324). 이 개입단계는 문제해결모델을 위기개입모델에 적용한 것이기 때문에 사회복지사가 실천현장에서 유용하게 적용할 수 있을 것이다.

1) 실천개입과정

(1) 사정단계

클라이언트의 정서적 고통을 완화 또는 경감을 위해 사회복지사는 문제사건 및 위기에 대한 정확한 사정을 위해 사정 시에 초점화 기술을 적극적으로 활용하여야 한다. 사정의 목적은 위기상태의 특성과 수준, 위기가 클라이언트에게 주는 의미와 영향, 위기상황을 완화시킬 수 있는 자원 등을 결정한다.

사정 시에 아길레라와 메씩은 고려해야 할 다섯 가지 세부영역을 제시하였다.

첫째는 위기와 선행사건에 관한 파악이다. 클라이언트가 왜 도움을 받으러 왔는지를 파악하는 것으로 "무슨 일로 여기에 오셨나요?" 또는 "무슨 일로 그렇게 화가 나셨나요?"라는 질문으로 위기상황을 파악할 수 있다.

둘째는 현재 위기와 선행사건에 대한 클라이언트의 인식이다. "이 사건에 대해 어떻게 느끼십니까?" 혹은 "이 사건이 앞으로 당신에게 어떠한 영향을 미칠 것 같습니까?" 등의 질문으로 클라이언트의 위기와 선행사건을 어떻게 인식하고 있는가를 파악할 수 있다.

셋째는 자원에 대한 고려이다. 클라이언트에게 도움을 줄 수 있는 지지적 자원을 파악하고 자원의 지지 수준이나 질을 파악해야 한다. "주변에 이 일에 관해서 이야기를 나눌 수 있는 사람이 있습니까?" 또는 "이야기를 나누기 가장 편한 사람은 누구입니까?" 등의 질문으로 파악한다.

넷째는 과거의 문제 경험과 대처기술이다. 과거에 비슷한 일을 경험한 적이 있는지, 있다면 어떻게 해결했는지를 고려하여 클라이언트의 대처기술을 탐색한다. "전에도 이와 비슷한 일을 겪은 적이 있습니까? 있었다면 그때는 어떻게 해결하셨습니까?" 등의 질문을 할 수 있다.

다섯째는 클라이언트의 자해 또는 타해의 위험 정도이다. 자살의 위험을 파악하기 위해서 자살에 대한 구체적인 계획을 가지고 있는지, 그 방법이 어느 정도 치명적인지, 그리고 일상생활의 변화가 어느 정도인지 등을 본인과 친지를 통해 자세히 알아보고 그 심각성 정도를 사정한다. 그러한 위험성이 있다면 즉시 입원치료 의뢰와 같은 절차를 즉시 연결한다. 또한 타해의 위험을 파악하기 위해 클라이언트의 폭력적 표현이나 약물 남용 등에 대해 조사해야 하고 구체적 대상에 대한 적개심을 보이거나 해칠 가능성이 있는 경우에는 당사자에게 알려주는 것이 중요하다.

(2) 계획단계

위기에 대한 정확한 사정이 이루어지면 먼저 위기로 나타난 클라이언트의 기능 손상 정도와 회복 가능성, 주변 자원들의 반응과 도움을 줄 수 있는지 등에 대한 평가가 이루어져야 한다. 계획단계에서는 여러 가지 개입기술이 필요하다. 즉 클라이언트가 위기를 이해하고 자신의 감정을 인정하고 토로하도록 원조하는 기술, 클라이언트의 대처 기제를 찾을 수 있도록 원조하는 기술, 사회적 지지망을 활용하는 기술, 현실적 목표를 세울 수 있는 기술 등이 요구된다.

(3) 개입단계

사정단계에 기초하여 개입단계에서는 구체적인 목적과 목표를 달성하기 위해 개입함으로써 행동변화를 추구한다.

첫째는 클라이언트가 표현하기 힘든 감정을 드러내도록 돕는다.

스트레스는 종종 불안과 불편함, 강한 부정적인 감정을 불러 일으키지만 사람들은 이러한 감정을 드러내기보다는 그 감정을 다루려고 노력과 통제로 내면에 담아두고자 한다. 그러나 이러한 감정의 억압은 사람을 움직이지 못하도록 억압하는 원인이 된다. 클라이언트의 감정을 다루기 위해서는 먼저 이러한 감정을 인정해야 하고, 표현하도록 돕는 것이 중요하다.

둘째는 대처기제를 탐색한다.

이 단계에서는 클라이언트의 변화가 목표이므로 사회복지사가 직접 해결을 위해 무엇을 해야 할지 방향을 제시해 주거나 클라이언트가 새로운 대안을 확인하고 접근할 수 있도록 도와준다. 위기개입은 다른 개입보다도 직접적이고 단기적인 개입이기 때문에 사회복지사의 적극적인 역할이 요구된다.

셋째는 사회적 활동 재개를 돕는다.

위기에 있는 많은 사람들은 가능한 한 많은 사회적 지지와 자원을 필요로 한다. 클라이언트의 사회적 지지체계 유지나 새로운 지지체계를 재형성할 수 있도록 사회복지사는 클라이언트가 가지고 있는 지지 자원을 확인하고 이용하도록 하며 새로운 자원을 개발한다.

(4) 위기대비 계획단계

이 단계는 클라이언트가 미래의 다른 위기를 준비하도록 돕는 것을 의미하는데, 클라이언트가 위기를 다루는 과정에서 무엇을 배웠는지를 정리하는 단계이다. 이 단계에서는 평가와 사후관리도 함께 이루어진다. 평가의 초점은 효과적인 대처기제를 중심으로 이루어져야 하며 타 기관에 의뢰해야 하는 경우 의뢰하고 나서의 사후관리 또한 매우 필요하다.

2) 사례적용

위기에 놓인 클라이언트를 신속하게 사정하는 것은 위기개입의 가장 중요한 요소이다. 위기 사정은 긴박한 상황에서 즉각적이고 주관적 · 동적으로 이루어지는 경우가 많다. 따라서 충분한 시간을 두고 DSM-V에 의한 진단 혹은 성격검사나 불안, 우울감 등을 측정하는 임상평가 도구와 같은 형식을 사용하여 정보를 얻는 것이 어렵다. 위기 사정에서 위기의 심각성, 클라이언트의 현재 정서상태와 대안, 대처기제, 지지체계, 활용 가능한 자원에 대한 사정과 자신과 타인에 대한 치명성에 대한 주요영역에 대해 사정한다.

사례는 아길레라와 메씩이 제시한 위기개입의 4단계를 토대로 사례(Karen Hust, 1993)를 제시하였다(양옥경 외, 2003: 329-333 재인용).

① 사례 개요

클라이언트 김은정(35세)은 남편 이영택(39세)과 17년 전 결혼하여 자녀 17세, 14세 아들을 두었다. 두 사람의 결혼생활은 약간의 기복은 있었으나 비교적 행복했다. 남편은 주로 경제적인 부분인 일을 하였고, 부인은 가끔씩 시간제 일을 하여 가계를 도왔다. 사회 · 경제적인 면을 보면 자신의 집을 소유하고 있으며 약간의 저축도 하고 있는 중산층이다. 이러한 생활을 유지하던 중 2주 전에 남편이 교통사고를 당하여 갑자기 사망하였다. 김은정은 이 사건 이후 비탄에 빠졌으며 자녀의 장래가 염려되고 불안하여 지금까지의 가정생활을 유지하기 힘들 정도로 우울해하고 불안이 심해졌다. 이로 인해 누구에게도 도움을 구하지 못하고 집 밖으로 나오지 못할 정도가 되었다. 이러한 문제로 그녀는 전화 상담기관에 연락하여 지역 내의 정신보건센터를 소개받았고 전화로 도움을 요청하여 사회복지사를 만나게 되었다.

② 사례개입과정

1. 사정단계	
클라이언트가 인식하는 위기사건	남편의 죽음과 자녀 양육문제
위기사건에 대한 인식	위기사건을 남편 없이 생활하는 것에 대한 막막함과 두려움, 외로움, 미래에 대한 염려로 인식
유용한 자원	집 근처에 살고 있는 언니와 친한 친구 자녀들이 어머니를 염려하고 있어 정서적 지지가 됨
과거 경험과 대처기제	5년 전 어머니와의 사별, 사별 후 가슴이 답답하고 우울, 언니와 친구의 지지로 극복
자살 위험성	자살에 대해 생각한 적이 없고 과거에도 자살을 시도해 본 적이 없으므로 자살 위험성은 없음
2. 계획단계	
일상생활 수행기능 손상 정도와 회복 가능성을 고려한 개입계획	• 남편의 죽음으로 인해 우울감에 압도되어 무력감을 호소 • 최소한의 가사 생활은 수행하지만 외부와의 교류는 거의 이루어지지 않고 있음 • 자녀 양육에 대한 염려로 무력감을 호소 • 현재 일상생활 수행기능 손상은 배우자와의 사별에 따르는 전형적 반응 → 따라서 사별한 사람들을 위한 자조집단인 애도자 모임의 참석을 권유할 예정
대안 탐색과 대처 전략 세우기	• 배우자와의 사별 전부터 시간제 임시직을 가지고 있음 → 전일제 직장을 구할 수 있도록 직업훈련 프로그램을 연계할 계획 • 재정문제에 대한 염려가 커서 재정설계를 도와줄(교통사고 보상금, 산업재해보상금 등의 문제를 도와줄) 자원이 필요 → 기관 내 전문사회복지사의 원조와 재정설계 담당 은행원인 자원봉사자 연계 • 자녀 양육에 대한 염려와 심리적 외로움 호소 → 자녀와의 면담 결과 자녀들은 대체로 예측되는 문제가 없다는 점을 상기시킴. 그리고 언니와 친구의 정서적 지지를 받도록 할 계획임

3. 개입단계	
위기사건에 대한 이해돕기	남편과의 사별 후 자신의 삶에 대해 객관적으로 이해하도록 도와줌
감정표현 돕기	남편과의 사별로인한 슬픔, 두려움, 분노 등의 감정을 표현하도록 도와줌
대처전략의 효과성 점검	• 재정설계 전문가와의 만남 → 재정 운용에 도움을 받고 막연한 두려움을 극복 • 언니, 친구와의 접촉과 자조집단의 참여 → 심리적 안정감을 회복하고 자녀에 대한 염려 완화
사회적 활동 재개 격려와 점검	• 교회 참석 재개 → 목회자와 교우들의 정서적 지지 • 시간제 임시직을 재기하고 전임직으로의 전환을 신청하였으며 이를 위해 직업훈련프로그램에 신청 → 희망 고취 • 자녀들의 학교행사에 참석 → 자녀에 대한 긍지 • 언니와 친구뿐만 아니라 사고 이후 참여하지 않았던 친구 모임에 참석 → 정서적 지지
4. 위기대비 계획단계	
진전을 검토	재정적 위기에 대한 구체적 도움, 자조 집단을 통한 정서적 지지, 직장 유지, 언니와 친구를 통한 자원 관계 유지, 교회 출석과 목회자 및 교우들의 자원의 유용성 확인
향후 있을 위기에 대비한 계획 수립	앞으로 어떤 위기를 만나더라도 이 과정을 통해 획득한 전략을 계속 사용하기로 함

4 한계점

위기개입모델은 전통적으로 사용해 오던 접근방법들, 즉 스트레스로 인한 개인과 집단의 심리적 문제, 특정한 행동적 문제, 사회체계의 문제 등에 많이 부합하기 때문에 실천적 개입의 틀을 제공하며 다양한 사회복지실천 분야에서 적용되고 있다. 위기개입의 실천가들은 위기범주에 대응하기 위해 많은 노력을 기울여 왔으며 동시에 예방적인 개입을 발달시키기 위해 노력해 왔다.

위기개입모델은 최근에 다양한 프로그램들이 개발되고 있는데 단기간에 최대의 안정과 통제를 제공하는 위기안정화 프로그램, 지역사회의 사건현장에 사회복지사가 투입되는 아웃리치 프로그램과 위기대응팀 구성, 아웃리치 현장에서의 다 학문적 접근의 필요성이 대두됨에 따라 다 학문적 접근에 대한 모색이 이루어지고 있다. 또한 사회복지실천에 있어서 주로 지역사회 정신보건 프로그램, 자살방지센터, 가족서비스센터, 의료체계 등에 있던 사회복지사에 의해 초기 발달이 이루어졌고, 근래에는 아동복지체계, 학교, 성폭력상담센터, 가정폭력상담센터, 재난구조체계 등의 장으로 위기개입의 활용 영역이 확대되어 사회복지실천현장에서 광범위하게 활용되고 있다.

이러한 광범위한 활용과 유용성에도 불구하고 위기개입모델은 효과성 검증에 대한 실증적 자료가 아직 부족하고, 이론적 체계가 미흡하다는 비판이 대두되고 있으며, 위기개입에 다른 실천을 위한 구체적인 기술이 개발되지 못하고 있는 한계점이 있다.

CHAPTER

05 동기강화모델

1 개요 및 주차목표

1980년대 밀러(Miller)에 의해 시작된 동기강화모델(motivational interviewing, MI)은 행동변화를 필요로 하는 다양한 클라이언트에게 실제 적용하여 그 효과성이 사회복지현장에서 증명되어 이를 발판으로 삼아 입증하는 실천방법이다. 알코올중독[1]자의 치료에 시작하였으나, 중독영역과 비 임상적 영역에 이르기까지 치료효과가 입증되고 있는 상담방법이다(Miller & Rollnick, 2002; 신성만 외, 2015). 이는 비자발적 클라이언트와 일상생활에서 일정한 건강관리가 요구되는 만성질환자에게 그 적용이 확대되고 있다. 동기강화모델은 로저스(Rogers)의 인간중심철학에 기반하고 있으며, 단기적으로 개입하면서 개입과정이 비교적 훈련받기 쉬운 특성이 있다(Lundahl et al., 2010).

---

1) 중독어원: 라틴어 'addicere'에서 시작되었으며 이 단어는 '노예가 되다(enslave)'라는 뜻(Potenza, 2006). 중독은 아편이나 알코올과 같은 물질에 관련 문제를 설명하는 개념이었으나 최근에는 인터넷, 도박, 성(sex), 쇼핑 등과 같은 행동과 관련해 문제를 설명하는 개념으로 사용되고 있다(김교헌, 2007; 신성만, 2017 재인용).

클라이언트: 나름대로 노력하고 있어요! 보호관찰관이 이래라 저래라 참견만 하지만 않으면 저도 제 인생을 바로 잡을 수 있어요.
사회복지사: 보호관찰관의 감시가 답답하지요. 그래도 여러 방면으로 애를 쓰고 노력하고 계시군요.

나. 확대반영(amplified reflection)

클라이언트의 진술을 사회복지사가 확대시키거나 부풀려서 조금은 극단적인 형태의 반영을 하는 것이다. 성공적인 확대반영은 양가감정 중에 다른 쪽 측면을 자극시키는 동기가 된다. 주의할 점은 공감적인 방식으로 반영이 이루어져야 한다는 것이다(Miller & Rollnick, 2012).

클라이언트: 저는 우리 결혼 생활이 지금 이대로도 나쁘지 않다고 생각해요.
사회복지사: 전혀 개선될 부분이 없다는 말씀이시군요.
클라이언트: 제 말은 그냥 완벽하지는 않더라도 충분히 행복할 수 있다는 것이지요.
사회복지사: 지금보다 당신의 경혼 생활이 나아질 수 있는 가능성은 없다고 느끼시는군요.
클라이언트: 저는 그런대로 만족하지만 제 아내는 아닌 것 같네요.

다. 양면반영(double-sided reflection)

반영적 방법의 마지막은 양면반영이다. 이는 양가감정의 양면은 모두 반영하는 것이다. 내담자가 저항적인 부분을 언급할 때 사회복지사는 클라이언트의 저항을 반영하고 거기에 더하여 반대편의 양가감정도 반영해 주는 것이다. 이때 접속사 '그러나' 보다는 '그리고'를 사용하여 어느 한 쪽에 치우쳐서 강조하지 않도록 유의해야 한다.

사회복지사: 당신은 요리를 해서 식사를 거르지 않는 것이 굉장히 힘든 일이 될 것이라는 것을 알고 계시군요. 그리고 또한 그 일이 당신의 혈당 수치를 조절하는 데 있어서 굉장히 중요한 일이라는 것도 알고 계시고요.

■ 비반영적 방법

가. 초점 바꾸기(focusing)

초점 바꾸기는 클라이언트가 어려운 문제에 봉착하고 있는 것 같아 보일 때, 이 문제로부터 클라이언트의 시선을 멀리 옮겨놓는 것이다. 초점 바꾸기 반응은 클라이언트가 가장 염려하고 있는 문제에 관해 우선 염려하는 것을 안심시킨 다음, 보다 해결 가능한 문제로 클라이언트의 주의를 전환시키는 것이다.

클라이언트: 아마도 선생님께서는 오늘 제가 지켜야 되는 식습관에 대해 이야기하시겠죠. 또 운동기구를 구입하라거나 아니면 헬스클럽 같은데서 매일 운동을 해야 한다고 말씀하실 것 아닌가요?
사회복지사: 급히 서두르지 마세요. 이제 경기가 시작인데 당신은 벌써 경기결과의 점수를 걱정하고 계시군요. 저는 지금 어떠한 결론도 내리고 있지 않습니다. 당신이 하고 싶은 이야기는 무엇입니까?

나. 관점 재구조화하기(reframing)

클라이언트의 말을 다른 관점으로 재구조화하여 반응하는 것이다. 사회복지사는 클라이언트가 한 말을 그대로 인정하면서 동시에 말의 의미나 해석을 달리하여 클라이언트에게 그 말을 돌려준다. 이때 클라이언트는 자신이 한 말에 대해서 다른 관점으로 바라볼 수 있게 되고 변화를 촉진시키는 계기가 되기도 한다.

클라이언트: 제 남편은 항상 제가 하는 일에 잔소리처럼 말이 많아요.
사회복지사: 남편 분이 선생님에게 관심과 사랑이 많아 보이는군요.
클라이언트: 내가 아는 분들도 다 저 만큼은 술을 마신단 말이에요.
사회복지사: 함께 술을 먹는 사람들이 정말 술을 잘 마시는 분들이군요!.

다. 방향 틀어 동의하기(agreeing with a twist)

사회복지사가 클라이언트의 말에 우선적으로 동의를 표하지만 조금 방향을 틀어서 다르게 동의하는 것으로 클라이언트의 변화 방향을 안내할 수 있다.

클라이언트: 술을 끊고 단주한다는 것은 상상도 할 수 없어요. 술은 이젠 제 삶의 일부분이 되었거든요.

사회복지사: 술 없이는 선생님 본인도 존재하지 않는다는 말씀이시군요. 그러면 술값이 계속 올라가도 어떻게든 술을 마시겠다는 것이군요.

라. 개인의 자유 선택권과 통제력 강조하기

클라이언트는 선택할 기회나 자유가 없는 것처럼 취급당할 때 저항을 보이며 오히려 자신의 자유를 적극적으로 주장하는 경향이 있는데 이것은 아주 자연스러운 반응이다. 이런 상황에서 사회복지사는 클라이언트에게 궁극적인 선택권이 있다는 사실을 다시 한 번 말해 주고 클라이언트의 선택권과 자제력을 인정해 줄 수 있다.

클라이언트: 무슨 이유로 저에게 이 소책자를 주시는 거죠? 콘돔을 사용해야 된다 뭐 이런 말씀이신가요?

사회복지사: 이 책자는 단순히 정보를 주기 위해 드리는 것입니다. 그 책자를 보고 어떻게 할 것인지는 선생님에게 달려 있지요. 아무도 선생님에게 콘돔을 사용하라고 강요할 수는 없습니다.

마. 나란히 가기

클라이언트의 저항에 대해 변화를 촉구하지 않고 사회복지사가 오히려 변화하지 않기를 주장한다면 어떻게 될까요? 이 방법은 역설적으로 때때로 클라이언트를 바른 방향으로 나아가도록 돕는다. 양가감정의 속성으로 인해 클라이언트가 한 면을 강조하면 클라이언트가 심리적으로 그 반대편, 즉 변화 방향으로 기울어져 탐색하게 되기 때문이다.

클라이언트: 이러한 방법도 저에게 효과가 별로 없는 것 같아서 실망스러워요.
사회복지사: 또 다른 방법으로 한번 시도했는데도 별로 나아진 것 같지가 않고 시도를 전혀 안 하는 것이 낫겠다는 생각도 들겠네요. 기분은 좀 어떠신가요?

4 한계점

사회복지사들은 클라이언트들의 관점, 신념, 선호에 대해 이해함으로써 모든 민족 및 문화적으로 다양한 클라이언트들의 욕구와 상황들에 적합한 치료방법들을 적용할 수 있다. 책임감 있는 실증적으로 검증된 개입옵션들의 사용을 해야 한다. 클라이언트의 개입 옵션을 스스로 선택할 수 있도록 돕기 위해 사회복지사와 상호협조적으로 신뢰 안에서 일할 것을 요구한다. 또한 사회복지사는 문화 및 공동체적 규범이 자신의 클라이언트에게 경험되고 있는지를 명백히 인지할 수 있어야 한다.

중독의 특수성으로 인한 동기의 문제는 다른 상담모델접근과 함께 동기강화모델(MI)의 사용이 필수이다. 동기강화모델 정신을 통해 MI원리를 적용해서 OARS를 사용하여 변화대화를 이끌어내야 한다.

5 사례

1) 프로그램 참여자 및 프로그램 내용

인터넷 중독 집단 프로그램이 필요성을 인식한 중학교에 프로그램을 제안하였고, 중학교 내의 wee클래스를 통하여 인터넷 중독으로 인하여 상담을 받은 경험이 있는 중학생이다. 중2학년 학생을 대상으로 인터넷 중독 KS척도 실시 후 고위험군 학생들을 대상으로 상담을 권유했다. 이러한 제안을 받아들인 청소년들 중 상담프로그램에 참여했으며 진행방식은 매주 1회 120분 총 6회기로 진행하였다(신성만 외, 2015).

표 5-6 프로그램 회기별 활동단계(Changing me! 내 삶의 변화 만들기)

회기	제목	목표 및 활동
1	변화하는 내 모습 (변화단계 인식하기)	• 변화단계에 대한 이해를 통해 인터넷 사용에 대한 변화를 스스로 인식하고 조절할 수 있는 기반 구축 • 활동: 변화단계 퀴즈게임, 사전평가
2	변화가 필요해 (변화필요성 인식하기)	• 인터넷 중독으로 소외되었던 자신의 주요영역 및 감정과 접촉하면서 변화에 대한 본질적인 갈망과 동기인식 • 활동: 감정퀴즈, 내 삶의 주요영역과 감정파이 만들기
3	행복의 무게달기 (변화욕구 명료화하기)	• 변화에 대한 이득과 손실에 대한 무게 달기 • 변화에 대한 욕구를 인지적으로 명료화하면서 변화대화 표현 • 활동: 장판 뒤집기 게임, 나의 바닥경험, 이득과 손실, 10년 후 나의 모습, 작은 실천
4	풍성한 나의 삶 (변화 효능감 강화하기)	• 자신의 흥미를 고려한 대안활동을 탐색 • 선택한 대안활동 실천계획 세우기 • 활동: 흥미검사, 대안활동 선택 및 계획
5	나의 어떤 스타일? (불일치를 통한 변화열망 강화하기)	• 자신의 삶에 내면화된 부적응적인 가치관 파악 • 자신이 원하는 적응적인 가치관 탐색 및 선택 • 활동: 머리띠 게임, 적응적인 삶의 가치 선택

회기	제목	목표 및 활동
6	Bravo my life~? (변화가능성 강화하기)	• 약속문 발표를 통해 변화 동기 다짐 • 활동: 약속문 발표, 사후평가 및 차후 자조모임 교육

2) 프로그램 구성의 이론적 기반 및 기술

인터넷 중독 동기강화모델 집단 프로그램을 개발하기 위하여 선행연구에서 중독의 치유 및 회복과 관련해 프로그램 조사결과와 그 효과성이 여러 영역에서 검증된 동기강화모델을 기반으로 하였다. 프로그램 실시 전에 먼저 사회복지사와의 관계형성, 프로그램에 대한 관심유도, 참여율 증진을 도모하였다. 동기강화모델의 핵심요소들을 선정하여 중독에 효과적으로 활용할 수 있는 행동변화를 목표로 변화에 대한 동기를 견고히 강화할 수 있도록 하였다.

인터넷 사용의 조절을 목표로 프로그램을 개발하였고, 표현예술치료기법을 도입하여 사용하였다. 또한 본 프로그램 진행 후 재발이 되더라도 자기 조절이 될 수 있는 상태가 가능하기 위하여 TC(Therapeutic Community)적인 요소를 도입하여 자기 효능감을 증진시켰다. 그리고 대안활동을 통해 스스로 자신의 변화를 인지하고 공언하는 방법으로 프로그램을 수정하였다. 따라서 전문가에게 평정을 의뢰하여 타당도를 확보했으며 이러한 절차를 거쳐 개발된 프로그램명은 'Changing me! 내 삶의 변화 만들기'이다.

- 1회기: 인터넷 중독에 대한 현재 변화단계를 인식하는 것을 목표로 프로그램에서 바라거나 기대하는 점과 집단참석 출석 일정, 집단 규칙을 정하고 지도자의 설명과 구성원들의 활동을 통해 변화단계를 이해하고, 자신의 변화단계에 대한 현 위치를 스스로 파악하였다. 또한 현재 자신의 기분과 느낌, 이번 회기를 통해 배운 점들을 함께 나누었다.
- 2회기: 인터넷 중독에서 벗어나고자 하는 자신의 변화의 필요성을 인식하고 이러한 변화에 대한 동기를 일으키는 것이다. 이를 통해 변화 동기는 외부의 요구에

의해서가 아니라 집단원 내면의 변화에 대한 본질적 갈망이 생김으로 인해 일어난다는 것을 인식하도록 하였다. 이 과정을 통하여 집단원들은 변화의 필요성을 느끼고, 변화와 관련된 감정들도 표현하기 시작하였다.

- 3회기: 인터넷 중독으로 인한 자신의 변화에 대한 욕구를 명료화하는 것을 목표로 하여 집단원의 인터넷 사용 조절에 대한 양가감정을 중점적으로 다루었다. 자신의 인터넷 사용 문제가 지속될 경우 '좋은 면(이득)'과 '별로 좋지 않은 면(손실)'을 생각해 보고 이것에 대하여 직면하여 위험성에 대한 자각을 하는 데 초점을 맞추면서 현 상태를 유지할 경우의 자신의 미래를 생각해 보고, 이를 이야기나 역할극을 통해 표현하도록 하였다.
- 4회기: 인터넷 중독에서 벗어나고자 하는 자신의 변화에 대한 효능감을 강화하는 것을 목표로 하였다. 이전 회기의 이득과 손실에 대한 양가감정에서 새로운 행동을 조성할 수 있도록 준비하는 단계로 인터넷 사용을 대체하는 대안활동은 변화에 대한 효능감을 지속적으로 유지하는 데 중요한 요소로 작용한다. 대안활동은 일회성이 아니라 인터넷 사용을 대체할 만한 의미 있고, 지속적으로 할 수 있는 가치 있는 활동이어야 하기에 충분한 탐색과 숙고의 과정을 통해 만들었다.
- 5회기: 활동을 통해 자연스럽게 부정적인 자신의 가치관에 대해 스스로 진술함으로, 자신의 부적응적인 면을 직면하고 변화의 필요성을 인식하게 했다. 영상을 통해 긍정적 가치를 가지고 의미 있고 성공적인 삶을 살아가는 사람들을 모델링하며, 긍정적인 가치를 소유하는 것에 대한 자발성을 고취하며, 이를 기반으로 자신의 삶을 위한 긍정적인 가치를 발견하도록 하였다.
- 6회기: 변화에 대한 자신감과 변화 동기를 재진단하고 변화에 대한 의도를 알게 하여 변화가능성에 대한 긍정적인 마음을 강화시켰다. 프로그램을 통해 그동안 해왔던 활동들을 평가하고 각자의 변화와 성장에 대해 나누도록 하였다. 또한 변화와 성장을 지속하기 위해 또래 자조집단의 필요성에 대해 인식할 수 있도록 하였으며, 인터넷 중독을 조절할 수 있음에 대한 동기를 갖도록 하여 변화가능성 전반에 대한 긍정적 마음을 강화시키고 변화에 대한 다짐의 계기를 제공하였다.

[PART]

2

개인 사회복지실천

CHAPTER

06 개인대상 사회복지실천의 기술

1 개인대상 사회복지실천의 개념

개인대상 사회복지실천이라 함은 개인을 대상으로 일대일의 관계를 맺고 대상자에 대한 개별지도 또는 개별사회사업이라 일컫는 접근방식으로 구분되어 왔다. 세계 최초로 개별사회사업을 체계화한 리치몬드(Richmond)는 개인의 기능에 영향을 미치는 사회적 영향을 인식하였으나 초기 사회복지실천의 흐름에 따라 개인의 부적응에 대한 치료적 개입을 강조하였다. 리치몬드(Richmond, 1944)는 "개별사회사업은 개인과 그를 둘러싼 환경 간의 의식적 조정을 통해 인간발달을 도모하는 과정"으로 정의하고 있다.

전통적 접근에서의 서비스 파편화 경향은 다양한 욕구와 복잡한 문제를 가진 대상자에게 효과적으로 대처하기 어려운 한계점을 보였다. 이에 대해 생태체계적 관점에서의 통합적 접근이 등장하면서 개인의 문제를 환경과의 연관성 속에서 다양한 삶의 문제로 바라보면서 다양한 수준에 체계적으로 개입하는 것을 강조하였고, 이러한 변화는 개별사회사업의 개념적 변화에 영향을 끼치게 되었다. 이에 따라 개인대상 사회복지실천은 개인의 문제와 그를 둘러싼 환경을 동시에 탐색하고 분석하여 개인의 욕구나 문제가 해결되도록 전문적인 개입을 통해 이루어지는 실천 활동으로 개념적 정의를 할 수 있겠다.

2 개인대상 사회복지실천의 개입방식과 특징

1) 개인대상 실천의 개입방식

(1) 직접실천

개인대상의 사회복지실천 중 직접실천은 서비스 대상자와 면대면 접촉을 통해 직접 서비스를 제공하는 형식이다. 임상사회사업과 같은 분야에서 면접 또는 상담을 통해 접근하는 방식이다.

(2) 간접실천

간접실천 개입방법은 대상자에게 필요한 자원을 연계하거나 환경을 조성하는 방식이다. 예를 들면, 노인 대상자의 경우라면 지역 노인복지관과 같은 기관에서 노인 대상자의 주변체계에 개입하여 관련 자원을 활용하거나 사회적 지지체계를 활용하는 방식으로 간접실천 활동을 전개하는 것이다.

(3) 단독형

개인대상 실천의 개입방식 중 단독형은 1인 대상자에게 전문가인 사회복지사 1인이 상호 일대일의 관계에서 개입하는 것이다. 즉, 1인의 사회복지사 전문가가 대상자의 사례에 대해 문제해결 과정에 직접 개입하는 방식이다.

(4) 지지망형

개인대상 실천 중 지지망형은 1인의 대상자를 두고 사회복지사 외에 다수의 전문가가 함께 개입하는 방식이다. 이러한 개입에 있어서 사회복지사는 대상자가 가지고 있는 문제의 해결과 욕구의 충족을 위해 공식적 · 비공식적 지원체계를 구축하고 활용하게 된다. 이때 전문가인 사회복지사는 대상자가 요구하거나 필요한 서비스가 지원체계를 통해 적절하게 제공되었는지 확인하는 모니터링 작업을 수행하게 된다. 이와 같은 지지망형 개입방식은 대상자 체계는 개인이지만 개입의 대상은 개인과 함께 다양한 체계로 확대하는 것이다.

2) 개인대상 실천의 특징

(1) 대상자 체계의 특징

개인을 대상으로 하는 사회복지실천의 특성으로 먼저 1인 대상자 체계를 중심으로 개별 대상자가 지니고 있는 문제에 초점을 두고 개별화된 원조를 진행하게 된다. 이러한 특징은 사회복지실천의 기본 가치로서 자기결정권(선택권)을 중요시하고 개인의 욕구와 상황, 특수성에 적합한 방법과 전략을 선택하게 된다.

(2) 대상자와 사회복지사의 전문적 관계

개인대상의 실천에서 사회복지사는 대상자의 문제를 해결하기 위해 전문가로서 전문적인 관계를 활용하여 원조과정을 펼치는 특징이 있다. 이러한 전문적 관계에서 사회복지사는 대상자의 문제에 대한 전문적 지식과 기술을 바탕으로 하여야 한다. 또한 전문가로서 사회복지사는 대상자와 일대일의 관계 속에서 대인관계기술을 활용하여

적 차원으로 일과 타인과의 관계에 있어서 책임의 영역을 확대하는 것으로 자신의 내적 주도성을 향상시키는 것이라 할 수 있다. 셋째, 필요적 차원으로서 대인관계에 있어서 관계를 이끄는 능력을 키우는 것으로 제시할 수 있다.

이러한 셀프임파워먼트는 왜 중요한가. 그것은 바로 자신의 영향력을 확인하고 자신의 삶을 주도적으로 결정하는 것이 셀프임파워먼트로 볼 수 있기 때문에 자기 자신을 경영한다는 의미를 담고 있는 것으로 이해할 수 있다. 또한 개인은 변화하는 환경에 적응하고 자신을 끊임없이 발전시켜야 하는 존재로서 셀프임파워먼트의 중요성은 더욱 커지고 있다. 따라서 전문가가 스스로의 역량을 높인다는 것은 사회복지실천현장에서 클라이언트에게 이와 같은 역량의 힘을 전달할 수 있을 것으로 기대한다.

셀프임파워먼트를 형성하기 위한 방안을 개인의 심리적 임파워먼트 요소로 제시하면 다음과 같다(송희경, 2013: 26-27).

㉠ 의미성

의미성(meaning)이란 개인이 자신의 이상이나 기준에 기초하여 판단한 일의 목적이나 목표의 가치이며, 과업역할의 요구와 신념, 가치, 행동의 일치성을 의미한다. 즉, 개인이 자신에게 주어진 일을 가치 있고 중요하게 받아들이며 자신의 일에 대해 가치관과 연결하는 정도라고 할 수 있다.

㉡ 유능함

유능함(competence)은 개인이 가지고 있는 능력을 활용하여 과업을 잘 수행할 수 있다는 자신의 능력에 대해 가지는 믿음과 확신을 의미하며, 자기효능감과 유사한 개념이지만 그보다는 특정 업무 역할에서의 효능감 측면을 의미한다. 이것은 임파워먼트를 지각하는 개인은 자신의 능력과 가능성에 대한 믿음을 가지며, 자신의 역할수행 능력에 관한 자신감을 갖는 것이라고 할 수 있다.

㉢ 자기결정성

자기결정성(self-determination)이란 개인의 결정능력과 행동에 대한 지배력으로서 주도적으로 선택하고 조절할 수 있는 분별력으로 자신의 일을 주도하는 직무수행 과정에 자율성을 반영함을 의미한다. 이는 자기결정성이 스스로 자신의 업무에 대해 능동적으로 대처하며 업무의 수행에 있어서도 자유롭게 선택하고 관리할 수 있는 것이라고 할 수 있다.

㉣ 영향력

영향력(impact)은 개인이 자신의 업무에 대한 전략적·행정적 운영결과에 미치는 영향의 정도를 의미한다. 영향력에는 파워(power)라는 의미가 함축되어 있어 개인이 갖는 영향성에 대한 믿음으로 볼 수 있다. 즉, 영향력은 개인이 소속된 조직과 그 환경에 영향력이 있다고 믿는 신념의 정도라고 할 수 있다.

여기에 제시한 내용은 스프레이처(Spreitzer, 1995)가 내재된 심리적 임파워먼트를 설명하는 타당한 변수로 제시한 것이다. 이외에도 셀프 임파워먼트를 설명하는 데 적용 가능한 개념들을 몇 가지 소개하면 다음과 같다.

먼저 자기효능감(self-efficiency)에 대해 심리학자 알버트 반두라(Albert Bandura)는 개인이 구체적인 상황에서 성공할 수 있는 자신의 능력에 대한 신념으로 정의하였다. 즉, 자기 자신에 대한 스스로의 평가의 의미하는 것으로 이해할 수 있다(두산백과). 다음으로 자아존중감(self-esteem)은 자신이 사랑받을 가치가 있고 어떤 성과를 나타낼 수 있는 유능한 사람이라고 믿는 마음이다(위키백과). 세 번째로 자기수용성(self-acceptance)은 어떤 개인이 자신을 가치 있는 존재로 인식하며 자기 가치기준은 스스로의 경험을 통해 나온 것으로 보고 자신의 감정 등을 있는 그대로 볼 수 있다면 자기수용성의 상태에 있는 것으로 볼 수 있다(간호학 대사전).

CHAPTER 07 클라이언트와 함께 하기

1 다양하고 복잡한 욕구를 가진 클라이언트에 대한 실천기술 측면

사회복지실천현장에서 다양하고 복잡한 욕구를 가진 클라이언트들을 만나는 것은 흔한 일이 되었다. 복합적인 욕구를 가진 클라이언트의 등장 배경을 이해하기 위해서 1980년대의 상황을 점검할 필요가 있다. 세계는 복지국가의 위기라는 위험을 1970년대에 직면하면서 재정축소라는 해결책을 내놓았고, 10여 년의 시간을 통해 경제적인 상황이 나아지는 양상을 보였다. 그러나 새로운 양상의 사회문제들이 발생하면서 복합적인 욕구를 호소하는 장기보호 노인, 장애인, 부랑자 등의 클라이언트가 급속하게 증가하였다(Rose & Moor, 1995; 최혜지 외, 2014 재인용). 사실 이와 같이 복잡하고 다양한 욕구를 지닌 클라이언트에게는 기존의 단편적인 서비스로 그 욕구를 충족하기 어렵기 때문에 사례관리의 필요성이 요구되었다. 이처럼 복합적 욕구를 지닌 대상에 대한 실천은 지역사회에서 펼쳐지고 있는 통합사례관리와 국가 차원에서 제시하는 커뮤니티케어로 제시할 수 있으며 이 두 차원은 거의 유사한 내용으로 이해할 수 있다.

다양하고 복합적이 욕구를 지닌 대표적인 클라이언트로 재가 장기요양 대상, 재가 장애인 및 시설서비스이용 장애인 등을 들 수 있다. 이러한 측면에서 볼 때 복합적으로 지원되어야 할 보건과 복지영역 및 의료적 서비스를 필요로 하는 클라이언트를 위한 정부의 지역 통합 돌봄 기본계획: 1단계 사업으로 노인커뮤니티 케어에 대한 내용을 소개하고자 한다(보건복지부, 2018).

이와 관련한 핵심내용은 각종 건강관리, 돌봄서비스로 제공되는 '케어안심주택' 대폭 확충, 노인 독립생활 시 낙상 예방을 위한 대대적인 집수리 사업의 실시와 '커뮤니티케어형 도시재생뉴딜' 추진으로 마을 소멸에 대응, 거동이 불편한 노인을 위해 집으로 찾아가는 방문의료 본격 제공, 시 · 군 · 구 '주민건강센터' 설치, 노인을 위한 방문건강관리서비스 확충, 병원 '지역연계실'(사회복지팀) 설치, 환자 퇴원계획 수립 및 돌봄서비스 연계, 차세대 장기요양보험 구축(노인의 약 11% 이상 수준으로 확대 목표 등)을 골자로 하고 있다.

본 사업은 2019년 6월부터 2년간 지자체에서 '지역사회 중심의 통합 돌봄' 모델 마련을 위한 선도사업을 실시하고 초고령사회(2026) 진입 전인 2025년까지 커뮤니티케어 제공기반을 구축하고자 하는 계획이다. 지역 통합 돌봄 계획(1단계 발표: 노인 커뮤니티 케어) 발표 내용을 토대로 다음의 4대 핵심요소별 중점추진과제를 살펴본다.

1) 어르신 맞춤형 주거지원 인프라 대폭 확충

노인이 사는 곳에서 건강관리를 받고 각종 돌봄서비스 등을 편하게 누릴 수 있는 '케어안심주택'을 대폭 확충한다. 앞으로 신규로 공급하는 노인 공공임대주택(예: '19~'22년 약 4만 호 예정)은 모두 케어안심주택으로 확보할 계획이다. 노인이 많이 거주하는 영구 임대주택(14만 호) 등도 케어안심주택으로 탈바꿈할 수 있도록 사회복지관 등의 서비스 연계를 확대하고자 한다. 또한 연구용역 등을 통해 다양한 모델을 개발하고 커뮤니티케어 선도사업 및 도시재생 뉴딜사업 지역 등에서 실증을 거쳐 단계적으로 확대해 나갈 예정이다.

노인의 독립생활을 지원하면서 낙상을 예방할 수 있도록 주택 개조(집수리) 사업을 대대적으로 실시할 계획이다.

일상생활 동작(옷 갈아입기, 화장실 사용, 목욕 등)에 어려움을 겪는 노인이나 병원(시설) 퇴원(소)자 등 약 27만 세대의 집에 미끄럼을 방지하는 안전바닥재를 깔고 욕실 등에 안전 손잡이를 설치하는 등 집을 고쳐줄 계획이다.

보건복지부, 행정안전부, 국토교통부가 협력하여 지역사회 통합 돌봄서비스와 도시재생 뉴딜사업, 주민자치를 융합하여 마을의 정주여건을 개선하면서 지역공동체를 회복하여 고령화로 인한 '마을 소멸'에 적극 대응할 계획이다. 2019년부터 도시재생뉴딜사업의 유형으로 '커뮤니티케어형 도시재생뉴딜사업'을 신설 예정이며, 지역주민의 참여를 기반으로 의료 · 보건 · 복지 등의 돌봄서비스를 한 공간에서 제공하는 '의료 · 복지 · 건강 · 돌봄복합타운'을 시범적으로 조성할 계획이다.

2) 어르신의 집으로 찾아가는 방문건강 및 방문의료 실시

간호사 등이 건강상태가 우려되는 노인의 집으로 찾아가 혈압 · 혈당 등을 확인하고 생활 습관과 만성질환을 관리해 주는 방문건강서비스를 대폭 확충한다. 현재 기초수급자, 차상위계층 노인 등 저소득계층 위주의 서비스에서 나아가 장기입원 후 퇴원한 노인, 독거노인 및 노인부부세대 등 건강관리가 취약한 노인을 대상으로 하는 보편적인 서비스로 단계적으로 확대해 나갈 계획이다.

방문건강관리서비스 제공 효과를 연구한 자료(2011 서울대학교)에 의하면 방문건강관리를 받은 65세 이상 노인의 연간 의료비 지출이 최대 22만 원이 절감되는 것으로 추정된 바 있다.

집중형 방문건강관리서비스의 기반 인프라인 '주민건강센터'는 우선적으로 보건지소 기능을 전환하고 건강생활지원센터(현재 66개소)를 단계적으로 확충하여 2022년까지 모든 시 · 군 · 구(250개)별 확보를 목표로 추진할 계획이다. 또한 의사, 간호사 등이 거동이 불편한 노인 등의 집으로 찾아가는 진료(왕진), 간호 등을 하는 방문의료를 본격적으로 제공한다. 의료계 등과 협의하여 적정 수가와 제공 기준을 마련하여 2019년부터 시범사업을 실시할 계획이다.

건강예방 · 관리 프로그램 등을 운영하는 경로당을 대폭 확대하고, 노인 교실(노인대학)에서 사회참여(자원봉사 등), 노화적응(건강유지 등) 교육프로그램을 본격적으로 제공하고자 한다.

3) 재가 장기요양 및 돌봄서비스 획기적 확충

커뮤니티케어에 걸맞은 차세대 노인장기요양보험을 구축한다. 장기요양보험으로 돌보는 노인을 2025년까지 전체 노인의 11% 이상 수준(약 120만 명)으로 목표를 설정하고 사회적 논의를 거쳐 추진하고자 한다.

한 번씩 병원에 갈 때 필요한 차량 이용 등의 이동서비스(예컨대, '병원 모심택시')와 집 문턱 제거 등의 주거환경 개선도 장기요양보험으로 지원하는 방안을 추진한다. 아울러 집에서 독립적으로 생활하는 데에 필요한 보조기기(전동침대 등)의 대상자와 품목을 획기적으로 확대하여 지원할 계획이다. 또한, 다양한 재가서비스를 신설하고 통합재가급여를 도입하여 집에서 장기요양서비스를 이용하는 노인을 전체 장기요양수급자의 80%까지 확대하고자 한다. 다양한 재가서비스를 한 기관에서 제공하는 '종합재가센터'를 2022년까지 시 · 군 · 구별로 1개 이상 설치하여 재가서비스의 품질을 높이면서 대상자의 만족도를 제고할 계획이다.

사회서비스원이 직영하는 센터를 2022년까지 135개소 설치하고 종합사회복지관 등 기존 기관을 종합재가센터로 지정하거나 '종합재가서비스업종'을 신설하여 지역사회 통합 돌봄의 거점이 되도록 한다.

식사 배달('어르신 건강영양도시락 배달'), 법률 지원, 안부 확인 등의 신규 재가서비스를 선도사업 등을 통해 개발하고 노인장기요양보험이나 사회서비스 급여(바우처) 등을 통하여 지원할 계획이다. 더불어 재가 의료급여를 신설하여 의료급여 퇴원환자의 재가생활을 지원할 계획이다. 또 장기입원 후 퇴원한 의료급여 대상자에게 재택의료, 간병, 돌봄 · 영양, 이동 지원(예: 외래 이용) 등의 통합서비스를 제공한다.

커뮤니티케어 선도사업과 연계하여 2019년에 시범사업을 실시하고 법적 근거를 마련한 후에 본격적인 서비스를 제공하는 방안을 검토하고 있다.

4) 사람중심의 민관 서비스 연계 및 통합제공

공급자 중심의 분절적인 서비스 칸막이를 해소한다는 목표 아래 사회보장정보시스템과 보건소 정보시스템 간 연계를 고도화하여 자원과 대상자 정보 공유를 활성화하고, 지역사회보장계획과 지역보건의료계획에 지역 커뮤니티케어계획을 포함하는 등 오랜 기간 누적된 보건과 복지 영역의 칸막이를 해소하고자 한다. 현장 불편과 칸막이 행정을 유도하는 각종 복지사업지침을 일제 정비하여 각종 복지 사업 간의 연계를 저해하는 걸림돌을 없앨 예정이다.

지역사회에서 민간과 공공이 협력하여 사람을 중심으로 각종 서비스를 연계 제공하는 모델을 마련한다. 첫째, 읍 · 면 · 동에 각종 서비스를 안내하는 케어안내창구를 운영한다. 둘째, 지역에서 민 · 관이 협력하여 사람을 중심으로 서비스를 연계하고 통합 제공하기 위하여 '지역케어회의'를 운영한다. 지역케어회의는 지역 여건에 맞추어 각 지방자치단체에서 자율적으로 운영하고, 선도사업을 실시하여 다양한 모델을 검증한 후 우수모델을 만들어 지자체에 제시하고자 한다. 이를 뒷받침할 수 있도록 민 · 관의 서비스 제공인력을 대폭 확충할 계획이다.

사회복지공무원 확충('22년까지 15.5천 명)과 연계하여 지자체의 읍 · 면 · 동과 시 · 군 · 구 본청에 전담인력을 확충한다. 또한 종합사회복지관 등의 인력을 증원하고 '명예 사회복지공무원'과 자원봉사자('좋은 이웃들') 등 민간의 우수 인력을 적극 활용할 계획이다.

향후 커뮤니티케어의 핵심이 되는 전문인력 확보를 위해 특성화대학원 지정 등 의료와 복지의 영역을 넘어 여러 직종을 연계('다직종 연계')하는 전문인력을 체계적으로 양성해나갈 계획이다. 추가로 사람(돌봄 대상자) 중심의 서비스 안내 및 연계를 위한 통합정보플랫폼을 구축한다.

지역의 민·관 복지자원과 각종 서비스 등을 사람(노인, 장애인, 아동 등)을 중심으로 재구조화하고 통합 관리하여, 다양한 서비스가 필요한 사람에게 종합적으로 안내·연계될 수 있도록 뒷받침할 계획이다.

이상의 노인 커뮤니티 케어 4대 핵심요소별 중점 추진과제 및 추진계획과 관련해 복합적 욕구를 지닌 클라이언트 사례와 그에 대응하는 커뮤니티 케어의 내용을 사례로 살펴보겠다(보건복지부, 2018).

〈복합적인 욕구를 가진 클라이언트 사례〉

1. B씨는 40대 중반으로 어머니가 뇌경색 후 알츠하이머성 치매에 걸리고 아버지마저 간암으로 사망하여 회사를 그만두고 수년째 간병 중으로 경제적 궁핍함과 함께 언제 끝날지 모를 간병에 삶은 무너지고, 극단적 선택을 할 생각도 수차례 함〈'간병살인'〉〈'간병실직', 치매환자 보호자의 47%가 일을 그만두거나 근로시간 단축〉

2. C씨는 70대 독거 노인으로 정신질환과 고혈압·신기능장애 등 복합 만성질환이 있으나 병원도 가지 않고 약도 먹지 않으며, 멀리 사는 조카 외에는 연락하는 친척이 없고 이웃과 왕래 거부, 사는 집에는 쓰레기가 쌓이고 냄새가 심해 이웃이 시청에 몇 차례 신고하였으나, 사회복지사를 쫓아내어 소용이 없고, 조카가 지역의사에게 진료 예약을 해 주어도 노인이 진료를 거부하고 있는 상황〈복합욕구, 관계적 빈곤〉

3. D씨는 60대 중반 독거 여성으로 파킨슨질환으로 5년간 외래 경과관찰 중 일상생활수행능력 저하로 입원, 이후 재활치료로 호전되어 약간의 도움만 있다면 본인의 집에서 살 수 있음에도 불구하고, 자녀들이 돌봄을 제공할 수 없는 형편에 있어 자녀들 거주지 주변 요양병원으로 전원하게 되었고, 요양병원 전원을 수년째 거듭하면서 오히려 일상생활수행능력은 저하되고 우울감이 생겨 힘들어 하고 있음〈'사회적 입원', 의료급여 요양병원 180일 이상 입원환자 5만 명〉

4. 90대 중반의 치매 어머니를 모시는 60대 중반의 아들 E씨는 심장수술을 받고 체력적 한계를 느껴 다른 형제들과 어머니를 누가, 어떻게 모실지 상의하였으나 어쩔 수 없이 요양병원에 모시게 됨. 집에선 잘 돌아다녔던 어머니는 요양병원 입소 후 3주만에 걷는 법을 잊어버리게 되었음. 운동 없이 앉아만 있어 혈액 순환이 되지 않게 된 탓임. 어머니는 일주일에 한 번씩 문병을 오는 아들을 보면 집에 데려가 달라고 울음을 터뜨리지만 뾰족한 방법이 없어 답답한 상황임 〈'노노 부양 가구', 20만 가구('17)〉

〈커뮤니티 케어로 대응〉

1. (B씨의 삶)
   - 집 근처 읍 · 면 · 동 케어안내창구를 방문하여 담당자와 상담 담당자는 어머니가 받을 수 있는 다양한 서비스와 제공기관에 대한 내용을 '케어통합이용안내서'로 작성해서 안내
   - 치매가 의심되는 초기부터 케어안내창구에서 연계해 준 보건소에서 치매선별검사 등으로 치매 진단
   - 치매를 지연하는 약을 먹기 시작
   - 치매 진단을 받아 노인장기요양 등급을 받고, 재가요양기관을 통해서 방문요양 · 간호 · 목욕 · 주야간보호 등의 서비스를 통합하여 제공받음
   - 한 번씩 병원에 외래갈 때마다 이동 지원서비스 지원
   - 집 근처 주민건강센터에서 방문간호사가 분기마다 집을 방문하여 어머니의 당뇨와 고혈압 증상도 관리해 주기 시작

2. (C씨의 삶)
   - 이웃의 신고를 받은 케어안내창구 담당자는 노인의 집을 방문해서 상황을 파악하고 지역케어회의에 해결을 의뢰함. 지역케어회의 담당자가 다시 C씨의 집을 방문하고 그동안 쌓였던 민원, 이웃의 이야기를 듣고 종합적인 상황 평가를 함
   - 문제해결에 필요한 수단과 자원을 보유한 다양한 기관 · 전문가에게 연락을 하여 지역케어회의를 개최함
   - 멀리 사는 조카, 이웃, 경찰, 보건소, 지역의사회, 정신건강복지센터, 사회복지관, 자원봉사자 등이 참석
   - 조카와 경찰, 지역케어회의 담당자가 C씨를 설득
   - 시 · 군 · 구 담당자와 자원봉사자가 집에 쌓인 쓰레기를 청소하고, 사물인터넷(IoT) 등의 기술을 활용한 안부확인시스템을 구축하고 집을 수리해 줌

- 지역에서 방문의료 실시의료기관에서 방문의료서비스를 제공하여 건강이 더 이상 악화되지 않도록 관리함
- 정신건강복지센터에서 정신과적 문제에 대해 맞춤형 사례관리를 해 줌

3. (D씨의 삶)
   - 요양병원 지역연계실(사회복지팀)에서 퇴원계획 수립. 이 과정에서 의료급여관리사(시군구)가 '지역연계실'과 협력, 의료급여 입원환자의 퇴원 후 필요서비스 조사 및 연계 지원. 퇴원 후 3개월 동안 장기요양시설 내에 설치된 전문요양실에서 전문적인 간호, 재활 기능회복 훈련 등을 받고 집으로 복귀하여 일상생활을 영위할 수 있는 준비가 되었음
   - 이후 집으로 돌아와 재가 의료급여를 통해 방문의료, 간병, 돌봄, 영양, 이동 지원 등의 통합서비스를 제공받음

4. (E씨의 삶)
   - E씨는 종합재가센터 또는 읍 · 면 · 동 케어안내창구를 방문하여 담당자와 상담 이후 어머니는 케어안내창구에서 연계해 준 재가요양기관을 통해서 방문요양 · 간호 · 목욕 · 주야간보호 등의 서비스를 통합하여 제공받음
   - 한 번씩 병원에 외래갈 때마다 이동 지원서비스까지 지원
   - 사물인터넷(IoT) 등을 통해 안전 알람시스템을 집(스마트 홈)에 구축하여 E씨가 어머니를 두고 외출하여도 어머니가 잘 계신지 확인할 수 있게 됨
   - E씨도 집 근처 주민건강센터에서 방문간호사가 분기마다 집을 방문하여 심장수술로 인한 합병증이나 다른 만성질환이 발생하지 않도록 건강관리

2 어려운 클라이언트에 대한 실천기술 측면

사회복지실천에 있어 가장 큰 특징은 인간(사람)을 대상으로 서비스를 제공한다는 부분일 것이다. 또한 사회복지사는 클라이언트와 관계를 맺고 자신의 도구로 삼아 그들의 감정에 귀 기울이고 전문적인 원조를 제공하는 활동을 펼치게 된다.

전문가로서의 사회복지사는 클라이언트와 더불어 자신의 감정이나 인지적 수준 등 끊임없는 노력이 동반되어야 한다. 일반적인 인간관계 속에서도 관계를 이어가는 과정에서 항상 원만한 상황을 맞이하는 것은 아니다. 때로는 좋은 관계를 유지하다가도 알 수 없는 상대방의 행동이나 태도에 어떻게 대응해야 할지를 몰라 당황하게 되는 경우가 생겨난다. 이와 같이 평소 관계에서 나타나지 않는 방어적 태도를 저항이라고 볼 수 있다.

여기에서는 어려운 클라이언트에 대해 명확한 정의를 내리기 어렵지만 실천현장에서 원조과정 중에 클라이언트가 전문가에 대한 거부반응으로 드러내는 방어적 태도를 저항으로 본다. 클라이언트가 지니고 있는 문제에 대해 직면하고 그 해결을 위해 의지적 행동과 태도를 갖는 것은 아주 중요하다. 하지만 저항의 형태로 자신의 상황이나 자신의 감정을 외면하는 식의 태도는 문제해결을 위해 진전되어야 할 원조과정과 클라이언트의 문제에 대한 해결목표에 도달하는 데 방해요소로 작용하게 된다. 저항은 심각한 문제를 가진 클라이언트가 비자발적인 상황에서 전문가인 사회복지사와 만나게 되었을 때 그 저항의 크기가 강하게 드러난다. 여기에서는 이와 같은 원조과정에서 클라이언트가 보여주는 반감적인 태도와 감정을 잘 다루어 원만한 관계형성을 하는 것이 중요하다.

여기에서는 김정진(2019)이 제시한 어려운 클라이언트에 대한 7가지의 실천기술을 제시하고자 한다.

1) 클라이언트의 부정적 감정 다루기

비자발적인 클라이언트들은 외부의 통제에 의해 프로그램에 참여를 하게 된 경우 자신의 연루된 예를 들면, 저연령 절도 청소년, 가정폭력 가해자 등은 가족이나 이웃, 경찰 등에 대한 분노를 가지고 있으며, 이러한 분노가 사회복지사를 향해 표출된다. 사회복지사는 이와 같은 클라이언트의 분노에 대해 클라이언트 당사자가 자신에 대해 드러내는 감정이므로 사회복지사 개인에 대한 감정이 아니라는 점을 인식하는 것이 중요하다.

클라이언트가 드러내는 분노와 부정적 감정은 자신이 부당하게 비난받고 있다는 생각과 감정에서에 비롯되는 것이기에 다음과 같은 내용을 통해 상황을 고려할 필요가 있다.

① 클라이언트가 법원의 어떤 판결을 통해 자신을 범법자라고 스스로 낙인을 부여함으로써 자존감을 극도로 손상시키는 경우

② 가정폭력 가해자의 경우 가족의 신고로 의뢰된 경우 자신에게 중요한 사람에게 제대로 이해받지 못하거나 버림받았다고 인식하는 경우

③ 부정적 감정을 표출하는 클라이언트들은 방어적인 태도를 보이는 경우가 많고, 아동이나 청소년은 처벌에 대한 두려움으로 자기개방에 소극적이거나 순응하는 태도를 취하는 경우

④ 방어적이고 부정적인 태도를 가장 효과적으로 접근하여 관계를 형성하는 방안을 다음과 같이 제시할 수 있다.

- 사회복지사는 공감적 반응을 통해 클라이언트의 부정적 감정을 표출하도록 유도하여 정서적으로 정화할 수 있도록 돕는다.
- 사회복지사는 진실한 태도로 수용적인 태도로 클라이언트를 대한다.
- 사회복지사는 의뢰 기관의 요구를 명확히 한다.
- 기타 개입에 필요한 부분이 있다면 클라이언트의 자유와 자기결정권을 존중한다.

이와 같은 고려요소들을 토대로 사회복지사와 클라이언트 사이에 긍정적인 관계가 형성되고 클라이언트의 저항은 줄어들 것이다. 아울러 긍정적인 관계는 전문가로서 사회복지사의 평가와 지지, 점검 등을 받아들이고 클라이언트 자신의 변화를 위한 목표를 수립하고 이를 위한 계약을 하게 될 것이다.

2) 촉진적 직면하기

비자발적인 클라이언트의 저항 감소와 사회복지사의 개입을 원활하게 하기 위해서는 권위적인 접근보다 촉진적 관계형성을 통한 직면의 기술을 활용하는 것이 필요하다.

① 클라이언트의 자기결정권 최대 보장과 더불어 양보할 수 없는 필수 조건에 대해 강조
② 사회복지사는 클라이언트에게 돕고자 하는 의도를 지혜롭게 전달
③ 사회복지사는 중립적 입장을 지키면서 클라이언트가 실행하지 않았을 때 받게 될 조치나 제재와 같은 것에 대해 함께 논의
④ 직면에 대해서는 사회복지사가 양보할 수 없는 기준을 가지고 확고한 태도로 대응하면서 클라이언트의 부정적 감정에는 공감적 반응
⑤ 클라이언트가 개입절차에 동의하고 사회복지사의 원조에 협조적으로 참여하도록 유도

3) 계약 협상하기

비자발적인 클라이언트처럼 변화에 대한 동기가 낮은 대상을 도울 때 사회복지사는 클라이언트가 자신의 문제를 스스로 인정하면서 변화의 목표와 그 변화에 대한 의지를 확인할 수 있도록 하는 데 우선적인 원조의 목표를 두어야 한다. 이를 위한 전략으로 다음과 같은 내용을 제시할 수 있다.

① 사회복지사는 치료적 동맹을 형성하기 어렵다고 하더라도 개입을 가능하게 하기 위한 협력적 관계를 만들어야 한다.
② 사회복지사는 전략적으로 클라이언트와의 의견 차이를 연결할 수 있는 공통의 기반을 찾는다.

[PART]

3

집단 사회복지실천

각 수준을 높이고, 변화 가능성을 탐색하며, 집단 내에서 변화와 관련된 것을 실행에 옮기기 위해 상호작용하는 것"이라고 언급한 바 있다.

집단은 개별 성원과 더불어 환경의 변화를 위해서 강력한 힘을 가진다. 그렇기 때문에 사회복지사는 사회복지실천현장에서 그러한 집단의 힘을 활용하여 클라이언트들의 긍정적 변화를 유도하고 상호관계를 지속적으로 유지시켜 주는 역할을 하려고 노력해야 한다. 따라서 사회복지사가 효과적으로 집단 활동을 이끌어가기 위해서는 집단원들을 잘 이해하고 상호 간의 원활한 관계 유지 및 상호작용에 초점을 맞추려는 자세가 가장 필수적인 사항이라고 말 할 수가 있다.

2) 집단대상 사회복지실천의 장점과 특징

레빈(Lewin, 1979)은 내담자의 욕구 충족과 관련해서 개인치료보다 집단치료가 더 많은 도움을 줄 수 있다고 하였다(신성자 외, 2017 재인용). 그렇게 보는 시각은 집단을 이용한 사회복지실천에서 사회복지사가 다수에게 도움을 제공할 수 있다고 하는 장점과 다수간의 상호작용을 통해 개인의 사회적 기능 수행을 향상시켜 개인, 집단 또는 지역사회의 당면한 문제들에 대해 효과적이고도 실용적인 성과를 달성할 수 있다고 하는 목표지향적인 특징 때문일 것이다.

이렇게 집단 경험의 효과를 최대화하기 위해서는 집단의 크기도 중요하고, 전문사회복지사의 탁월한 지도와 원조가 반드시 제공되어야만 한다. 제이콥(Jacobs, E. E) 등은 집단대상 복지실천을 함에 있어서 감정의 대중성, 소속의 경험, 새로운 행동연습의 기회, 피드백의 기회, 다른 사람을 관찰하고 청취함을 통한 대리학습의 기회, 실제 삶과 근접한 상황의 직면, 그리고 계약을 유지할 수 있는 압력 등을 중요하게 강조한 바 있다(김춘경, 2016: 3-5).

집단경험의 효과는 무엇보다도 당면한 문제들에 대해서 집단원 모두가 얼만큼 잘 수용하고 원활하게 상호작용을 하는가가 중요하다. 그 속에서 집단리더인 사회복지사가 갖고 있는 전문적인 기술들이 다양한 사건과 상황에 따라서 적절하게 대처하고 발휘가 되는가가 관건이 된다.

2 집단의 개념과 유형

1) 집단의 개념

다음(www.daum.net) 백과사전에서는 집단(集團)을 일컬어서 "동일한 관심을 갖고 모여 일관되고 획일적인 활동을 할 수 있는 사람들의 집합"이라고 언급한다. 또 다른 의미로 집단(group)을 말할 때 "상호의존적인 관계에서 사회적 상호작용을 통해 서로 영향을 주고받는 2인 이상의 상호 독립적인 개인들의 집합체"를 집단이라고 말하기도 한다. 집단사회복지실천에서도 최소 2인 이상을 집단으로 규정하되 상호작용이 원활하지 않아 보통 5명 이상의 인원을 대상으로 하여 집단대상 실천프로그램들을 진행하게 된다.

집단을 구성하는 조건으로는 다음과 같이 5가지를 언급할 수 있다. 첫째, 집단은 심리적 유의성이 있어야 한다. 즉, 집단원 개개인에게 심리적으로 의미 있게 작용해야만 하는 집단이다. 둘째, 집단은 직접적 의사소통이 있어야 한다. 면대면(face-to-face)상태에서 언어와 비언어행동을 주고받는 관계여야 한다. 셋째, 집단은 유의한 상호작용이 이루어져야 한다. 즉, 2인 이상의 사람들이 의미 있는 방식으로 서로 영향을 주고받는 교류 관계여야만 집단이 성립되는 것이다. 넷째, 집단은 역동적인 상호관계가 이루어져야 한다. 구성원들 사이에 힘과 에너지가 교류하고 상호 간에 서로 영향을 주고받는 상태를 말한다. 다섯째, 집단은 생산적 상호관계여야 한다. 집단 참여를 통해 의사결정, 문제해결, 잠재적 개발, 혹은 변화 성장 등과 같은 생산적인 사물 혹은 성과가 있어야 함을 의미한다. 따라서 집단은 인간의 집합체로서 지역사회나 사회가 형성될 수 있는 공식적, 또는 비공식적 구조를 제공하는 사회의 기본적인 구성단위인 것이다.

2) 집단의 유형

집단의 유형은 집단의 크기와 목적, 활동범위 등에 따라서 다양하게 구분이 되는데, 먼저 원초집단인 1차 집단(primary group)은 매우 친밀감이 높은 집단으로 면대면 성격이 강하고, 혈연과 지연을 바탕으로 구성된 집단이기 때문에 가장 강하다. 2차 집단(secondary group)은 특정한 목적 달성을 위해서 인위적으로 만들어진 집단으로서 종교모임, 조합, 동호회, 동아리 모임, 학술 집단 등이 여기에 해당된다. 그리고 자연적 집단은 자연발생적으로 만들어진 집단으로 공식적인 지원체계가 없는 점이 특징이다. 여기에는 또래집단이 주로 해당된다. 이렇게 형성된 형성집단은 공식화된 규칙과 일련의 과제를 갖는 집단으로 설정된 목적을 달성하기 위해 역할에 의해 구조화되고, 지위에 의해 계층화되며, 특정한 목적을 갖는 것이 특징이다. 형성집단은 집단이 추구하는 목적에 따라 치료집단과 과제집단으로 분류하기도 한다. 그리고 성원의 가입과 탈퇴가 자유로운 정도에 따라서 개방집단(open-ended group)과 폐쇄집단(close-ended group)으로 나누기도 한다. 개방집단은 집단이 진행되는 동안 언제든지 새로운 성원의 자유로운 입회가 가능한 집단이며, 폐쇄집단은 집단원의 자격 기준을 먼저 분명하게 설정한 후, 집단원들이 동시에 들어와 집단이 운영되는 기간 동안에는 새로운 성원의 유입 없이 처음부터 끝까지 일정하게 운영되는 집단을 말한다(설진화, 2018).

위의 내용 외에도 집단의 목적과 운영방법에 따라 주로 치료집단, 교육집단, 사회화집단 및 자조집단(self-help groups) 등으로 구분하기도 한다. 사회복지사는 실천현장에서 다음과 같은 다양한 집단을 만나게 된다. 사교적 대화집단, 레크리에이션 · 기술증진집단, 교육집단(educational groups), 과업집단, 문제해결 및 의사결정집단, 초점집단, 자조집단, 사회화 집단, 치료 집단, 감수성 훈련 집단[1] 등이 있다.

집단의 목적과 활동 양상에 따라서는 '수단적 집단'과 '표현적 집단'으로 구분하거나 '과업집단'과 '치료집단'으로 구분하기도 한다(남세진 · 조흥식, 1997: 6-9). 수단적 집단은 집단의 목표달성이나 과업성취를 주목적으로 하는 집단, 표현적 집단은 성원들의 상호작용을 통한 정서적 만족을 주목적으로 하는 집단을 말한다. 치료집단은 집단성원의 교육, 성장, 행동변화 또는 사회화에 대한 욕구를 충족시키기 위해 구성된 집단이며, 과업집단은 의무 사항의 이행, 또는 조직과 집단의 과업 성취를 위해 구성된 집단을 의미한다.

3 집단대상 사회사업의 실천적 접근

집단대상 사회사업의 실천모델에는 파펠과 로스만(Papell & Rothman, 1962)이 제시한 세 가지 모델을 대표적으로 살펴보게 된다. 이 세 가지 모델은 그동안 많은 사회학자들이 서로 통합하여 활용했음을 볼 수 있다(Toseland & Rivas, 1995; 신성자 외, 2017). 그 내용을 살펴보면 다음과 같다.

1) 사회적 목표모델

사회적 목표모델(social goals model)은 '집단 활동을 통해 더욱 광대한 지식 기반을 창출할 수 있고 능력 있는 시민을 배출시킬 수 있다'는 개념에서 도래하였다(윤선오 외, 2016). 사회적 목표모델에서의 주요 핵심은 '사회적 의식'과 '사회적 책임'이다(Papell

1) Jacobs, Masson, Harvill & Schimmel(2012) 등은 교육집단, 토론집단, 과업집단, 성장집단, 경험집단, 상담치료집단, 지지집단, 자조집단을 강조한다.

& Rothman, 1966; 이애재, 2013; 윤선오 외, 2016 재인용). 집단사회사업의 기능은 지식과 기술을 갖춘 시민 기반을 확장하는 사회적 목표모델을 중요시하게 된다. 그리고 사회적 목표모델에 내포된 원칙들은 기관정책의 명확화, 제한의 긍정적 사용, 기관 목적과의 동일시, 집단행동을 위한 적절한 이슈들의 결정, 대안적 행동과 그에 대한 결과들에 가중치를 매기는 것 등으로 잘 알려져 있다(신성자 외, 2017). 사회적 목표모델에서의 사회복지사의 역할은 지역사회와 지역사회의 하위문화 생활방식의 표출인 집단의 규범적 행동을 이해함으로써 개인을 사정하며 참여와 동의, 그리고 집단과제를 중요시하게 되므로 영향력을 끼치는 지도자 역할을 하게 된다. 따라서 사회적 목표모델은 지역사회 내에 표출된 범죄나 그 밖의 다양한 문제들을 해결하기 위해서 주로 활용되며 지역사회복지관과 각 복지시설과 단체, 시민조직, 복지위원회 등에서 활용된다.

2) 치료모델

치료모델(remedial model)은 개인이 치료를 위한 도구를 집단에 직접 활용하는 모델로서 치료모델의 발전과 공헌은 집단사회사업이 전문사회복지실천으로 통합할 수 있게 된 계기를 마련한 점이다. 치료모델은 집단사회사업과 개별사회사업을 연결하는데 가교 역할을 했다고 볼 수 있다.

치료모델에서 집단사회복지사의 역할은 지시적이고 계획적이며 목표 지향적이다. 즉, 전문가와 집단성원 간에 개별적으로 체결한 치료계약에 근거를 두게 되는 모델이다. 집단성원은 전문가의 치료계획에 따라서 사전의 진단을 받아 선택되고, 계약이 성립되고 그런 뒤에 본격적으로 치료적 집단 활동을 진행하게 된다. 전문가의 개입전략은 집단성원 개개인의 욕구와 집단의 욕구를 구체적 목표달성과 관련시켜 파악한 후에 선택된다. 그리고 전문가의 개입과 결과에 대한 상호평가를 통해서 사정(assessment)이 이루어지며, 이때 과거의 경험, 이론적 지식, 현재의 관찰과 같은 방법이 동원된다(신성자 외, 2017). 신체적 · 정신적으로 장애가 있는 사람, 성학대를 받았던 사람, 섭식이나 물질중독 장애가 있는 사람, 법률상의 범죄자, 격리된 사람, 소외된 사람들을 주 대상으로 하며, 교정시설, 의료기관, 가족서비스 기관 등에서 주로 활용된다.

3) 상호작용모델

상호작용모델(reciprocal model)은 '중간모델' 또는 '인본주의 모델'이라고도 부른다. 본 모델은 개별 성원과 집단 간의 '상호관계'에 초점을 두며 사회적 목표모델과 치료모델이 조합된 형태로 문제해결을 위한 상호원조체계의 원활한 '관계형성'에 목표를 둔다. 상호작용모델은 집단 활동 이전에 구체적인 목표를 정하지 않는 점이 특징이며, 목표설정은 사회복지사와 집단성원 간의 상호관계 속에서 이루어진다. 그리고 사회복지사는 개인과 집단이 상호 원조체계가 되도록 중재자 역할을 하게 되고, 성원들과 권력을 공유하고 집단에 대한 통제권을 갖게 된다(신성자 외, 2017).

표 8-1 집단사회사업 실천대상의 모델 비교

특징	사회적 목표모델	치료모델	상호작용모델
주요과제	• 필요한 자원제공과 사회적 붕괴의 예방(비공식적 정치 및 사회 행동)	• 사회적 사고 및 위험으로부터의 회복과 재활 • 집단 매개체를 통한 치료	• 사회적 목표 모델과 치료 모델의 조합 • 문제해결을 위한 상호 원조 체계의 개발
장기적 목적	• 성장하는 민주사회 건설	• 개인별 사회적응 향상	• 개인과 사회의 조화
구체적 목표	• 소속감의 증대, 민주적 참여에 대한 훈련 • 처음에는 전문가에 의해 집단 목표가 결정되나 점차 그 책임은 집단에게 이양	• 집단 상호작용을 활용하여 역기능 행동을 하는 성원의 치료와 재활 • 세부적인 집단 목표를 전문가가 사전에 결정	• 적정수준의 적응과 사회화를 성취하기 위해 성원 간의 상호원조 체계 형성, 대인 관계 향상(집단목표의 결정을 전문가와 회원이 공유)

특징	사회적 목표모델	치료모델	상호작용모델
개입장소 및 기관	• 회원이 있는 가정, 인근지역, 지역사회복지관	• 일상기관, 사회복지 기관 및 시설	• 임상기관, 사회복지관
초점	• 개인의 성숙과 민주시민의 역량 개발	• 개인적인 역기능 변화	• 성원 간의 자조, 상호 원조체계 개발
집단 지도자 역할	• 영향력을 끼치는 자의 역할(바람직한 역할 모델을 제시)	• 전문적인 변화매개인의 역할	• 중재자의 역할
대상	• 시민, 이웃, 지역주민	• 역기능 또는 문제의 해결을 위해 도움을 필요로 하는 자	• 공동관심사의 성취를 위해 협력하는 구성원
집단활동	• 토론, 참여, 합의, 집단과제의 개발 및 실행, 지역사회조직화, 성원의 사회행동기술 습득	• 성원의 행동변화를 일으키기 위해 구조화된 개입을 하거나 직·간접적 영향력을 발휘	• 관심사를 토론, 상호원조형성, 상호 이익이 되는 결속 또는 사회체계의 형성
집단크기	• 3~25명 정도	• 7~10명 정도	• 상황에 따라 유동적
신입회원의 가입	• 개방형이며, 누구나 친구가 될 수 있음	• 전문가의 통제가 필요	• 전문가와 회원의 동의에 의한 자유로운 가입
회합기간	• 지도력 유형에 따라 유동적	• 정기적이며, 시간 사용계획을 사전에 설정	• 유동적, 지도자와 성원이 합의
대표학자	• Ryland, Wilson, Coyle, Klein	• Vinter, Sarri, Glasser, Redl	• Schwartz, Bion, Lewin, Tropp

출처: 남세진 · 조흥식(1947: 44-45); 이신영 외(2012: 225-226); 윤선오 외(2016: 278-279 재인용)

4 집단이론

1) 장이론(field theory)

집단이론 하면 장이론과 소시오메트리, 집단 상호작용 이론을 주로 언급하게 된다. 장이론은 사회심리학자인 레빈(Kurt Lewin)에 의해 개발된 이론이다. 장 개념은 인간행동을 좌우하는 상호의존적이고 공존하고 있는 모든 사실들의 총합을 가리킨다. 즉, 이런 개념에는 인식하는 것이든 인식하지 못하는 것이든 개인의 현재 상황과 행동에 영향을 주는 모든 것이 포함된다. 그러나 개인에게 직접 영향을 끼치지 않는 먼 곳에서 일어나는 사회적·물리적 사건들은 제외된다.

레빈은 집단을 '전체'로 이해해야 한다고 강조했는데 이는 체계로 간주되는 집단에는 역동적 상호작용(dynamic interaction)이 있기 때문에 성원들 간의 상호작용이 중요함을 강조하게 된다.

장이론(field theory)의 기본전제는 인간의 행동은 곧 생활공간(life space), 혹은 장(field)의 기능이며, 생활공간은 주어진 시간에 상호의존적 요인들의 총합체로 여겨지는 인간과 환경으로 구성된다.

장이론에서 심리적 환경은 개인을 심리적으로 둘러싸고 있는 모든 환경적 요소들로서 관념적이든 실재적이든 개인이 의식함으로써 개인에게 심리적으로 영향을 주는 모든 환경을 중요시 한다. 또한 심리적 환경은 의식적 자아인 개인에 의해 결정되기 때문에 상당히 유동적이다. 개인의 요구가 변하면 지각하는 환경, 심리적 환경도 변하며 개인의 지적·정서적·신체적·사회적 요구에 의해 결정되고 변화된다.

또한 생활공간의 의미는 심리적 환경과 개인의 역동적인 상호작용이 이루어지는 장으로서의 기능을 하고, 개인의 내적 특성과 심리적 환경에 의해 변화하며 개인은 개인의 관심과 요구에 의해 규정된 심리적 환경과의 상호작용을 통해서 성장된다. 즉, 내적 요구와 관심의 변화는 심리적 환경을 변화시킴으로써 이전과 다른 생활공간을 형성하며, 생활공간은 개인과 심리적 환경이 변화하고 상호적 관계를 맺으면서 조금씩 천천히 변화하며 개인도 더불어 성장해 나가게 되는 것이다.

레빈은 행동을 이해하거나 예측하기 위해서는 개인과 환경의 상호의존적 요인들을 총체적으로 고려해야 하며, 하나의 체계로서 집단은 성원 간의 역동적 상호작용이라고 불리는 지속적인 적응 과정에 있기 때문에 집단을 전제로 이해해야 하고, 개개인의 단순한 총합으로 이해해서는 결코 안 된다(신성자 외, 2017)고 강조한 바 있다. 집단을 전체로서 이해해야 한다는 점은 집단사회복지실천에서 제한된 느낌도 주지만 사실상은 개개인의 단순한 총합보다 더 개방적임을 보여준다.

2) 소시오메트리

소시오메트리(sociometry)는 모레노(Jacob Moreno)에 의해 처음으로 개발되었다. 본 이론은 집단에서 상호 간의 관심을 서술하고 측정하기 위한 방법으로서 집단에 참여하게 되면 대인관계의 복잡한 관계망이 점차 발생하게 되는데, 집단의 각 성원은 몇몇 성원들에게만 관심을 갖고 다른 구성원들은 거부하는 감정적인 상호작용을 하게 된다. 이러한 감정들은 교환이 될 수도 있고 그렇지 않을 수도 있다.

모레노에 따르면 인간관계나 집단의 형태는 끊임없이 변화하는 개인 간의 관심과 거부의 역학적인 긴장체계이며, 그것은 개인의 자발성 발달과 문화적 역할의 학습 정도에 따라서 상대적으로 안정된 구조를 만들어 낸다고 하였다. 모레노는 처음에는 환자의 자발성과 역할극의 진단훈련을 통하여 환자가 집단생활에 적응하도록 하는 집단치료법을 연구 개발하였고, 동시에 긴장체계의 측정분석을 통해서 집단의 구조와 태도에 관한 사회측정이론을 체계화하였다.

모레노는 인간관계나 집단의 분석을 위한 주요 방법으로 ① 면식테스트(acquaintance test) ② 소시오메트릭 테스트(sociometric test) ③ 자발성 테스트(spontaneity test) ④ 상황테스트(situational test) ⑤ 역할연기 테스트(role-playing) 등의 다섯 가지를 제안한 바 있다.

다섯 가지 중에서 소시오메트릭 테스트가 인간관계와 집단 구조의 분석법으로서 가장 많이 사용되고 있다. 이것은 특정한 상호작용 상황에서 개인의 다른 성원에 대한 선택(choice)과 거부(rejection)의 행동을 테스트함으로써 타진하는 방법이며, 데이터는 일정한 약속(즉, 선택 관계는 실선, 거부관계는 점선)에 따라 공간적으로 도표화된다. 이를 소시오그램(sociogram)이라고 하며, 개인의 행동 특성과 집단의 구조적 특성이 시각적으로 명시된다(신성자 외, 2017).

그리고 소시오메트리는 집단 내의 '정서적 관계망'을 강조한다. 이러한 정서적 관계는 주어진 환경 속에서 성원들이 누구와 함께 어울리고 싶은지를 선택하는 것으로 파악할 수 있고, 학급, 직장, 커뮤니티 등의 다방면에 걸쳐서 집단분석법으로 활용된다. 따라서 집단사회복지실천에서 유익하게 활용될 가치가 있다고 본다.

3) 집단 상호작용

집단 상호작용(group interacion)은 베일스(Robert Bales)에 의해 개발되었다. 본 이론에서 언급하는 집단의 의미는 문제해결의 목적을 위해 상호작용하는 개인들의 체계로 언급된다. 관심의 초점은 구성원들 간의 의사소통행위 양상과 결과에 있다.

집단과업을 달성하기 위해 집단성원들은 서로 간에 탐색하기도 하고 제안하고 의견을 교환하기도 한다. 그리고 집단성원들은 집단 내의 긴장을 관리하고 통합된 집단을 유지하기 위해 사회 정서적인 문제를 다룬다. 이때 집단이 균형을 이룬 안정된 상태가 아니라면 감정과 과업 사이에서 큰 혼돈을 겪을 수 있다. 따라서 집단의 문제해결과정은 각각의 명확하고 규칙적인 방법에 따라 확실하고 순차적인 단계로 이루어져야 하며, 집단은 주변 환경 안에서 사회체계에 적응하고 생존하고 발전해 갈 수 있어야 한다.

장이론, 소시오메트리, 집단 상호작용의 개념들은 내용적으로 서로 중복되는 경향이 있다. 집단의 역동성 분석을 위한 하나의 개념적인 틀로 활용되며, 이를 통해 하나의 사회체계로서 집단에 대한 이해를 도모하게 된다. 그러므로 집단은 각 구성요소와 전체 상호의존성이 있으면서 주위 환경과 지속적으로 상호작용하는 체계를 이루는 것이다. 따라서 집단사회복지실천에서 집단 상호작용 이론은 '환경 속의 인간(person in environment)'[2)]을 더욱더 추구하게 만든다고 할 수 있다.

5 집단성원의 역할과 역동성

1) 집단규범과 집단성원의 역할

집단성원들이 기대하는 가치체계와 신념 등은 집단성원들 간의 상호작용에 큰 영향을 주므로 집단규칙이나 규범은 반드시 세워져야 한다. 표준화된 집단 규범이 없다면 집단구성원들 간에 논쟁적이거나 자칫 대립적이거나 비판적이기 쉽다. 구성원들 스스로가 집단 내에서의 행동을 서로 성숙하게 통제하고 질서를 바로 잡는 역할을 할 수 있게 하려면 가장 표준이 될 만한 집단규범이 초기단계에서 성원들의 동의 아래 형성되는 것이 매우 중요하다. 그렇지 않으면 집단의 구성원들 스스로의 자발적인 참여와 역할이 원활하지 못하여 결집력과 결속력이 떨어지게 된다. 집단구성원들은 시간이 흐를수록 자신들의 목소리를 내게 되고, 구체적인 과제를 서로 수행하면서 각각의 지위가 주어지고 그 속에서 역할수행을 하게 된다. 집단의 분위기가 안정적으로 유지되길 바란다면 집단성원들 모두가 지도자 역할과 과제중심 역할, 집단유지를 위한 서로 상호 간에 서번트 역할이 적절하게 이루어지는 것이 반드시 필요하다고 본다.

2) 환경 속의 인간은 환경과 인간을 분리되어 있는 실체가 아닌 하나의 총체로써 이해를 하는 관점인데, 인간과 환경의 관계적인 특성으로 인해 사회복지 전문직에선 인간과 환경을 분리되어 있는 실체가 아닌 하나의 통합된 총체로써 이해를 하는 '환경 속의 인간'이라는 관점을 유지하고 있다.

2) 집단의 역동성과 상호작용

집단모델에서 집단구성원들 간에 발생하는 집단역동성(group dynamics)[3]과 상호작용은 집단의 정체성 유지와 집단구성원들의 역할 행동에 매우 중요하다. 이를 위해서 전문 사회복지사의 집단 활동 개입은 신속하고 정확할수록 좋다. 집단 역동이 일어날 때 집단리더는 집단성원들의 신체적 · 정신적 · 심리적 · 사회 환경적 등을 파악하기까지 인내심이 필요하며, 이를 신속하게 제대로 파악하지 못할 경우에는 집단을 이끄는 데 시간만 낭비하고 개인적으로 소진되기 쉽다. 그러므로 집단리더 혹은 사회복지사가 집단성원들을 어떻게 이끄는가에 따라서 집단의 상호작용은 더욱더 원활해지고 집단성원들 간의 피드백 또한 자연스러워지며 치료효과도 높게 나타나게 된다. 집단사회복지사가 집단역동을 적절하게 활용하여 집단성원들에게 긍정적인 영향을 주고 집단의 목적달성에 있어서도 큰 시너지 효과를 낼 수 있다는 점이 큰 장점이다.

노든(Northen)과 컬랜드(Kurland)는 사회적 상호작용－의사소통, 집단의 목적, 대인관계, 지위와 역할, 가치와 규범, 긴장과 갈등, 집단응집력, 집단발달단계 등을 집단역동의 구성요소로 언급한 바 있다(노충래, 2006; 설진화, 2018 재인용). 이런 요소들 외에도 집단의 크기나 물리적 환경, 집단문화, 피드백 등이 집단역동의 구성요소가 되는데 집단사회복지실천에서 무엇보다도 집단리더의 사회복지 정신과 전문가적인 기술 또한 중요한 과제가 된다.

3) 집단역동은 '집단역학', '집단역동성'이라고도 한다. 역동이라는 말은 본래 힘, 활력, 원동력, 에너지 등을 나타내는 물리학 용어이다. 쿠르트 레빈이 집단에서 발생하는 강력한 과정을 기술하기 위해 심리학 영역에서 처음 사용한 바 있다.

CHAPTER

09 집단대상 사회복지실천과정

1 집단사회복지실천의 계획

1) 집단사회복지실천의 단계

집단성원들에게 있어서 집단이 갖는 의미와 가치는 다양하고 복잡한 여러 요인들에 의해서 결정될 것이다. 집단성원에게 효과적으로 서비스를 제공하기 위해 사회복지사는 집단 활동을 시작하고 지속적으로 발달시키기 위해서 체계적으로 준비하게 된다. 사전 계획은 집단의 첫모임 전에 사회복지사의 생각, 준비, 의사결정, 행동으로 이루어진다. 이는 집단성원의 욕구를 충족시킬 수 있는 집단을 구성하는 데 도움이 되면서 집단성원들로 하여금 집단의 목표성취에 자신의 시간과 열정을 쏟을 수 있는 집단을 구성할 수 있도록 돕기 때문이다(신성자 외, 2017).

그러므로 사전계획은 사회복지사에게 두 가지의 장점을 제공한다. 첫째, 계획은 집단을 구성하는 사회복지사가 집단에 대해 충분히 생각을 할 수 있기 때문에 자신뿐만 아니라 집단에 대해서도 보다 자신감과 확신을 가질 수 있다는 점이다. 둘째, 계획은 사회복지사로 하여금 집단의 개별 성원과 그의 주위환경 및 상황, 배경, 지역사회, 문화, 태도, 관점 및 관심사 등에 관해 보다 더 잘 이해할 수 있도록 도울 수 있다는 점이다.

(1) 집단 계획의 구성요소

노든과 컬랜드(Northen & Kurland, 2001; 노충래 역, 2006: 139-184)는 집단사회복지실천에서 서비스를 제공하는 기관 및 사회적 상황 속에서 집단 구성에 대한 계획을 다음과 같이 여섯 가지로 제시하였다(신성자 외, 2017).

① **욕구**(need): 집단에 참여할 집단성원들의 문제나 어려운 관심사는 무엇인가?

② **목적**(purpose): 집단 전체가 추구하는 목적과 목표는 무엇인가? 개별 성원의 목표는 무엇인가? 집단 전체의 목적 및 목표와 개별 성원의 목표 간에는 어떤 연관성이 있는가?

③ **구성**(compose): 집단에 참여할 성원의 수는 몇 명인가? 집단성원의 공통점과 차이점 가운데 중요한 부분은 무엇인가? 집단을 이끌 지도자인 사회복지사는 누구인가?

④ **구조**(structure): 집단의 운영을 촉진하기 위해 필요한 것은 무엇인가? 특히 집단 모임의 시간 및 장소와 관련해서 고려해야 할 사항들은 무엇인가?

⑤ **내용**(contents): 집단의 목적을 성취하기 위해 활용될 도구는 무엇인가? 집단 내에서 실제로 어떤 일들이 발생될 것인가?

⑥ **사전접촉**(pregroup contact): 집단 참여에 필요한 인원은 몇 명을 확보할 것인가? 집단의 참여를 위해 집단성원을 어떻게 준비시킬 것인가?

이러한 계획에서 우선시되어야 하는 것은 무엇보다도 집단성원들의 욕구(need)다. 집단의 목적에 대한 결정은 엄격하게 말하면 직접적으로는 개인 욕구에서 시작된다고 볼 수 있지만 집단사회복지실천에서는 아무래도 집단욕구를 중요시하게 될 수밖에 없다. 이 외에도 다른 네 가지 요소로는 구성, 구조, 내용, 사전 집단 계약이 있으며, 이는 욕구와 목표로부터 나오는 것이다. 사회복지사는 기관과 사회적 상황을 함께 고려하여 다음과 같은 구성요소를 동시에 살펴보아야 한다.

- 사회복지사가 근무하고 있는 기관에서는 ○○한 장르의 집단 프로그램을 지원할 수 있는가?
- 근무하고 있는 내부기관으로부터의 물적 · 인적 자원은 충분한가?
- 집단 프로그램을 실시한다면 집단성원들을 어느 정도 신뢰하고 의뢰해 줄 것인가?
- 외부 후원기관이 있다면 후원 기관에서는 ○○한 집단 프로그램을 지원할 의사가 있는가?
- 지역사회의 다른 기관에서는 유사한 프로그램이 운영되고 있지는 않은가?
- ○○한 프로그램을 진행할 경우 외부 장벽이나 내부 장벽은 없겠는가?

(2) 집단계획과정에서의 과업

집단사회복지실천에서 집단목표설정과 집단구성원 선정이 미치는 영향은 대단히 크다고 할 수 있다. 집단계획과정에서 사회복지사의 초점은 누구를 집단성원으로 구성할지를 결정하는 일에서부터 시작된다. 사회복지사는 집단사회복지실천에 앞서 집단 목적에 부합되는 집단성원을 선택하고 집단의 모임 횟수, 장소, 시간 등을 설정하는 작업을 거치게 된다. 이와 동시에 집단 활동과 관련된 기관의 목표나 정책이나 사회적 상황들을 고려하게 된다(신성자 외, 2017). 계획단계에서 이러한 과업들을 충분히 고려하지 못하면 그 다음 단계로 넘어가기가 어려워진다.

① 집단의 목표

집단의 목표는 개인이나 집단이 달성하고자 하는 것으로부터 시작된다. 기관의 욕구, 사회복지사의 욕구, 클라이언트의 욕구가 상호작용하여 사회복지사나 기관의 직원들이 의견을 수렴하고 목표를 설정하게 된다. 집단목표는 집단이나 성원들이 나아가야 할 방향을 제시하고 프로그램의 방향을 결정해 준다. 집단은 일반적으로 단기목표와 장기목표를 가지게 되는데 단기목표는 장기적인 목표를 달성하는 데 커다란 디딤돌 역할을 하게 된다.

집단에 참여하는 모든 성원은 개인적 목표를 가지고 참여한다. 집단성원의 개인적 목표가 동질적일수록 집단 목표를 설정하기가 쉽고 효과성도 높다. 그러나 성원의 목표가 이질적이거나 일치가 잘 되지 않으면 집단 내에서 숨겨진 의제가 발생되고, 숨겨진 의제는 집단에 심각한 문제를 유발시킬 수 있다. 이런 경우에 사회복지사는 집단성원에게 모두 개방하고, 이야기할 수 있는 기회를 만들어 주는 것이 좋다(신성자 외, 2017). 집단성원의 개인적인 목표와 집단의 목표가 최대한 일치하면 할수록 성원들은 그 집단에 소속하길 선호하며 집단목표에 찬성하고 집단목표를 성취하기 위해 그들이 가지고 있는 자원이나 에너지를 기꺼이 발휘하게 된다.

집단의 목표는 집단 모임의 존재 이유, 집단 진행방식, 참여자에게 요구되는 기대 등에 대한 정보로 경우에 따라서 정확하고 구조화된 방식일수록 더욱더 좋다. 목표를 진술할 때는 성원이 이해하기 쉽게 명확하게 서술해야 한다. 예를 들면, 도박 중독 환자의 교육집단인 경우 도박이 심리적으로나 정서적 · 가정적으로 미치는 영향을 교육하고 생활에서 불편함을 극복하는 방법을 성원들끼리 공유하고 지지하는 것들이 일치해서 그 집단의 목표로 세워지는 것이 좋다.

② 집단구성원의 선정 및 구성

집단사회복지실천에서 집단성원을 선택하는 과정은 사회복지사의 의지나 신념, 각오가 중요하고, 프로그램을 진행하고자 할 때 본 프로그램에 적합한 클라이언트인지, 집단에 참여할 수 있는 능력이 부족한 클라이언트인지, 지나친 저항감이나 정신적 질환으로 집단과정을 방해할 클라이언트인지 등등을 선별해 낼 수 있는 기회를 제공하게 된다. 일반적으로 위기 상황에 처해 있는 클라이언트, 자살할 가능성이 높은 클라이언트, 반사회적 성격장애를 지닌 클라이언트 등은 집단에 적합하지 않은 클라이언트로 볼 수 있다(Corey & Corey, 1977; 신성자 외, 2017). 지배적 클라이언트나 공격성이 강한 클라이언트, 자기중심적 클라이언트 등이 집단에 포함될 경우도 사회복지사가 집단을 효과적으로 운영하는 데 큰 방해가 될 수 있다.

한편, 사회복지사는 집단을 소집하기에 앞서 집단에 참여하기로 결정된 사람들과 사전 개별면접을 통해 집단에 대한 규칙, 규정 등을 충분히 설명해 주고, 집단을 보다 세심하게 구성할 기회를 갖는 기회로 삼는다. 특히, 본 단계는 비자발적 클라이언트 집단을 구성할 때는 개별면접을 하는 것은 당연하고, 이를 위한 절차상의 충분한 설명을 함으로 자발적 의지를 갖도록 이끌어 주는 것이 중요하다.

대부분의 경우에 집단성원을 선별할 때는 잠재적 성원이 변화에 대한 동기가 있고, 생산적 집단성원이 될 준비가 어느 정도되어 있는가? 그리고 집단 내 다른 성원들과의 친밀성은 어느 정도인지를 살펴보게 된다. 일반적으로 사회복지사는 집단을 구성 할 때, 성별, 연령, 혼인 여부, 지적 능력, 교육수준, 사회경제적 지위, 자아의 힘, 그리고 문제의 유형 등을 충분히 고려해야 한다(신성자 외, 2017).

(3) 집단 구조

① 집단의 크기

집단의 크기는 집단목적, 집단유형과 더불어 집단성원의 만족감, 상호작용, 성원 개인당 산출 결과 및 집단의 생산성과 효율성에 영향을 준다. 큰 집단은 집단성원의 수가 많아서 자원도 많고 과제의 성공적 수행에 도움이 될 수 있지만, 스트레스를 더 많이 느끼게 되고, 대화를 어렵게 하기도 한다. 집단이 클수록 개인적 문제를 다루기 위한 시간은 그만큼 더 줄어든다. 보다 큰 집단 속에서 개인은 익명성을 가지게 되므로 숨거나 움츠리게 되며 집단에 참여하는 압박감은 더 적을 수 있다. 집단이 작을수록 성원들의 참여에 대한 요구는 커지고 집단사회복지사는 개별적 접근이 용이하게 된다. 집단이 4명 이하가 된다면 집단이 운영된다고 하더라도 상호작용이 없다는 점에서 집단이 운영된다고 보기 어려운 점이 있다(Zastrow, 1999: 164; 신성자 외, 2017).

슬래터(Slater, 1958)는 집단의 최적 성원 수를 다섯 명으로 규정한 바 있다. 이 경우에 집단성원이 가장 만족감을 크게 느끼게 된다고 여겼다. 다섯 사람보다 더 적은 집단의 경우, 서로 배척당할지도 모른다는 두려움으로 서로의 생각을 표현하는 데 어려움을 느끼게 되며 결국 집단을 해체하게 되고, 이와 반대로 다섯 사람 이상일 경우 집단성원은 참여에 제한을 느끼게 된다는 것이다(Zastrow, 1999: 164; 신성자 외, 2017 재인용). 사실상 슬래터의 이런 이론은 정확하다고 말할 수는 없다. 집단 프로그램을 직접 진행해 본 진행자라면 5명 이상도 구성원의 지적수준, 사회적 지위, 신분, 가치관에 따라서 많이 달라지는 것을 보게 된다.

② 집단모임의 시간과 횟수

집단모임의 횟수는 집단성원의 친밀감과 동일시, 정체성의 형성에 도움을 주기 때문에 초기단계에서 자주 만나는 것이 좋다. 집단은 시간제한이 분명한 집단과 정해진 종료 일자가 없는 지속적 집단이 있다. 시간제한 집단은 정해진 기간 내에 목표를 달성하기 위하여 노력하므로 생산적일 수 있다는 장점이 있다. 지속적 집단은 각 성원에게 문제를 깊이 다루고 변화를 야기할 수 있는 충분한 시간을 제공한다. 그러나 의존성이 증가하고 시간제한 집단에 비해 덜 생산적이다. 집단의 지속 기간은 클라이언트의 상황, 기관의 환경, 집단의 목적 등에 영향을 받아 정해진다(NASW, 이팔환 외 역, 2000: 253).

일반적으로 집단모임은 일주일에 한 번, 80분 내지 90분으로 정한다(설진화, 2018). 보통 2시간이 지나면 효과가 감소하게 되어 집단이 지치고 비효과적인 역효과가 나타날 수 있다. 따라서 집단모임의 시간과 횟수는 집단구성원들의 주의집중능력과 집단성원들의 상황, 기관의 환경, 집단의 목적들을 충분히 고려해야 한다.

2) 집단사정의 특징과 수행과업

집단사정은 원조과정에 기초하는 과정이자 산물이다. 과정으로서의 사정은 정보를 수집하고 조직하고 판단을 내리는 것을 말하며, 산물로서의 사정은 실천계획을 수립하는 데 유용하게 사용되는 집단과 집단성원의 기능에 관한 진술문을 말한다. 집단사회복지실천에서 집단성원 개개인에 대한 사정뿐만 아니라 집단 전체에 대한 사정을 하는 것이 필요하기 때문에 개인을 대상으로 하는 사회복지실천에서의 사정보다 복잡하다 (설진화, 2018).

헵스워스, 루니와 라슨(Hepworth, Rooney & Larsen, 1997; 허남순 외 역, 2004: 240-252)은 집단과정에 대한 사정 방법을 중심으로 개별 성원과 집단에 대해 사정하는 방법을 다음과 같이 제시한다.

(1) 집단성원 개별적인 사정

집단에 참여하는 성원들은 행동상의 비기능적 측면을 여러 면에서 가지고 있다. 성장발달과 심리상태, 건강상태, 교육수준, 직업, 수입, 취미, 신념, 기대, 동기 등의 사정을 할 때 대부분이 자신의 행동 패턴을 잘 인식하지 못할 수도 있고, 그로인해서 대인관계에 문제가 발생되는지를 잘 인지하지 못하는 경우가 있다. 그래서 의사, 사회복지사의 평가와 관찰, 집단성원의 자기보고 등에 대한 정보를 기반으로 한 본격적인 사정이 이루어지는 것이 좋다. 이때 무엇보다도 사회복지사의 역할이 중요한데 개별 성원들이 자신의 행동 패턴을 인식하고, 행동을 변화시키도록 도와주는 것이 사회복지사의 몫이다. 이를 위해서 사회복지사는 개별 성원들에게서 반복적으로 나타나는 행동과 그 행동과 밀접히 관련되어 있는 인식에 초점을 맞추어 사정해야 한다.

집단성원들의 대인관계, 즉 가족과의 관계, 친구와의 관계에서 어떤 문제가 발생 했을 때 이야기를 충분히 들어주고, 정신적으로 의지할 수 있는 인간관계의 유무, 상호작용 등에 관하여 사정하는 것이 좋다.

집단성원의 '환경에 대한 사정'은 환경이 각자의 목표와 집단 목표달성을 지지하는 환경인지 아닌지를 평가할 수 있어야 한다. 이때 사회복지사는 반드시 1회 이상은 집단성원의 가정을 방문하여 실제적인 정보를 확인할 필요가 있다(설진화, 2018). 따라서 개별적인 사정은 전체로서의 집단에 지대한 영향을 미친다.

(2) 전체 집단에 대한 사정

전체 집단에 대한 사정은 개별적인 성원 한 명 한 명의 각각의 특성들이 모아져서 나타나기 때문에 집단을 이끄는 사회복지사는 집단역동에 신경을 더 써야 한다. 집단 과정에서 만들어지는 힘은 결코 작지 않으므로 집단사회복지사의 다음과 같은 과제를 이해하는 것이 반드시 필요하다.

- 집단행동양식에 대한 사정은 집단구조, 집단 내 의사소통, 상호작용, 집단응집력, 집단의 사회적 통제, 집단 전체의 상호작용이 원활하고 성원 간에 지지가 있는가?
- 집단 내 권력이나 직원은 일부 성원이 독점하고 있는가? 아니면 공유되고 있는가?
- 집단은 목표를 달성하는 데 건설적인 방향으로 나아가고 있는가?
- 집단 내 의사결정은 민주주의적 방식으로 이루어지고 있는가?

효과적인 집단 진행을 위해서 사회복지사는 집단 내의 하위집단을 확인하고 그 집단이 전체 집단에 미치는 영향에 대해서도 사정해야 한다. 하위집단의 형성은 성원의 친밀감을 발전시키기도 하지만 다른 성원을 배제할 경우 전체 목표를 방해하고 해가 될 수 있다. 사회복지사는 규범을 통해서 긍정적인 분위기를 만들어야 한다.

2 집단사회복지의 실천적 기술

1) 집단사회복지사의 개입

집단사회복지사의 집단 개입은 개인을 대상으로 하는 사회복지실천에서 사용하는 기술과는 다소 다른 측면을 가진다. 토스랜드와 리바스(Toseland & Rivas, 1995)는 집단사회복지사가 실무에서 활용할 수 있는 개입기술을 집단과정 촉진기술, 자료수집 및 사정기술, 그리고 행동기술로 구분하여 각 범주에 해당하는 기술들을 제시하고 있다(신성자 외, 2017). 각각의 집단기술에 대해서 살펴보면 다음과 같다.

(1) 집단과정을 촉진하기 위한 기술

집단과정을 촉진하는 기술은 주로 자기노출 기술, 집단성원의 참여 촉진 기술, 주의집중 기술, 반응 기술, 명료화 기술 등이 있다. 이러한 기술들은 사회복지사가 집단과정에 영향을 미치려는 의도가 있을 때 사용하게 된다. 집단과정을 촉진하는 기술은 성원간의 이해를 증진시키고, 개방적 의사소통을 형성하며 신뢰감을 형성하는 데 크게 도움을 준다.

① 자기개방 기술

자기노출(self-disclosure)은 사회복지사가 특정한 상황에서 자신의 지식과 경험, 감정, 생각 등을 집단구성원들에게 솔직하게 노출함으로써 집단구성원들 간에도 공감대와 신뢰관계가 형성된다. 자기노출은 고해성사처럼 진행되면 안 되고, 수위조절이 중요하다. 자기개방은 집단 내에서 의사소통을 촉진하는 효과가 있다. 자기 자신을 개방할수록 더욱 깊고 의미 있는 통찰과 자각이 일어나고, 통합된 자기상(self-image)을 확립하게 된다.

② 집단성원 참여 촉진 기술

집단성원 참여 촉진 기술은 모든 집단성원들이 집단에 관심을 가지고 참여하도록 하는 것이 유용하다. 사회복지사는 소외되거나 침묵하고 있는 성원들을 토론에 참여시켜 자신의 생활 경험을 나누고 문제해결 방법을 찾도록 원조해야 한다. 또한 집단성원으로 하여금 집단과정과 회합 내용을 정하는 데 적극적으로 참여하고 기여하도록 해야 한다. 성원의 참여를 통하여 집단의 의사결정을 공유하고 집단원들 간에 결속력을 증가시킬 수가 있다. 집단과정을 촉진하기 위해서는 집단성원에 대한 관여기술, 관심을 가져주고 표현하는 기술, 반응 기술, 초점화 기술, 내용의 명확화 기술 등이 있다.

③ 주의집중 기술

주의집중 기술은 사회복지사가 각 성원의 말이나 행동을 듣고 이를 이해하고 있다는 것을 나타내 주는 기술이다. 이러한 기술에는 성원의 말을 반복하거나 다른 말로 표현하는 것, 성원이 말한 바의 이면에 숨어 있는 의미에 감정이입의 자세로 반응하는 것, 집단성원과 시선 접촉을 함으로써 성원들에게 관심을 가지고 있다는 점을 전달하는 것 등이 포함된다(신성자 외, 2017).

④ 집단과정과 내용의 명료화 기술

집단과정의 명료화 기술은 복잡한 분위기와 집단진행이 되지 않고 불협화음이 날 때 집단성원들로 하여금 그들이 어떻게 상호작용하고 있는지를 인식하도록 일깨워 주는 기술이다. 이때 사회복지사는 집단에 내재하는 규범이나 특정 성원의 역할, 특정한 상호작용의 형태를 지적하거나 성원들에게 지금의 특정한 상호작용 상태가 만족스러운지를 물어보고 개선할 점들과 앞으로의 효과적인 방향 전환을 위해 긍정적인 멘트로 피력해 주는 것이 중요하다. 명료화나 명확화는 집단성원들 간의 질서를 바로잡고 의사소통을 진실하게 할 수 있다는 점에서 유익하다.

(2) 자료수집과 사정을 위한 실천기술

자료수집과 사정기술은 의사소통 유형에 어떤 영향력을 행사할 것인지를 계획하고 집단목적의 성취를 위해 어떤 기술을 사용할 것인지를 결정하는 데 매우 유용하다. 본 기술은 집단과정 촉진 기술과 행동 기술을 매개하는 역할을 한다. 효과적 자료수집과 충분한 사정기술이 없는 개입은 상황에 대한 이해가 없기 때문에 기술력이 떨어지는 개입이나 과잉 단순화된 개입, 또는 이전에 비효과적이었던 개입방법이 재현될 수도 있기 때문에 주의를 기울여야 한다(신성자 외, 2017).

따라서 본 기술에는 확인 및 문제인식 기술, 정보요청과 질문 및 탐색 기술, 요약 및 세분화 기술, 통합 기술, 분석 기술 등이 있다. 이를 구체적으로 살펴보면 다음과 같다.

① 확인 및 문제인식 기술

사회복지사는 문제의 속성을 가능한 한 명확하게 확인하고 구체적으로 기술하는 것이 필요하다. 그러기 위해서는 집단성원들의 특정 상황을 잘 파악하고 적절하게 묘사할 수 있어야 한다. 사회복지사는 집단성원들이 자신들의 문제의 속성을 가능한 한 정확하고 구체적으로 표현할 수 있도록 지원해 주어야 한다. 문제를 정확히 이해하기 위해서는 문제와 관련된 과거부터 현재까지의 모든 특성들을 확인하고 대안을 체계화할 필요가 있다.

② 정보요청과 질문 및 탐색 기술

집단성원들에 대한 상황을 확인하고 묘사하기 위해서는 기본적인 정보 제공을 요청하고, 질문하고, 탐색하는 과정이 필요하다. 이런 과정은 하나의 기술로 연출된다. 사회복지사는 문제와 관심사를 명확히 하고 모든 성원에게 유익한 추가 정보를 파악할 수 있어야 한다. 질문을 할 때 사회복지사는 명확하고 답변이 가능한 질문을 하는 것이 좋다.

③ 요약과 세분화 기술

요약과 세분화는 집단이 직면하고 있는 문제나 관심사에 대해서 토론할 때 사용하는 기술이다. 요약은 사회복지사로 하여금 집단원들이 이야기한 내용들의 핵심을 정리해서 돌아보는 계기가 된다. 세분화 기술은 다루기 어려운 문제나 이슈를 다룰 때 활용되는 기술이다.

④ 통합 기술 및 분석기술

본 기술은 집단성원들 간의 생각이나 감정, 행동, 언어적 · 비언어적 의사소통 성원들의 행동이나 말의 의미들을 연결하며, 하나로 묶어주는 기술이다. 숨겨진 자신의 생각을 표출하고, 명확하지 않은 생각과 다양한 느낌들을 분명히 하며, 성원의 말과 행동 속에 나타나는 주제나 경향을 지적하는 것 등을 포함한다. 통합기술은 개인 개인이 다른 집단성원들에게 어떻게 인식되고 있는지에 관한 피드백을 제공하는 데 매우 유용하다.

분석기술에는 자료의 유형을 파악하고, 자료 간의 차이를 발견하며, 평가에 필요한 자료를 획득할 수 있는 방법이나 기제를 설정하는 것이 포함된다(신성자 외, 2017). 확보된 자료의 유형을 파악하고, 자료의 차이를 규명하여 구조화하고 사정하기 위해 자료를 확보하는 기술이다.

(3) 행동기술의 종류

집단이 과제를 수행하도록 돕기 위해 활용되는 기술로 행동기술은 집단의 목적과 과업을 성취하도록 원조할 때 사용된다.

① 성원들에 대한 적극적인 지지기술

사회복지사는 성원들이 서로 관심사를 공유하고 자신의 의견과 감정을 자연스럽게 표현하도록 격려하며, 환기시키는 적극적인 자세를 취해야 한다. 집단성원들의 요구와 평가에 대한 반응으로 사회복지사가 가장 쉽게 답할 수 있는 방법 중에 하나가 적극적인 지지이다.

② 집단 재구조화와 재정의 기술

재구조화와 재정의는 집단성원들이 문제를 새로운 관점에서 볼 수 있게 하는 기술이다. 재구조화는 집단원 전체를 다시 통일된 조직으로 새롭게 만드는 효과가 있다. 하나의 부정적인 사건과 상황들을 새로운 관점에서 바라보고 변화와 성장을 위한 기회로 활용할 수 있다(신성자 외, 2017).

③ 지시와 감독 기술

사회복지사는 집단성원들의 참여와 투입을 증대시키기 위해서 최선의 노력을 기울여야 하는데, 이때 사용하기에 좋은 기술이 지시와 감독이다. 이 기술은 집단의 목표에 대한 성원들의 승인이 있어야 하고, 집단성원 개개인의 특성을 집단사회복지사가 잘 파악하고 있어야만 가능하다.

④ 조언, 제안 기술

집단 내에서 사회복지사와 집단원 모두가 새로운 행동이 요구되거나 문제 상황을 변화시키려 할 때 필요한 기술이다. 이를 통하여 성원들은 직접적인 정보를 얻게 될 뿐만 아니라 집단 내 상호 원조체계를 발전시키는 데 활용할 수 있게 된다(신성자 외, 2017).

⑤ 자원 제공 기술

집단성원들이 의료문제, 건강, 재활상담 등을 원할 때 사회복지사는 집단 내 · 외부의 자원을 성원에게 알려 주거나 자원을 활용하도록 원조하는 역할을 한다.

⑥ 모델링과 역할연습 기술

모델링(modeling)과 역할연습은 과제집단이나 치료집단 모두에게 유익한 기술이다. 모델링은 사회복지사나 성원이 특정 상황에서의 행동에 대해 시범을 보임으로써 다른 성원들이 모방할 수 있게 하는 기술로서, 대인관계나 사회기술 향상을 위하여 많이 활용되는 기술이다.

역할연습은 성원이 특정 상황을 실시해 보는 것으로 성원의 기능을 평가하고, 대인관계에 필요한 기술을 인식하게 하며, 성원으로부터의 피드백을 통해 개인의 행동을 변화시키는 데 도움이 된다.

⑦ 직면 기술

직면 기술은 저항을 극복하고 성원을 동기화시킬 수 있는 행동기술이다. 직면 기술은 성원들이 행동, 사고, 감정의 불일치를 극복할 수 있도록 돕는 기술로 성원의 행동을 명확히 하고, 탐색하며, 도전하는 능력이 발휘가 된다. 직면은 집단성원들을 동기화하는 데 유익하며, 정서적으로는 부담이 크므로 사회복지사는 상황을 잘 파악하여 성원이 수용할 수 있을 때 사용해야 한다.

⑧ 갈등 해결의 기술

집단성원 간의 갈등은 빈번하게 발생되곤 한다. 이 뿐만 아니라 집단 외부환경과의 갈등, 집단과 기관과의 갈등 들이 발생되어졌을 때 이를 해결하기 위해 사회복지사는 집단 내 갈등을 방지하기 위한 집단 규칙을 개발하고 유지하도록 원조해야 한다. 또한 갈등을 완화하기 위해 조정, 협상, 중재 기술을 사용할 수 있다.

2) 초기단계 집단실천에서의 사회복지사의 역할

집단실천 단계 과정에서 매 시간마다 사회복지사는 단계별 자신만의 노하우나 기술이 준비되어 있어야 한다. 집단이 잘 구성되도록 성원 간의 관계를 잘 맺게 해 줘야 하고, 상호작용을 하면서 집단의 규범과 문화를 만들고 영향력을 발휘하면서 하나의 유기체로 잘 성장 발달해 나가도록 도와야 한다.

따라서 집단의 발달 단계에 따른 특성과 사회복지사가 수행해야 할 과제들에 관한 지식은 집단사회복지사가 집단을 실시할 때 예견되는 사건이나 문제에 대처할 수 있게 하며 집단이 목표달성 방향으로 진행되도록 돕게 된다(신성자 외, 2017).

(1) 집단실천의 시작 단계

집단구성원들은 집단의 초기 단계에서 자신들이 집단에서 무엇을 할 것인지, 다른 성원과 사회복지사는 어떤 사람인지, 그리고 집단이 자신들에게 기대하는 바는 무엇인지에 대해서 의문을 제기한다. 집단의 초기단계에서는 사회복지사는 개방적이고 솔직한 의사소통을 촉진시키며 집단과정을 민주적으로 하여 신뢰할 수 있는 분위기를 확립하도록 해야 한다(신성자 외, 2017).

따라서 준비단계인 시작단계는 집단성원들의 문제해결을 목적으로 집단을 효과적으로 이끌기 위한 개입단계로서 탐색이 중요하게 이루어지게 된다.

표 9-1 집단 초기 단계의 특성 및 사회복지사의 역할

집단성원의 특성	집단의 특성	사회복지사의 역할
• 낯선 사람에 대한 불안, 불신 • 사회복지사와 대화 시도 • 탐색 및 거리감 유지, 친해지려고 노력을 보임 • 성공할 수 있을 것인가에 대한 불안감 • 집단에서 도움을 받아 성공할 수 있을지에 대한 두려움	• 집단, 사회복지사, 집단성원에 대한 오리엔테이션 • 집단의 규범, 가치, 대화양식 등이 설정됨 • 집단의 목적을 공유함 • 집단성원 간 공통점 모색 → 응집력에 영향	• 비밀보장 설명 • 집단성원이 사회복지사에게 의존하므로 사회복지사의 적극적인 개입이 요구됨 • 집단성원의 불안감 감소시킴 • 집단의 목적을 모두가 공유하게 함 • 집단성원 간의 공통점을 찾아 연결시킴 • 집단의 규범이 설정되도록 도움

출처: 김성이 외(2004: 199).

(2) 중기단계 집단실천에서의 사회복지사의 역할

집단의 발달 과정상 중간 단계는 문제해결과 목적 달성의 단계이다. 이 단계에서 집단성원들의 초기 갈등이 해소되고, 상호의존성과 응집력이 높아지며, 고도의 협동체계가 형성되며 문제해결능력이 극대화된다. 집단성원들은 집단과 동일시하는 경향이 높아지며, 자유로운 의사소통이 활발해진다. 사회복지사의 역할을 집단과정을 촉진하기 위한 역할과 변화를 이끌어내기 위한 역할 두 가지로 다음과 같이 제시하게 된다(신성자 외, 2017).

① 집단과정을 촉진하기 위한 사회복지사의 역할

가. 집단의 구조화

집단의 구조화는 집단성원들이 바람직한 방향으로 변화해 가도록 계획적이고, 체계적이며, 시간제한적인 개입을 하는 것을 말한다. 집단구조화를 위해서 각모임의 시작과 종료시간을 정확하게 지키며, 매시간 다룰 점이 무엇인지를 명확하게 설명하고 진행하는 것이 좋다. 집단의 활동을 유지하려는 자세로 지금까지의 활동내용들을 구조화할 경우 집단의 목적 성취를 촉진하게 되고, 집단성원들의 참여를 촉진할 수 있는 계기가 된다. 중기단계에서의 사회복지사의 역할은 집단의 구조화 외에도 집단성원의 권한부여, 집단원의 파괴적 행동 대처하기, 모니터링 등의 다양한 과제가 주어지게 된다.

나. 집단원의 파괴적 행동에 대처하기

집단 활동을 이끌다 보면 집단구성원 중에 지나치게 저항감과 공격욕구가 강하게 표출되면서 집단을 파괴하려는 클라이언트를 보게 된다. 이런 일들은 비자발적 집단에서 종종 발생될 뿐만 아니라 사전 조사가 철저하게 이루어지지 않은 경우에 해당된다. 그리고 비자발적 집단이 가장 많이 발생되는 곳은 교정시설, 정신보건기관, 학교, 병원, 거주시설에서 종종 발생된다. 그래서 구성원들 중에 많은 이들은 집단 활동이 시간낭비라고 보는 경우가 많다. 파괴적 행동은 분노감과 공격적 행동, 엉뚱한 행동, 동정을 받으려고 하고, 상황에 맞지 않는 언어사용, 감정조절이 안 되며, 시간 내에 과업을 마치지 못하는 점들이 특징적이다.

사회복지사는 적대적이고 저항적이고 파괴적인 행동에 직접적으로 직면하기보다는 정확하게 문제점을 찾을 때까지 지켜보거나, 아니면 그냥 두다가 다른 구성원들이 그 파괴적 행동을 보고 건전하게 직면하게 하여 신념체계를 바꿔주려는 방법으로 접근하는 것이 좋다.

파괴적 행동을 하는 사람과 직면할 때 사회복지사는 일대일로 있을 때보다 여러 집단성원이 있을 때 그 문제를 다룸으로써 다른 성원들이 어떤 행동이 파괴적 문제행동인지 문제인식을 명확하게 할 수 있도록 하는 것이 좋다. 그러나 이때 파괴적 행동을 하는 성원을 다른 나머지 집단원들이 하나가 되어 몰아 부친다는 느낌을 줄 수 있으므로 주의가 필요하다.

다. 갈등 해결 전략

집단 내 갈등은 한 번 발생되면 집단원끼리 관계가 파괴되어 극단적으로 멀어지든가 아니면 갈등을 잘 해소하고 융합하여 더 친밀한 관계가 형성될 수도 있다. 따라서 갈등 해결 전략은 집단리더에게 있어서 어떻게 받아들이고 인식하느냐에 따라서 집단의 분위기가 달라질 수 있기 때문에 소홀히 다루어서는 안 된다.

갈등해결 전략으로는 주로 역할 바꾸기(role reversal), 공감대(empathy) 형성하기, 질문하기(inquirt), 나－전달법(I-message) 사용하기, 진정시키기(disrming), 스트로킹(stroking), 중재(mediation)하기 등이 사용된다(신성자 외, 2017).

a. 역할 바꾸기와 공감대 형성

역할 바꾸기는 상대방의 감정이나 생각, 입장들을 이해하는 데 있어서 진지함이 필요하고 진정성 있는 표현들이 요구된다. 역할 바꾸기는 서로를 가치 있고, 협조적이며, 타협하려는 의지를 가지고 있는 사람으로서 이해하고 결과적으로 상대방의 문제에 관심을 가지는 태도를 바꾸고 다시 생각하게 만든다.

공감(empathy)은 갈등에 처해 있는 사람의 입장에서 바라보고 이해하려는 것으로서 역할 바꾸기와 마찬가지로 의사소통을 함에 있어서 개방적인 관계 유지를 촉진하게 만들어 준다. 공감적 이해(empathic understanding)는 집단원의 감정을 함께 느끼고 이해한 것을 언어 및 비언어로 나타내는 것을 말한다.

b. 질문하기와 나-전달법 사용하기

질문기법에서 가장 중요하게 여겨야 할 것은 목소리의 톤, 즉 음의 고저, 장단, 강세가 중요하다. 질문을 하는 사람은 진실하고 안정감 있는 목소리로 질문을 해야지 공격적이거나 비아냥거리는 듯한 인상을 주면 안 된다. 목소리 하나만으로도 사람의 여러 감정이 모두 다 실려 간다.

나-전달법은 "네가 ~해서 내가 ~하다"는 방식으로 전달하면 된다. 즉, 늦게 들어온 자녀 때문에 잠을 못자고 힘들었다면 "왜 이렇게 늦게 들어오는 거야."라는 말보다 "우리 ○○이가 늦게 들어오니깐 사고라도 났나 싶어서 엄마가 많이 걱정이 돼서 잠을 못 자고 마음도 매우 불편하단다." 직설적인 표현보다 훨씬 더 나의 감정을 부드럽게 전달할 수 있고, 상대방의 감정을 지나치게 손상시키지 않으면서도 자신의 잘못을 스스로 깨닫게 만들어 준다.

c. 진정시키기와 중재하기

진정시키기는 상대방의 감정이 몹시 흥분되어 있거나 감정 조절이 안 되는 상황에서 개입하게 된다. 중재와 비슷한 면이 있는데, 진정시키는 일은 그 사람의 말이 부당함이 많아 보일지라도 그 속에서 의미를 찾아서 진실되게 받아들이고 진정성 있게 표현하는 것이 중요하다.

중재는 갈등이 있는 사람들 사이에서 공평하고 중립적인 입장에서의 제삼자의 개입을 말한다. 중재는 자신들이 도저히 해결할 수 없고 갈등의 골이 더 깊어지기 전에 개입하는 것이 좋은데 개입하는 사람의 연령이나 신뢰도도 중요하다.

d. 스트로킹

진정시키기와 관련된 기법은 스트로킹으로 논쟁이나 갈등이 발생된 가운데서도 솔직하게 그 사람의 긍정적인 면을 말해 줌으로써 자신감을 갖게 한다든지, 상한 감정이

회복이 된다든지, 싸한 분위기가 반전이 될 수도 있게 하는 기법이다.

② 변화를 이끌어내기 위한 역할

사회복지사는 집단의 목표 달성을 위해서 집단성원들 전체 또는 개인별, 집단 환경 등의 모든 부분에 관심을 두고 자신의 전문적인 기술들을 다양하게 발휘하면서 변화를 이끌어 가야 한다. 이 말은 다시 말해서 사회복지사가 갖고 있는 역량이 어떻게 발휘되는가에 따라서 대인관계와 집단 환경이 변하게 된다.

집단구성원들 개개인은 각각의 구성원들을 보면서 상대방의 좋은 대인관계 기술과 인품을 학습하거나 학습하진 않아도 자신만의 기준으로 평가하거나 아무런 도전을 받지 않거나 등의 세 가지 방식으로 임하게 된다. 그래서 집단리더는 각각의 역할극을 통해서 역할연습을 한다든지, 의사소통 기술을 점검해 본다거나, 자신의 성격적 결함을 과감하게 분석하고 받아들이게 한다든지 등의 기술을 실시하게 된다.

환경의 변화는 사회복지실천에 있어서 개인의 변화와 더불어 개인을 둘러싸고 있는 환경의 변화가 필수적이기 때문에 집단실천에서 그냥 간과되어서는 안 된다. 알코올중독자들만 모인 집단일 경우 집단 프로그램을 통해서 알코올의 해로움과 사용하고 싶을 때의 욕구 절제와 재발방지 또는 주변의 유혹에 효과적으로 대처할 수 있는 예방 기술을 배우고 익혔다고 하더라도 환경의 변화가 개선되지 않는다면 재발 가능성이 높다. 자조집단에 참여해서 교육을 철저히 받고 집에 돌아오면 극복하지 못하고 또다시 알코올중독 상태가 되어버리는 경우를 종종 본다. 따라서 이들을 지지하고 격려해 줄 지지체계를 확장하는 개입이 무엇보다도 중요하고, 사회복지실천에서 클라이언트의 개별적인 욕구나 문제가 환경과의 관련이 매우 높음을 감안할 때 집단사회복지실천에서도 집단 환경의 변화는 아무리 강조해도 지나치지 않음을 볼 수 있다.

(3) 집단대상 실천의 종결과 사회복지사의 역할

① 집단 종결단계 유형과 특성

종결은 집단과 집단성원들과의 유종의 미를 거두어야 하는 단계이다. 사회복지사나 상담사들에겐 종결을 함으로써 모든 회기를 마친다는 점에서는 홀가분한 면도 있지만 클라이언트의 변화된 좋은 모습이 보이지 않을 때는 심적으로 불편하다. 특히 클라이언트와의 갈등을 조율하지 못한 채로 조기종결을 한다든지, 성공적인 집단의 종료가 되지 못해서 다른 분에게 의뢰를 해서 이양(移讓)을 한다든지 할 경우에는 심적 부담감이 양심상 더욱 크게 작용한다. 따라서 집단실천의 종결단계에서 사회복지사의 실력과 역할이 종합적으로 평가가 되기 때문에 아름다운 이별 내지 상담이 되어야만 한다. 종결의 유형에는 다음과 같은 것들이 있다.

첫째, 성공적 종결이 있다. 성공적 종결은 초기 계약대로 설정된 목적을 달성하였거나, 정해진 시간이 되었을 때의 종결이다. 성공적 집단에서는 집단성원들이 달성한 목표의 결과와 과정을 평가하고, 남은 문제를 집단성원들이 어떻게 처리할 것인지를 논의하며, 해결되지 못한 주요 쟁점들에 관해 허심탄회하게 논의한다. 그리고 추가 개최 일정을 논의하기도 한다. 종료단계에서는 집단성원들끼리 주고받았던 슬프고 부정적인 감정들이 표출될 수 있기 때문에 마지막 모임 이전에 종결에 대한 준비를 할 수 있게 하는 것이 좋다.

둘째, 미완성 상태에서의 집단 종결이 있다. 미완성 집단종결은 집단성원들 간의 분노, 좌절, 실망, 절망, 죄의식, 희생양, 비난, 무관심 등의 다양한 반응들이 표출된다. 그래도 미완성 종결 과정을 소홀히 다루어서는 안 된다. 목적이 달성되지 못한 이유와 대안을 탐색해 보고, 집단성원들의 정서적 반응을 충분히 고려해야 하며, 해결되지 않은 문제들을 다룰 시간을 별도로라도 가져야 한다.

셋째, 중도탈락이 있다. 집단 활동 중 집단에 대한 매력을 잃고 자신에게 부과된 목표를 달성하는 데 실패했다고 생각되거나 다른 성원과 갈등이 있을 때 생길 수 있다. 집단성원이 모임에 나오지 않을 때에는 집단사회복지사가 그 이유를 알아보고 다른 기관으로 의뢰해 주는 방법도 찾아본다. 그리고 탈락자가 발생하였을 때 남아 있는 집단성원들에게 탈락 이유를 설명하고 감정을 다루어 줄 필요가 있다.

넷째, 타 기관 의뢰가 있다. 집단성원이 이 집단에서 목적을 달성하기 어렵거나 다른 성원과 갈등이 지나칠 경우, 혹은 다른 기관의 서비스가 적절하다고 판단될 때 타 기관에 의뢰하게 된다. 의뢰되는 성원에게 그 이유를 충분히 설명해야 하고, 나머지 성원들도 이해할 수 있어야 한다.

종결단계에서 집단구성원들은 과제의 성취도가 다양하여 결과에 만족한 집단성원도 있고 좌절하는 집단성원도 생길 수 있다. 또한 종결을 인정하지 않고 애착이 형성되어 계속 집단에 남으려는 성원도 있을 수 있다. 집단에서 목표달성을 성취한 집단성원은 행복감을 느낄 것이고, 자신의 생활에서 중요한 비중을 차지했던 집단과 이별하는 것이기 때문에 슬픔 또한 크다.

② 종결단계에서의 사회복지사의 역할

종결단계에서 집단사회복지사는 집단성원들이 과제를 마무리하고 무엇을 해결했고, 남은 문제는 무엇인지를 파악하게 하며 집단의 경험을 평가하도록 돕는다. 또한 집단이 종결된 후에 집단성원들의 향후 계획을 파악한다. 종결단계에서의 집단사회복지사의 구체적인 역할을 살펴보면 다음과 같다(김혜숙 외, 2013; 신성자 외, 2017).

첫째, 종결에 대한 감정을 다룬다. 종결단계의 경험은 친밀감이나 일체감, 소속감이 지속되기를 바라나 헤어짐에 대한 상실감, 불안감을 느끼게 된다. 집단사회복지사는 이러한 종결에 대한 구성원들의 아쉬움과 서운함을 표현하게 하여 자신감을 갖고 새 출발을 하도록 격려해야 한다.

둘째, 집단 경험을 통한 피드백을 나누게 한다. 집단사회복지사는 집단구성원들이 집단경험을 통하여 배운 것에 대해 구체적으로 검토할 수 있게 도와야 한다. 집단경험의 소감이나 마지막 느낌을 함께 나누는 것은 집단구성원들로 하여금 자신이 배운 것을 생활에 적용할 수 있도록 지원해야 한다.

셋째, 배운 것의 수행과 통합을 하게 한다. 집단사회복지사는 집단성원들이 집단 내에서 배우고 경험한 것을 실제 생활에 적용해 보고 싶어 하는 것은 무엇이며, 변화를 시도해 보고 싶은 새로운 행동이 무엇인지 잘 정리하도록 돕는다.

넷째, 응집력을 점차적으로 감소시켜 나간다. 종결단계에서는 의도적으로 응집력을 줄여 나가도록 돕는다. 집단에 대한 의존감을 감소시키기 위해서는 접촉빈도를 줄이거나 모임의 간격을 길게 하여 상호작용의 빈도를 점차 줄여나간다.

다섯째, 미해결 과제를 다룬다. 집단을 마치기 전에 미해결문제나 해결되지 않은 부정적인 감정이 남아 있는지 확인해 보고 다루어야 한다. 이를 위해서는 시간을 연장하거나 개별적으로 돕는 방법이 있다.

여섯째, 사후관리와 평가를 하게 한다. 집단을 종결할 때 종결 후의 경험에 대해 이야기할 수 있는 사후관리모임을 가질 것인지 결정한다. 사후모임은 집단사회복지사에게는 집단의 성과를 평가할 수 있는 기회를 제공하고, 집단구성원들에게는 현실적으로 점검할 수 있는 기회를 제공하기도 한다.

일곱째, 수료증을 주거나 하는 의례행위를 실시한다. 집단사회복지사는 종결 시에 수료증을 주거나 각오와 다짐의 시간, 또는 종결에 대한 축하의 파티와 같은 의식들을 통하여 집단구성원들의 성취에 대한 긍정적인 면을 강조하고 격려하는 기회를 갖는다.

(4) 집단 모임의 진행 및 종결

사회복지사는 모임의 시작과 진행, 그리고 종결과 관련된 기술들도 매우 중요하게 다루어야 한다. 모든 집단 활동에는 시작할 때마다 라포를 형성하기 위한 기술이 필요하고, 종결할 때는 각각의 문제를 깊이 있게 탐색하고 해결하려고 하는 의지를 보이고, 비로소 그 모임을 성과 있게 종결하는 기술들이 필요하다.

① 라포 형성하기

사회복지사와 집단구성원들과의 라포 형성은 초기, 중기, 종결단계 전체 프로그램에 큰 영향을 준다. 매 시간마다 날씨나 뉴스 등의 사소한 내용들도 라포 형성에 도움이 된다. 그러나 비자발적 집단에서는 참여 동기가 형성되어 있지 않기 때문에 라포를 형성하기가 쉽지 않다. 비자발적 집단에서는 사회복지사가 자신에 대한 소개와 집단의 목적에 대한 공식적 입장을 밝힘으로써 집단을 이끈다. 그리고 참여한 성원도 소개하도록 권유하기도 한다. 비자발적 집단에서는 어색해 하는 성원의 참여를 독려시키는 것이 성원을 돕는 일이 된다.

비자발적 집단 중에 특히 강제 명령으로 집단에 참여하는 경우, 집단지도자는 "나는 여러분이 여기에 정말 오기 싫었을 것이라고 생각해요. 아마 내가 여기에 억지로 와야 했다면 어땠을까 싶네요. 여러분이 여기에 오기 싫은 마음, 화나는 마음을 얘기하면서 집단을 시작하면 어떨까요?"라고 공감대를 먼저 형성하면서 집단실천을 시작하고, 집단의 목적과 진행방식, 어떻게 참여하면 되는지를 구체적으로 설명해 주는 것이 좋다. 집단지도자는 집단성원이 집단 내에서 충분히 의사소통하기에 편안하고 수용적이라는 느낌을 가질 수 있도록 집단 분위기를 조성하는 것이 필요하다.

② 공감적 문제 탐색하기

집단구성원의 문제를 깊이 탐색할 때 사회복지사는 동정이 아닌 공감을 실천해야 한다. 공감은 다른 사람의 감정을 공유하고 이해할 수 있는 능력이 되지만 동정은 자칫하면 공유 감정에 몰입하여 연민의 감정을 만들 수가 있다. 공감과 동정은 언뜻 보아서는 별로 차이가 없어 보이지만 사실은 그렇지 않다. 공감은 집단구성원들에게 문제를 해결하도록 격려와 지지가 되고 촉진제가 되지만 동정은 집단구성원들이 자생력이 없이 그 상황에 머물러 있게 만들 수 있다.

따라서 사회복지사는 공감을 비롯해서 경청, 명료화, 해석, 반영 등을 집단대상 실천기술에서 적절하게 사용한다면 집단 프로그램이 훨씬 더 성과가 있게 될 것이다.

③ 바람직한 대안 선택하기

사회복지사는 바람직한 대안을 선택하거나 직접적으로 충고하는 것이 아니라, 그 대안이 가져올 결과나 현상들에 대해서 이해하도록 돕는 자세를 취한다. 성원이 선택하지 않고 치료자가 대안을 선택하였을 경우 그 대안이 바람직하지 않으면 치료관계가 손상을 받게 된다. 그리고 집단구성원의 의존적인 분위기가 조장되어 독립심이 발휘되지 못한다. 사회복지사는 클라이언트와 함께 가능한 대안을 탐색하고 제시할 필요가 있다. 치료자가 클라이언트를 믿는다면 "이 대안에 대해서 당신의 생각은 어떠세요?"라고 물으면 클라이언트에게는 부담감이 덜 가게 되고, 사회복지사에게는 책임감도 더불어 유지될 수 있다.

④ 모임 종결하기

모임을 종결하는 것은 시작 못지않게 매우 중요한 일이다. 갑작스러운 종결은 성원들에게 불안감과 거절감을 느끼게 한다. 치료모임의 종결 지침은 모임 초기에 전체 구성원들에게 공지하고 집단모임이 진행되었으므로 회기가 다 마무리되어갈 시점 두 주 전부터 모임을 종료할 때가 되어감을 인식시켜주는 것이 중요하다. 특별한 상황이 발생하지 않는 한, 집단 지도자는 정해진 시간이 다 되면 시작할 때와 마찬가지로 약 5~10분 정도의 대화의 시간을 갖는 것이 좋다. 모임의 종결을 아쉬워하는 구성원이 있다면, 직접적으로 "아쉬우시군요. 하지만 정해진 시간을 준수하는 것도 우리가 처음에 약속한 일 중에 하나예요. 그간의 시간들을 돌아보고 잘 정리해 봅시다."라고 정리의 마음을 갖게 하는 것이 좋다. 모임에 대한 느낌이나 집단에서 배운 경험들을 간단하게 점검하는 것도 반드시 필요하다. 앞으로의 추가모임이나 계획 등을 나누기도 하고, 각오나 다짐 등을 서로 이야기하는 시간이 필요하다.

(5) 집단실천의 평가

평가는 개별 성원과 집단의 목적달성 정도를 통해 개입의 효과성을 판단할 수 있는 근거를 제공한다. 뿐만 아니라 성원들은 집단에서의 만족과 불만족을 표현할 수 있는 기회를 가지며, 사회복지사는 평가를 통해 얻은 정보를 활용하여 집단지도 기술을 발전시킬 수 있다(설진화, 2018; 신성자 외, 2017). 평가는 과정평가와 결과평가로 나누게 되는데, 과정평가는 집단실천이 어떻게 진행되었는지, 결속력은 어땠는지, 규범이나 규칙, 역할 활동과 의사소통 등의 속성이 어떠했는지에 초점을 두는 평가방법이다. 결과평가는 집단이 시작될 때 설정한 목표가 어느 정도 달성되었는지를 평가하는 것으로 단일사례설계나 만족도 설문조사 또는 유사실험설계 방법 등이 사용되곤 한다. 집단을 이끄는 사회복지사는 사회복지사와 집단구성원과의 특성, 집단의 조건, 개인과 집단의 상호작용, 치료기법, 집단을 통한 개입의 효과 등에 대하여 개념적 · 방법론적으로 우수한 연구 조사를 할 수 있어야만 한다.

3 집단대상 사회복지실천의 사례

1) 초등학생들의 학습동기 및 또래친구 관계 증진을 위한 푸드 심리 치료 사례[1)]

아동기는 중학생보다 두드러지지는 않지만 또래친구들과의 관계에서 심리, 정서적으로 소소하게나마 상호 역동성이 표출되는 시기이다. 따라서 상호작용을 통한 원만한 또래관계형성과 정서적 발달과 학교 적응을 위한 적극적인 지지와 관계개선에 초점을 둔다. 학교에서는 교사의 지지와 가정에서는 부모님의 지지가 중요하게 작용한다. 당연히 사회복지시설에서는 사회복지사의 적극적인 지지와 경청, 공감이 중요할 것이다. 그러므로 본 사례는 초등학생 구성원들의 사고력, 인지력에 따라서 차이가 많이 나지만 학습동기 및 또래친구 관계 증진을 위한 푸드 심리 치료를 적용한 사례이다.

1) 본 푸드심리치료는 ○○초등학교 학생을 대상으로 하여 방과후 돌봄 교실에서 실시한 프로그램으로 아직 신뢰도나 타당도 면에서 일반화하기에는 조심스러운 점들이 있음을 밝혀둔다.

(1) 집단성원의 선정

본 프로그램은 경기도 인천광역시에 소재한 ○○초등학교 5~6학년 학생 중에서 산만하고, 공격적이며 친구관계가 원만하지 않고 수업태도가 좋지 않다고 담임선생님이 인정한 학생들만을 대상으로 선정하였다. 전체 20명을 1차로 선정한 뒤에 프로그램의 효과성을 객관적으로 검증하기 위하여 무작위로 실험집단과 통제집단에 각각 10명씩 배정하였고, 최종 10명이 참여하였다.

(2) 집단 프로그램의 구성

프로그램의 도입에는 서로 인사를 나누고 간단한 게임과 간식 제공을 통해 집단성원 간의 자연스러운 분위기를 만들어 주고 프로그램에 몰입할 수 있도록 한다. 중간 활동 시간에는 그 회기에 맞는 주제를 자유롭게 표현하고 적극적으로 참여할 수 있도록 정서적 지지를 해 주고 흥미를 잃지 않고 잘 접근할 수 있도록 도와준다. 마무리 단계에서는 서로 만든 작품에 대한 소감과 피드백을 함으로써 발표력을 길러주고 자신감이 생길 수 있도록 한다.

표 9-2 한 회기별 프로그램 구성

단계	시간(90)	목적	내용
도입	20분	• 자아정체감 형성	• 야채와 각종 과일을 주고 먹으면서 자기소개와 라포 형성. 본 프로그램의 규칙과 방법 등을 설명
중기1-활동 중기2-활동	50분	• 음식을 통한 긍정적인 정서 표현/자신감표현 • 학교 공동체 인식과 배려와 성숙	• 초코파이와 과자들을 주고 배려를 표현하게 함 • 무, 당근, 등의 뿌리채소를 주고 학교생활에서의 적응을 표현하게 함 • 상호 피드백 교환
종결	20분	• 또래친구와의 상호 존중하는 관계형성과 유지를 위한 결단 • 학습에 임하는 각오 결단	• 다짐과 서약서 쓰고 낭독하기

본 프로그램은 총 4단계, 1단계별을 3회기로 구성해서 총 12회기로 구성되어 있다. 초기(1~3회기)단계는 친구와 학교에 대한 자아정체감 형성단계, 중기1(4~6회기)단계는 긍정적 강화단계, 중기2(7~9회기)단계는 배려와 학교적응을 위한 성숙 요구단계, 종결(10~12회기)단계에서는 사람은 더불어 살아야 하고 상호 존중하고 살아야 함을 지도하고 서약하게 하는 단계이다. 각 회기별 프로그램은 크게 도입, 중기1, 2, 종결로 구성하여 본 과정을 통해서 자아효능감이 향상되는 것을 기대하게 된다.

2) 자존감이 떨어져 있는 대학생들의 자존감 회복을 위한 집단 프로그램 사례

(1) 집단성원 선정 사례

본 사례는 인천광역시에 위치한 〈○○○○상담센터〉에서 진행하는 집단미술 프로그램의 교육과정의 하나로 유연성이 요구되고, 집단구성원들의 자발성이 적극 요구되는 가운데서 구성된 프로그램이다(2019.12). 집단구성원 선정은 자격증 취득을 위해 적극적이고 자발성을 띤 사복과 S대 평교원생들과 K대 학생들을 대상으로 하였다. 이들에게 일일이 참가동의를 한 달 전부터 받아서 최종 10명을 선정하였다.

(2) 집단 프로그램 구성

집단 프로그램의 사례[2)]로 예를 들면 다음과 같다. 본 프로그램은 미술심리상담사 자격증 취득을 통한 "자존감향상 집단상담 프로그램"이다. 집단상담 프로그램의 구성단계에서 프로그램 재구성의 준거를 밝히고 프로그램에서 의도하는 목적 설명과 함께 8회기 교육 과정을 진행한 내용이다.

2) 본 사례는 ○○○○상담센터에서 진행하는 집단미술 프로그램의 교육과정의 내용을 바탕으로 진행한 프로그램이다(2019.12).

본 집단 프로그램은 삶의 원동력인 의미에의 의지, 즉 인간의 삶에는 분명한 목표가 있고, 자신의 삶에서 그 의미를 발견할 의무가 있으며, 이러한 삶의 의미를 죽음의 의미, 경험적 가치, 태도적 가치, 창조적 가치를 통하여 발견될 수 있다고 보는 의미요법 이론(Frankel & Gelman, 1998; 신성자 외, 2017)의 기본철학을 바탕으로 자존감 회복, 성취감 고취, 무한한 가능성을 가진 존재인식 등에 초점을 두었다.

프로그램의 단계별 과정은 다음과 같이 구성할 수가 있다. 앞서 언급한 본 프로그램은 총 8회기로 중기단계를 심화 단계로 세팅하여 많은 시간이 소요되는 것이 특징이다.

- 초기단계–도입(1회기): 서로에 대한 아이스 브레이킹 시간(종이 접시 던지기)과 신뢰감 구축의 시간 갖기(탐색하기), 서약서 작성하기, 꽃과 야채로 별칭 짓고, 자기소개하기 등 라포(rapport) 형성의 단계
- 중기단계1–삶의 의미 이해단계(2회기): 삶의 이해, 자신의 삶에서 어느 때 좌절을 하고 힘들어 하는지, 또 힘이 날 때는 언제인지 자기분석과 성찰의 시간을 갖기, 자존감지수 테스트하기(자존감 사전 검사)
- 중기단계2–내 삶의 의미 찾기(3~5회기): 집단원들 속의 나(몸 본뜨기), 나와 타인과의 관계(벽, 귀인), 가족구성원 속에 나의 위치(물고기 가족화), 자아 통합을 위한 나는 어떤 존재 인지를 깨닫는 시간 갖기
- 중기단계3–삶의 새로운 정립단계(6~7회기): 손 본뜨기를 통한 장점 발견하기, 비바람을 견뎌낸 나무, 자기성장나무 그리기, 미래의 나의 모습 그리기
- 종결단계–마무리(8회기): 자격증 취득에 따른 성취감을 직·간접적으로 맛보게 하고, 진로 변화와 함께 성장되어가는 나의 미래를 설계하게 하면서 마무리(자존감 향상 사후 검사)

본 프로그램은 이렇게 각 회기당 90분씩, 매주 2회기씩 4주간에 걸쳐서 진행하게 되고 나머지 모자라는 시간은 보수교육을 통해서 추가적으로 보충하는 것으로 규정을 정하고 진행하였다.

4 집단대상 사회복지실천의 장점과 한계점

집단대상 사회복지실천의 장점은 첫째, 개인대상 사회복지실천보다 경제성과 실용성이 있다는 점이다. 소수의 사회복지사(집단리더)가 여러 명의 집단원들(클라이언트)을 대상으로 상담서비스를 제공하기 때문에 시간절약과 노력면에서 매우 경제적이고 실용적(practical)이다. 즉, 한정된 시간보다 많은 클라이언트들의 문제를 상담 및 케어를 할 수 있어서 경제적이다. 학교나 기업, 산업체, 종합병원, 재활센터, 양로원, 교정시설, 복지시설 등에서 활용도가 높아 실용적이라는 평을 받는다.

둘째, 집단 내에서 구성원들로부터 다양한 자원을 많이 얻을 수 있다는 점이 또 하나의 장점이다. 집단 참여자들은 성별, 연령, 사회경제적 지위, 결혼, 교육수준, 인종, 문화 등의 다양한 배경을 갖고 있다. 이러한 다양한 사람들이 모여 있기 때문에 서로 다른 다양한 정보를 공유하면서 자신의 삶과 비교해 보고 그 속에서 보편적인 가치를 발견하고 새로운 경험을 촉진하게 되는 피드백이 이루어질 수 있다는 점이 장점이다.

셋째, 성장을 위한 환경이 제공된다는 점에서 장점이라고 할 수 있다. 자아집단 속에서 성장하고 발달한다. 집단 프로그램은 자연스럽게 자아 성장을 위한 환경을 제공한다. 집단경험을 통해 얻을 수 있는 이점은 무엇보다도 다른 사람들을 신뢰하고 배려하는 것의 중요성을 깨닫는 것이다. 집단원들은 집단 내에서 상호 신뢰관계를 바탕으로 자신의 문제와 관심사를 다른 사람들에게 기꺼이 공개하게 된다. 개인의 사적인 관심사를 함께 나누고 다른 사람들의 경험, 감정, 관심 등에 대해서도 알게 되면서 대리학습(vicarious learning)이 일어나게 된다. 따라서 집단원들은 다른 구성원들과의 상호작용을 기반으로 문제해결에 초점을 두게 되면서 의사소통 기술과 대인관계능력이 향상되게 된다. 그 가운데서 구성원들끼리 서로 도움을 주고받으면서 긍정적인 자기개념(self-concept)을 형성하게 되는 장점이 있다.

한계점으로는 첫째, 비밀유지의 한계가 있다. 집단원의 비밀유지(confidentiality)의 원칙을 개별상담보다 지키기가 어려운 면이 있다. 집단지도자나 집단원 모두가 확장성이 있어서 비밀유지 원칙 파기의 가능성이 높은 게 현실이다. 집단 프로그램에서 공개한 자기개방의 내용들이 집단 밖으로 유출되는 경우들을 한계점으로 지적할 수 있다.

둘째, 개인에 대한 관심이 미약할 수 있다. 즉, 집단구성원이 많아서 집단원 개개인에 대한 관심의 정도가 약해질 수 있다. 구성원 개개인에게 관심을 기울이기에는 소수의 집단리더로는 한계가 있다. 집단원 개개인의 개인적인 문제나 관심사에 대해서 충분하게 다루어지기가 어렵다.

셋째, 집단 압력의 가능성이 있다. 집단 프로그램에서 집단구성원들 중에 다른 배경을 가진 집단원은 지배적인 집단원들의 기대치에 부응해야 할 것 같은 미묘한 압박감을 받을 수가 있다. 예를 들어 건강과 신체적으로 취약한 노인이 집단 프로그램에 참여했다고 할 때 건강이 좋고 배경이 그분보다 좋은 집단원들로 부터 일방적인 집단압력을 받아서 피드백이나 조언을 여과 없이 받아들일 수가 있고, 자기 탐색과정에서 집단 압력에 의해서 자신의 욕구와 상관없는 결정을 내리게 되는 경우들이 발생될 수 있다.

넷째, 역효과의 가능성이 있다. 구성원에 따라서 예기치 않게 부정적인 결과를 초래할 수 있다. 특히 비자발적으로 참여한 분이 있다거나 준비가 덜된 가운데서 참여한 분이 있다면 지나친 저항과 공격으로 다른 집단원들에게 부정적인 영향을 줄 수 있고, 감정문제가 발생되어 분위기가 싸늘해지면서 중도탈락자가 나오기도 한다.

이를 극복하기 위해서 사회복지사는 집단원을 적절하게 통제할 수 있는 능력과 전문적인 다양한 기술과 의사소통 능력을 평소에 연마하는 것이 필수적이라고 말할 수가 있다.

[PART]

4

가족 사회복지실천

CHAPTER 10 집단발달단계

1 집단발달단계

1) 집단발달

(1) 집단발달의 개념

집단은 단순히 개인의 집합체로 보이기도 하지만 시간의 경과에 따라 집단 내부 구조가 확립되고, 의사소통과 상호작용의 형태, 응집력 및 사회적 통제, 문화 등이 형성되며 조직과 집단의 진행과정에 변화를 경험하게 된다. 이러한 집단의 변화를 집단발달이라고 한다.

개인들은 집단을 통하여 활동할 때 그 활동을 효과적으로 수행하기 위해서는 조직구성원 간의 의사소통이 효과적으로 이루어져야 한다. 효과적이고 원활한 의사소통은 조직과 팀의 핵심적인 요소이며, 구성원 간에 정보를 공유하거나 의사결정을 전달하는 중요한 수단이다.

문화가 형성되며, 조직과 집단의 진행과정에 변화를 경험하게 되는데 집단의 발달이란 집단이 구성되어 어떠한 양상으로 발전해 나가는지, 즉 집단발달의 단계를 나타낸다.

집단의 발달은 집단의 목표달성을 향해 계속적으로 이루어지는 생산적이고 역동적인 흐름이며, 서로 간에 영향을 미치면서 공동목표를 향하여 함께 움직여 나가고 있는 변화이다.

집단의 발달은 상담자의 이론적인 방향과 집단의 목적, 집단 참가자에 따라 구체적인 반응내용이 다소 차이가 있기 때문에 독립적인 단계로 구분하는 것은 어려울 수 있다고 본다. 그러나 이러한 차이에도 불구하고 집단을 이해하며 효과적으로 발달시키기 위해 학자들은 집단의 단계를 어느 정도 예측할 수 있다.

(2) 집단발달의 특성

모든 집단은 모두 다 동일한 발달단계를 거치는 것은 아니고, 반드시 순차적으로 진행되는 것도 아니다. 집단발달은 일반적인 발달단계를 따라서 이전 단계로 되돌아가거나 특정단계를 뛰어넘기도 하고, 어느 한 단계에 정체할 수도 있다고 본다.

집단 시작부터 종결까지 동일한 성원으로 유지되는 폐쇄집단은 비교적 집단발달단계를 구분하며 예측할 수 있지만, 집단이 시작된 후 새로운 성원이 참여할 수 있는 개방집단은 자주 성원들이 교체되기 때문에 발달단계를 예측하는 것이 어렵다.

집단은 단순히 개인들의 집합체로 보일 수도 있지만 시간이 경과함에 따라 집단 내 부구조가 확립되고, 문화가 형성되며, 조직과 집단의 진행과정에 변화를 경험하게 되기도 한다. 이러한 집단의 변화를 '집단발달'이라고도 한다.

집단은 목표를 설정하고 유대관계형성을 시작하는 단계에서 출발하며 목적, 활동, 그리고 관계에 대한 마찰이 발생할 수 있는 시점으로 이동한 수와 목표를 달성하기 위해 자발적으로 방향을 정하며 행동을 취하게 되는 성숙기를 거쳐 구성원들이 집단의 활동과 자신의 공동 경험을 평가해 보는 단계로 이동하게 된다.

(3) 집단발달단계 이해의 필요성

집단의 발달과정에서 상호 구분되는 기간 또는 구분되는 정도를 집단발달단계라고 하며 사회복지사는 집단이 어느 발달단계에 있는지 파악해야 한다고 본다.

단계를 알게 되면 개인과 집단의 기능을 평가하고, 집단의 내용과 적절한 개입방법을 선택하는 데 도움이 된다.

집단은 단순히 개인들의 집합체로 보일 수 있지만 시간의 경과에 따라 집단 내부구조가 확립되고, 문화가 형성되며, 조직과 집단의 진행과정에 변화를 경험하게 된다. 이러한 집단의 변화를 '집단발달'이라고 한다.

집단은 목표를 설정하고 유대관계형성을 시작하는 단계에서 출발하여 목적, 활동, 그리고 관계에 대한 마찰이 발생할 수 있는 시점으로 이동한 수, 목표를 달성하기 위해 자발적으로 방향을 정하고 행동을 취하게 되는 성숙기를 거쳐 구성원들이 집단의 활동과 자신의 공동 경험을 평가해 보는 단계로 이동하게 된다.

2) 집단발달단계

집단발달단계는 집단을 구성하는 성원들의 행동양식에 초점을 둔 구분과 집단에 개입하는 사회복지사를 중심으로 한 구분 등의 다양한 구분이 있다고 본다.

(1) 집단성원의 행동양식 모델[1]

① 1단계: 친밀 전 단계–접근과 회피행동이다

미국 컬럼비아 대학의 심리학자인 토리 히긴스(Tori Higgins)는 인간의 동기를 "접근

1) 갈랜드 등(Garland, Jones & Kolodny, 1965)의 5단계

(4) 중간단계

① 중간단계에서의 원조

- 중간단계에서의 목표달성의 장애요소들을 극복할 수 있도록 원조한다.
- 중간단계에서의 성원들의 노력을 지지하는 집단의 역동을 촉진한다.
- 중간단계에서의 조직과 지역사회가 성원들의 노력에 부응할 수 있도록 원조한다.

② 중간단계의 과업

- 중간단계의 과업으로 집단 모임(회합)을 준비하기
- 중간단계의 과업으로 집단을 구조화하기
- 중간단계의 과업으로 성원의 참여유도와 능력고취
- 중간단계의 과업으로 성원들의 목표달성 원조
- 중간단계의 과업으로 저항하는 집단성원 다루기
- 중간단계의 과업으로 집단진행과정을 모니터하고 평가하기

③ 중간단계의 개입방법

- 중간단계의 개입방법으로 개인 내적 수준의 개입방법
- 중간단계의 개입방법으로 대인관계에서 변화를 일으키게 하는 개입방법
- 중간단계의 개입방법으로 환경 수준의 개입방법

(5) 종결단계

① 계획하지 않은 종결

- 집단이 종결되기 전에 성원들이 참여를 중단해 버리는 종결 유형
- 사회복지사의 사정에 따라 계획되지 않은 종결을 하기도 함

② 종결단계의 과제

- 종결단계의 과제로서 개별성원의 독립적 기능 촉진, 집단에 대한 의존성 감소
- 종결단계의 과제로서 더 이상 집단이 제공하는 서비스가 필요하지 않음을 토론하게 하고 이해시킨다.
  - 노든(Northern): 계획 오리엔테이션 → 탐색과 시험, 문제해결 → 종결
  - 트랙커(H. B. Trecker): 시작 집단감정 출현 → 집단감정, 조직의 출현 → 유대감, 목적, 응집력 발달 → 강한집단감정－목표달성 → 흥미의 조화－집단감정감소 → 종결단계－집단종결결정 강한 집단의식, 집단의식 감소 → 종결
  - 갈랜드와 콜로드니(Garland & Kolodny): 회원가입 전단계 → 권력과 통제단계 → 친숙단계 → 변별단계 → 분리단계

(6) 집단발달단계 구분의 공통점

① 집단발달의 초기단계

집단발달의 초기단계에서는 집단을 계획하고 조직하며 집단성원을 모으는 단계이다.

② 집단발달의 중간단계

집단발달의 중간단계에서는 집단의 목적과 목표를 달성하기 위해 사회복지사와 집단성원 모두 집중적인 노력을 기울인다.

③ 집단발달의 종결단계

집단발달의 종결단계에서는 그동안 집단이 해 온 노력을 정리하고 이에 대해 평가하고 정리하는 단계이다.

3) 노든의 집단발달단계

(1) 집단발달단계의 특징

노든의 집단발달단계는 준비(모집, 계획)단계, 오리엔테이션단계, 탐색과 시험단계, 문제해결단계, 종료단계로 구분한다.

(2) 집단발달단계 구분

① 준비(모집, 계획)단계

- 집단의 목적설정과 잠재적 성원 확보가 이루어지는 단계이다.
- 집단성원의 심리적 불안 해소와 신뢰관계, 집단의식 형성을 위한 환경을 조성한다.
- 집단성원이 실제로 상호작용을 하기 이전 단계이다.

② 오리엔테이션단계

- 일차적 접촉, 성원들이 공통점을 탐색하기 시작한다.
- 집단성원 간에 유대 관계가 생기고 투쟁적 리더를 중심으로 의사소통이 이루어지는 단계이다.
- 불안과 긴장이 가장 높은 단계이다.
- 공통적인 가치와 태도를 집단의 규범과 행동방식으로 형성하는 과정이다.

③ 탐색과 시험단계

- 탐색과 시험단계는 하위집단이 생성되며, 집단의 규범과 가치를 위한 통제기제가 발달하는 단계이다.
- 집단의 목적이 분명해지며 목표 지향적인 활동이 나타난다.
- 조화와 갈등의 관계형성으로 갈등과 긴장 그리고 권력과 통제단계가 존재한다.

④ 문제해결단계

- 집단성원 간에 소속감, 상호의존성과 같은 집단응집력이 고도로 높아진다. 목적에 대해 일치성이 높고 목표달성을 위해 성원 간 협동능력이 극대화된다.
- 협동 및 문제해결능력이 고도화된다. 하위집단이 다양하게 출현한다.

⑤ 종료단계

- 목적 달성 시 또는 기한 도래 시 종료되는 단계이다.
- 응집력의 약화로 인한 분절, 내 외적 환경의 압력으로 인한 부적응 등의 문제시 되었다.
- 집단에 대한 의존성을 줄이고 분리에 대한 정서를 다루는 것이 중요하다.

3 집단발달단계별 사회복지실천

1) 준비단계

(1) 준비단계(계획단계)의 개념

집단이 형성되기 이전에 사회복지사가 집단에 대해 계획하고 구성하는 단계이다.

(2) 준비단계의 과업

① 집단의 목적 설정

② 잠재적 성원 모집과 사정(집단성원 선별)

③ 집단의 지속기간과 회합빈도 정하기

④ 집단구성하기

- 동질성과 이질성 구성하기
- 개방집단과 폐쇄집단 구성하기
- 집단의 크기 구성하기
- 인구사회학적 특성과 다양성 구성하기
- 집단 환경 준비하기

2) 초기단계

(1) 초기단계의 특징

성원들은 다른 집단의 경험, 이전의 관계, 역할 기대와 상호작용에 기초한 기대 등을 가지고 있다.

(2) 초기단계의 과업

① 사회복지사 소개하기

② 집단성원 소개하기

③ 집단목적 소개하기

④ 집단성원 역할 소개

⑤ 개별성원 목표 설정하기

⑥ 집단규칙 설정하기(비밀보장의 한계)

⑦ 집단 참여에 대한 동기부여와 능력 격려하기

⑧ 신뢰감 조성하기: 불안과 저항다루기

⑨ 계약하기

⑩ 집단운영: 프로그램 활동하기

3) 사정단계

(1) 사정의 개념

원조과정에서 절차와 결과(산물)라는 두 가지 측면을 포함한다. 과정으로서의 사정은 정보를 수집하고 조직화하며 판단하는 것을 말하며, 결과로서의 사정은 집단과 성원의 기능에 대해 언어 또는 문서로 진술하는 것이다.

(2) 개별성원에 대한 사정

사회복지사는 집단성원 개개인을 관찰하면서 개별 성원에게서 나타나는 반복적인 행동과 그 행동과 관련되어 있는 인식에 초점을 맞춘다. 각 성원이 다른 성원들과 상호작용하는 방식을 관찰하거나 집단에서의 역할이 무엇인지 확인함으로써 개별성원에 대한 사정을 할 수 있다.

(3) 전체 집단에 대한사정: 집단행동양식, 하위집단, 집단규범 등 사정

① 집단행동양식에 대한 사정

집단 전체의 상호작용이 성원들 간에 지지적인가, 집단은 목표달성을 향해 건설적인 방향으로 진행되고 있는가, 집단 내 권력이나 자원은 특정 성원이 독점하는가 아니면 집단성원들이 공유하는가, 집단 내 의사결정은 민주주의적인 방식으로 이루어지는가 등을 사정한다.

② 하위집단사정

하위집단은 그 자체만으로는 전체 집단에 부정적 영향을 미치지는 않는다. 그러나 하위집단이 집단 내의 타 성원과 밀접한 관계를 허용하지 않는 배타적인 성격을 갖거나 전체집단의 목표를 방해하는 경우에는 해가 될 수 있다.

③ 집단의 규범 확인

사회복지사는 집단의 규범을 확인하고 그 규범들이 개별성원과 집단 전체에 도움이 되는지 또는 해가 되는지를 판단한다.

(4) 집단발달단계별 사정의 특징

① 초기: 집단 및 성원의 기능 수행에 대한 체계적 사정이다.

② 중기: 초기사정 내용에 대한 타당성을 검토하여 그 성공 여부에 기반을 두어서 개입계획 수정이다.

③ 말기: 집단 및 성원의 기능 달성 정도를 사정, 추가적인 개입이 필요한 영역에 주목한다.

(5) 집단사정의 방법

① 성원의 자기관찰: 자기모니터, 도표, 기록이나 일지이다.

② 사회복지사의 관찰: 역할극, 소시오드라마, 사이코드라마, 모의검증이다.

③ 외부전문가의 보고이다.

④ 사정도구: 우울증 진단 척도, 자존감 척도 등이다.

(6) 소시오그램(사회도, sociogram)

① 개념과 특징

- 모레노와 제닝스(J. L. Moreno & H. H. Jennings)가 개발했다.
- 상징을 사용해서 집단 내 성원 간 상호작용을 표현한 그림이다.
- 집단 내에서 성원들 간의 질적인 관계를 파악하기 위한 도구로 집단성원들의 수용－거부과정 평가하는 방법으로 사용된다.

② 소시오그램을 통해서 알 수 있는 정보

- 집단성원의 성별, 성원 간의 친화력과 반감의 유형과 방향이다.
- 하위집단 형성 여부, 소외된 성원 여부, 삼각관계형성 여부 등이다.
- 결속의 강도이다.

(7) 의의차별척도(significance discrimination scale)

의미분화척도이며 두 개의 상반된 입장 중에서 하나를 선택하도록 요청하는 척도인데 5개 혹은 7개의 응답범주를 가지고 있다.

(8) 집단환경의 사정

① **기관사정:** 기관이 집단의 목적에 미치는 영향, 집단에 배분된 자원, 기관 내에서 사회복지사의 지위를 사정한다.

② 기관 간의 환경사정이다.

③ **지역사회 환경사정:** 집단의 관심이나 문제에 관계된 지역사회의 태도에 대해 사정한다.

4) 중간단계

(1) 중간단계의 과업

① 집단모임(회합)을 준비하기이다.

② 집단을 구조화하기이다.

③ 성원의 참여유도와 능력 고취이다.

④ 성원들의 목표달성 원조이다.

⑤ 저항하는 집단성원 독려하기이다.

⑥ 집단진행과정의 점검과 평가(모니터링)이다.

(2) 중간단계의 개입방법

① 개인 내적 수준의 개입방법이다.

개별성원의 사고, 행동, 감정 등의 파악과 분별이며 사고와 감정과 행동 사이의 연관성 파악하는 것이다.

② 대인관계의 변화를 일으키게 하는 개입방법이다.

모델관찰을 통한 학습이며 역할극을 통한 학습이다.

③ 집단 전체에 개입하기이다.

㉠ 의사소통과 상호작용에 개입하기이다.

집단성원이 고르게 집단에 참여하게 하고 의사소통 내용이 초점에서 빗나가지 않도록 명료화하고 초점 잡아주기이다.

㉡ 집단응집력 향상시키기이다.

흥미 있는 프로그램을 실시하고, 집단성원들이 인간적인 만남을 가질 수 있는 기회를 부여하여 집단응집력을 향상시킨다.

㉢ 집단의 규범, 역할, 지위, 위계구조에 대한 사회적 통제이다.

④ 환경 수준의 개입방법이다.

- 성원이 필요로 하는 특별한 자원을 연결해 준다.

5) 종결단계

(1) 종결단계의 특징

집단과정에서 일어난 일들이 통합되는 단계를 의미한다.

집단과정을 통해서 획득한 변화나 기술, 기법 등이 집단이 종결된 이후에도 유지될 수 있도록 계획을 수립한다.

(2) 계획되지 않은 종결

① 집단성원의 중도 탈락에 의한 종결

집단성원이 다양한 이유 때문에 집단참여를 중지하게 되는 경우이다.

② 사회복지사 사정에 의한 종결

(3) 계획된 종결

① 계획된 종결의 특징

계획에 따라 집단이 종결되는 경우이다.

② 성공적인 종결과 성공적이지 않은 종결

(4) 종결단계의 과제

① 성취된 변화를 유지하고 일반화하기

② 개별성원의 독립적 기능을 촉진하고 집단에 대한 의존성을 감소시키기

③ 종결에 대한 감정을 다루기

④ 미래에 대한 계획 세우기

⑤ 의뢰하기

⑥ 평가하기

㉠ 과정평가: 과정평가는 프로그램의 운영 및 활동을 분석하는 것이며, 이것을 근거로 보다 효율적인 집행 전략을 분석하고, 프로그램 내용을 수정 · 변경하거나, 프로그램의 중단 축소, 유지, 확대 여부를 결정하는 데 의미가 있다.

㉡ 결과평가: 결과평가는 프로그램이 기대하고 있는 결과를 내고 있는지, 고객이 요구하는 결과를 내고 있는지를 평가하는 데 필요하다. 결과평가에서 결과는

시대로 접어들었다. 더불어 결혼을 늦추거나 기피하려는 경향이 강해 독신인구도 증가하였다. 현대사회는 노인가구와 독신가구로 대표되는 1인가구가 늘어나는데, 가족규모가 축소되고 구성이 단순화되는 특징을 보여준다. 우리나라 가구규모는 2018년에 2,000만 가구를 넘어섰는데, 1990년에 1,136만 1,000가구였던 것이 약 30년만에 1,000만 가구가 추가로 늘어난 것이다. 2018년 가구 증가율은 1.4%로 인구 증가율 0.4%를 훨씬 상회하는데, 이는 1인가구와 2인가구가 늘어났기 때문이다. 2000년에 1인가구의 비율이 15.5%였던 것이 2017년에는 28.6%로 급격히 늘어났다. 2인 가구 역시 26.7%를 차지해 1~2인가구가 차지하는 비중이 55.2%에 달했다. 1인가구의 32.3%는 60세 이상이고, 34.3%는 20~30대로 고령층과 청년층을 중심으로 1인가구가 형성되고 있는 모습이다(통계청(1), 2018).

(2) 가족 기능면에서의 변화

전통적으로 가족의 기능은 경제적 기능, 지위와 명성 부여 기능, 교육적 기능, 보호의 기능, 종교적 기능, 오락 기능, 애정과 출산의 기능으로 이해되어 왔다. 그러나 현대사회로 오면서 교육적 기능은 다른 교육기관에서 담당하고, 경제적 기능 중 생산기능은 약해지는 등 많은 부분이 사회제도에 점차 이양되어 왔다. 이에 더불어 최근에는 노인과 육아 등 돌봄의 영역까지 공적 영역으로 이전되고 있다. 반대로 급박한 현대사회에서 가족의 정서적 기능은 점점 더 강조되고 있다.

(3) 가족 주기면에서의 변화

결혼연령이 상승하고, 출산자녀의 수가 감소하고, 평균수명이 늘어나면서 자녀출산과 양육 시기는 짧아지고 자녀 출가 후 노인부부만 남는 시기(노후기)는 점차 길어지고 있다. 초혼연령은 1990년에는 남성 27.79세에서 2018년에는 33.2세로, 여성 24.78세 이던 것이 30.4세로 계속 상승하고 있는 추세이다. 특히 20대에서 전년대비 혼인건수가 크게 감소한 것이(남자 13.3%, 여자 8.4% 감소) 눈에 띄는 변화이다(통계청, 2019). 기대수

명도 1980년에 65.7세에서 2017년에는 82.7세로 크게 늘어났으며, 이는 OECD 회원국의 기대수명보다 남자는 1.7년, 여자는 2.4년 높은 수치이다(통계청(2), 2018).

이밖에도 이혼가족과 재혼가족, 외국인과의 혼인이 증가하여 기존의 가족생활주기 단계 및 과업과는 다른 경험을 하는 가족이 늘어나게 되었다. 이 외에도 무자녀가족, 조손가족이 증가하여 사회복지사는 기존의 가족주기 발달과정과 다른 과업을 갖게 될 가족을 조사하고 이해할 필요가 있다.

2) 가족위기론과 가족진보론

현대사회의 여러 변화와 더불어 이혼, 혼외출산, 동거생활, 동성애가족, 한부모가족, 입양가족, 조손가족, 무자녀가족 등과 같이 새롭고 다양한 형태의 가족이 등장하였다. 이러한 변화가 사회에 어떠한 영향을 미칠 것인지에 대해 1980년대까지는 미국을 중심으로 낙관론과 진보론이 압도적이었다(임인숙, 1999).

하지만, 1980년대 후반부터 가족의 변화는 극단적인 위기로까지 치닫고 있다는 경고와 함께 적극적인 사회적 개입의 필요성을 역설하는 목소리가 높아지고 있다(Popenoe, 1993; Glenn, 1993).

(1) 가족위기론

가족위기론자들이 말하는 '가족의 위기'는 단순한 표면적 변화를 말하는 것이 아니라 근본적인 구조 및 기능상의 쇠퇴와 그에 따른 삶의 방식에 있어서의 혼란과 갈등을 의미한다(Popenoe, 1988). 가족이 담당했던 다양한 기능들의 변화를 기존의 양상과는 다른 가족해체로까지 일컬을 수 있다는 게 가족위기론의 인식이다(임인숙, 1999). 가족만이 제공할 수 있다고 믿었던 정서적 유대가 흔들리고, 결혼에 대한 전통적 의미와 규범의 성격은 퇴색하며, 결혼마저 개인적 행복과 자아실현을 위한 수단적 성격이 강조되어 자유로운 선택과 계약에 입각한 하나의 생활양식에 불과한 것이라고 본다(Bellah et al., 1985).

가족 해체위기와 관련하여 가장 큰 사회적 문제는 아동의 양육과 노인의 부양문제이다. 가족변화의 심각성을 강조하는 학자들은 새로운 가족형태의 등장원인을 극단적인 개인주의가 가족에까지도 침투하였기 때문으로 분석한다. 개인의 행복과 자아실현을 절대적 이상으로 삼는 현대사회에서 성원들의 희생과 사랑을 바탕으로 한 가족공동체에 대한 신념은 현저하게 퇴색하고 있다는 것이다(Glenn, 1993; Bellah et al., 1985).

가족위기론을 말하는 신보수주의자들은 가족주의의 재건을 통해 개인주의와 쾌락을 견제하고, 중산층 가치체계에 바탕을 둔 이상화 된 가족으로 돌아가자고 주장한다. 하지만 이는 시대의 흐름을 역행하는 것으로 그 실효성을 재고해 보아야 할 것이다.

(2) 가족진보론

가족위기론자들이 가족제도의 위기라고 주장하는 현상을 다른 각도에서 바라보면 전혀 다른 평가를 할 수 있다. 가족의 변화는 더욱 다양화되어가는 현대사회에 적응해가는 것으로, 개인 선택의 자유가 늘어나고 전통적인 가부장적 불평등관계로부터 보다 가족성원들의 개인적 권리가 존중되는 긍정적 변화로 해석될 수 있다.

이혼율의 증가나 결혼율의 감소를 진보론자들은 가족쇠퇴의 증후로 보지 않고 전혀 다르게 해석한다. 이러한 변화를 가족이나 결혼에 대한 근본적인 가치변화로 보지 않고 불행한 가족관계나 결혼 생활을 굳이 지속할 필요가 없다는 인식의 전환과 성원 개인 삶의 질을 향상시켜야 한다는 보다 적극적인 생활방식을 반영한 것으로, 이러한 변화는 오히려 가족과 결혼제도를 존속시킬 수 있는 보다 성숙한 관계로 보는 것이다. 즉, 대부분의 현대인에게 이혼은 불행한 결혼생활을 청산하고 새로운 삶의 기회를 모색하는 적극적인 삶의 방식일 뿐 반드시 가족가치가 흔들리는 것을 의미하지는 않는다는 것이다(Skolnick, 1991).

이상 현대사회의 가족변화에 대한 기존의 논쟁들을 위기론과 진보론이라는 대립적 관점으로 비교하여 보았다. 이러한 대립적인 관점은 지나친 단순화의 위험에도 불구하고 논점을 선명하게 부각시킬 수 있다는 점에서 유용한 것으로 그 내용은 다음 표로 요약 정리할 수 있다(이혁구, 1999).

표 11-2 가족위기론과 가족진보론 비교

대립적 관점 / 각 쟁점	가족위기론	가족진보론
이상적 가족 형태	성별 분업에 기초한 핵가족	존재하지 않음
중심적 가족 가치	가족공동체, 특별한 정서적 유대, 상호의존	개인적 만족, 자기발전, 독립성
이상적 부부 관계	성별 분업에 기초한 동반자(남성 중심적)	동업자(남녀평등 강조)
새로운 가족유형들(한부모, 독신, 동거, 동성애 가족 등)	가족제도의 위기 증후	대안적 가족형태
가족 변화의 원인	개인주의, 이기주의, 쾌락주의	가부장제의 모순과 자본주의 경제구조의 불안정성
대책	전통적인 가치의 복원 분명한 성역할 정립	적극적 사회복지정책을 통한 전통적 가족기능의 사회화

출처: 이혁구(1999).

3) 대가족과 핵가족

가족제도(family institution)는 가족의 구성 또는 기능 등으로 나타나는 사회의 가장 중요한 단위인 사회제도이다. 가족제도를 통해서 인류가 형성되었다.

원시시대부터 문명이 시작되면서 가장 오래 지속되어온 가족제도는 대가족제도이다. 원시인류가 농사를 짓기 시작하면서 수확을 위해 대규모의 노동력이 필요했고 그 모임의 최소단위가 가족이었다. 이 시대의 '가족'은 하나의 생산단위이자, 사회조직의 기초 단위이며, 동시에 교육의 장이기도 했다. 학교, 종교, 농장, 공장, 규범 등 사회가 필요로 하는 거의 대부분의 기능이 '가족'에 집중되어 있었다. 당연히 대부분의 가족은 여러 구성원들이 복잡하게 얽혀있는 대가족 형태였다. 모계사회에서 부계사회로 전환되는 중세봉건사회에서 가부장제도로 대표되는 대가족제도는 점점 발전하였다.

근대화와 함께 이러한 가족의 기능은 차례차례 분리되었다. 산업화, 민주화를 거치면서 가족성원이 농촌을 떠나 도시로 흩어지며 점점 핵가족사회로 바뀌었다. 농경 사회의 생산단위적 성격이 많이 희석되면서 기존에 가족이 사회에서 담당했던 역할은 국가 혹은 사회의 전문조직에게 흡수되었다. 가족의 의미는 사회문화적 성격에 더 초점을 맞추게 되었으며, 핵가족이 가족의 주요 유형으로 자리 잡게 되었다.

대가족과 핵가족의 특징을 살펴보면 〈표 11-3〉과 같다.

표 11-3 대가족과 핵가족의 특징

대가족	핵가족
• 이미 이루어진 부모의 가정에서 장남이 결혼하여 함께 생활한다. • 부부간의 이혼이나 한쪽의 사망이 가족의 존속을 위태롭게 하지는 않는다. • 가족원은 협력하여 노인을 모시고 가족 간의 문제를 해결하거나 자녀 돌보기를 함께 하므로 심리적 안정을 얻는다. • 어린이도 원만한 성격과 적응 능력으로 사회성 발달이 순조롭다. • 3세대가 함께 생활하므로 예전의 생활 방식을 그대로 따르는 경향이 있어 생활 개선이 어렵다. • 고부간의 갈등이 생기기 쉽고 민주적인 가족 관계가 어렵다	• 가족의 중심이 부부이며 애정을 바탕으로 결합된다. • 가족원 간의 관계가 비교적 평등하고 자유롭다. • 개인생활이 분명하고 독립심이 강해지며 가사를 분담한다. • 가족원의 수가 적고 생활이 단순하므로 편리에 따라 이사하기가 쉽다. • 부부간의 애정이 식으면 쉽게 이혼을 하고 이혼 후에 재혼하는 경우도 많다. • 이혼과 재혼에 의하여 자녀 문제가 생기고 복잡한 가족 관계가 형성되어 가족 문제가 생길 수 있다. • 노인 문제가 생긴다.

출처: 글로벌세계대백과사전(2004).

이러한 변화를 시대별로 보면 크게 3가지 단계로 나눌 수 있다.

① 과거~농업시대: 대가족

② 산업혁명~현대시대: 핵가족

③ 현재~미래시대: 1인가구

4) 가족 형태의 다양화

이후 정보 사회로 접어들면서 '가족'이라는 개념은 또 다른 전환기를 맞이한다. 출산율 저하와 노인인구의 증가로 구성원이 단 한 사람만 있는 1인가구가 폭발적으로 늘어나기 시작한 것이다. 기초적인 인간관계의 장이라는 가족이 가졌던 사회문화적 역할조차 퇴색되었으며, 숙식 정도의 원시적인 기능만 건재한 상황이다. 1인가구의 연령 분포도 30~40대 청년층과 노년층이 특히 많이 차지하고, 다른 세대에서도 그 비중이 넓어지고 있어, 특정 세대만의 이야기라 할 수 없는 상황이다(통계청, 2018). 기존의 핵가족 또한 맞벌이에서 주말부부, 기러기 아빠로 이어지는 재편 과정을 거치면서 가족에 투자할 수 있는 시간조차 극히 드물게 되었다. 자녀들도 예외가 아니다. 부모 모두 돌봐줄 여력이 되지 않아 조부모가 양육을 대신하는 모습이 다시 나타나고 있으며, 아예 일찍부터 기숙사 생활을 해서 부모님보다 선생님 혹은 친구들 얼굴이 더 익숙한 경우도 적지 않다. 과거의 가족이 거의 모든 생활시간을 가족에 투자했던 것과는 매우 다르다. 또한 동성애가족이나 외국인과의 혼인을 통한 가족의 구성도 점점 늘어나고 있어 가족의 개념을 새로 정립해야 할 정도로 다양화되고 있다.

표 11-4 여러 가지 새로운 가족의 형태

구분	내용
딩크족(DINK: Duble Income No Kid)	맞벌이를 하며 자녀를 가지지 않는 가족 형태
조손 가족	부모 없이 할아버지 혹은 할머니와 손자 혹은 손녀가 함께 거주하는 가족 형태
한부모 가족	아버지 또는 어머니가 배우자와 사별 또는 이혼한 가족 홀아버지나 홀어머니와 자녀들로 구성된 가족 형태
다문화 가족	서로 다른 국적, 인종, 문화를 가진 남녀가 이룬 가정
싱글맘	남편 없이 홀로 아이를 키우는 것을 자발적으로 선택한 점에서 미혼모, 한부모와 다른 개념의 가족 형태, 학력과 소득이 높은 독신 여성 증가와 관계 있음

출처: 글로벌세계대백과사전(2004).

5 가족체계

체계적 관점에 의하면 우리는 생물적·심리적·사회적·환경적 현실이 서로 연결된 사회에 살고 있으며, 개인은 개인의 위치와 역할을 중심으로 상호 연계되어 있다. 가족도 사회체계의 한 유형으로, 가족은 상호의존적이며 상호작용하는 가족성원 개개인들로 이루어진 전체이다. 체계로써의 가족은 부분으로서 통합하려는 성질과 개성을 유지하는 성질을 가진다. 또한 부분은 하나하나가 통합된 전체이므로 부분을 보면 전체를 알 수 있다.

가족성원은 상호 의존하는 관계로 한 사람의 행동이 다른 가족에게 영향을 미치며, 이는 반복적인 상호작용으로 유형화된다. 체계로서의 통합성을 유지하는 한편 경계를 형성하여 외부체계와 구분되기도 한다.

이 모든 체계들은 서로 상호작용하면서 에너지를 교환한다. 따라서 가족을 대상으로 하는 실천에서는 가족성원 개개인에 초점을 맞추기보다는 전체로서의 가족에 중점을 둔다. 콜린스 등(Collins et al., 1999; 이화여자대학교 사회복지연구회 역, 2007)은 가족체계에 대한 주요 가설들로 다음 6가지를 설명하였다.

① 전체로서의 가족은 각 부분의 합 이상이다

가족은 체계로서 개별가족성원들로 이루어진 전체이지만, 각 가족성원들의 합은 단순한 부분의 합 이상의 성질을 갖는다. 즉 하나의 사회체계로서 가족은 각 개인의 개인적 특성의 합보다는 크다는 것으로, 상호작용을 통해 부분의 합 이상의 무엇을 만들어 낸다는 의미이다. 따라서 각 개인들의 행동을 이해하기 위해서는 가족원들과의 상호작용 속에서 관찰해야 한다는 것이다. 따라서 각 성원들의 고립된 부분만을 조사해서는 전체를 알 수 없다는 것이며, 특성보다는 관계에 초점을 맞추고, 관찰결과가 맥락에 따라 다르게 나타남을 인정해야 한다.

② 가족은 변화와 안정성의 균형을 맞추려고 노력한다

현재의 상태를 유지하기 위해 애쓰는 것을 '항상성(homeostasis)'이라고 하는데, 체계는 외부환경의 변화에 따라 항상성을 가지려고 한다. 가족은 변화하는 외부환경과 가족원들의 성장욕구에 반응하여 계속해서 성장하도록 압력을 받음과 동시에, 현재의 상태를 유지하기 위해 노력한다. 안정과 변화라는 서로 상반된 욕구 사이에서 균형을 찾기 위해 노력한다. 때문에 가족은 안정을 유지하기 위해 계속해서 적응하고 변화해야 한다. 위기 상황으로 가족들이 변화와 적응에 대한 압력을 느끼게 되면, 새로운 가족기능을 수행하기 위해 새로운 행동패턴을 만들게 되고, 이어서 새로 수정된 가족균형 상태로 이어지게 된다(도광조, 2018).

③ 한 가족원의 변화는 가족성원 전체에 영향을 미친다

사회체계로서의 가족을 이해하기 위해서는 가족 중 한 구성원의 변화가 다른 모든 구성원에게 영향을 미친다는 것을 알아야 한다. 이러한 점을 이해하고 있어야 한 명의 가족원이 변화를 시도하거나 사회복지사가 가족을 변화시키려고 할 때 가족과 구성원의 반응을 이해할 수 있다. 가족원 중 한 명이 다르게 행동하려한다면, 다른 가족구성원들은 항상성을 가지기 위해 이러한 변화를 저지하려고 할 것이다. 하지만 가족원이 성공적으로 변화한다면, 이러한 변화는 결국 가족성원 전체에 영향을 미칠 것이다.

④ 가족성원의 행동은 순환적 인과관계로 가장 잘 설명할 수 있다

가족체계는 관계중심성을 갖는다. 개인은 '누구의 자녀', '누구의 배우자', '누구의 형제'와 같이 상대적인 개념을 짓는 관계구조의 한 요소가 된다.

이러한 상호의존적인 관계구조는 행동에 있어서도 순환적인 인과관계로 나타난다. 따라서 사회복지사는 가족의 행동을 분석할 때 가족구성원 사이의 상호작용적 순환패턴을 잘 살펴야 한다. 이러한 순환적 인과관계는 사건 A가 B에 영향을 미치고, 다시 사건 B가 A에 영향을 미치는 상황을 말한다. 따라서 가족이 가진 문제점을 해결하기 위해서는 문제의 원인이나 근원보다는 문제를 유지하게 하는 가족의 상호작용에 초점을 맞출 필요가 있다. 즉 현재의 문제가 누구의 책임인지, 누가 근원인지를 밝히는 것보다 어떻게 상호작용 패턴을 변화시킬 수 있는지에 중점을 두어야 한다.

⑤ 가족은 보다 큰 사회체계에 속하며 많은 하위체계로 이루어져 있다

모든 체계들은 다양한 하위체계들로 구성된다. 또 모든 체계들은 보다 넓은 체계 내에 놓이게 된다. 가족에도 상위체계와 하위체계가 있으며 그것은 다음과 같다.

표 11-5 가족의 상위체계, 하위체계

상위체계	확대가족, 지역사회, 도시, 이웃, 커뮤니티
가족체계	
하위체계	부부체계, 부모자녀체계, 형제자매체계, 개인

하위체계는 전체의 부분들로 서로 영향을 주고받는다. 가족은 일반적으로 공존하는 많은 하위체계를 가진다. 가족하위체계는 세대, 성(gender), 흥미 또는 기능 등 여러 가지 변수에 따라 형성된다. 부부하위체계는 일반적으로 애정과 책임감을 가지는 특징이 있고, 부모하위체계는 양육, 지도, 훈육, 권위를 다루는 특징이 있다. 형제자매 하위체계는 첫 번째 또래집단을 형성하며 협상, 협동, 경쟁, 상호지지의 특성을 가진다.

이러한 체계와 체계 사이에는 '경계'라는 것이 있는데, 경계란 체계를 규정짓고 체계와 다른 체계 사이, 그리고 체계 내 하위체계와 상위 체계 사이의 고유영역이나 접촉된 지점을 말한다. 이 경계는 그 느슨한 정도에 따라 가족성원들에게 정서적으로 다르게 나타나게 되는데, 경계가 명확하면 기능적이고 나와 너가 구분됨과 동시에 우리가 존재한다. 하지만 경계가 명확하다 못해 너무 경직되어버리면 우리는 없고 나만 존재하게 되며 정서적으로 서로 차단되는 가족이 된다. 반대로 경계가 너무 느슨해져버리면, 밀착도는 높아지지만 구성원 개인은 없어지고 구성원을 속박하며 '나'가 아닌 '우리'만 존재하게 된다.

⑥ 가족은 기존규칙에 따라 움직인다

가족규칙은 가족 내에서 허용되는 것과 금지되는 것을 결정한다. 가족규칙은 항상성을 유지하는 역할을 한다. 가족은 가족규칙에 따라 가족환경을 편안하게 유지시킨다. 가족규칙에 따라 누가 청소를 하고, 누가 양육을 할 것이며, 누가 생활비를 벌고, 어떻게 나누어 쓸 것인지가 결정된다.

이렇게 가족규칙은 가족원들의 행동을 통제하지만 대부분의 가족규칙은 문서화되어 있지는 않다. 때문에 사회복지사는 세밀한 관찰을 통해 가족의 규칙을 파악하고 이해하여야 한다. 사회복지사는 가족의 규칙을 이해함으로써 가족문제에 대한 해결책에 한 발 더 다가설 수 있을 것이다.

[PART]

5

제언 및 전망

CHAPTER

12 다양한 가족과 일하기

다양한 삶의 양식을 하나로 정의하는 것에는 문제가 제기될 수 있다. 가족이란 무엇인가? 라는 질문 자체를 부정하는 것은 아니다. 우리가 경험하는 가족의 모습은 다양하고 또 이러한 다양성 자체가 나름대로 의미를 가진다. 가족 정의에서의 오류는 가족을 실체를 가진 하나의 고정된 사물로 인식하는 경향이 있다. 그러나 가족은 사람들이 생각하는 하나의 사고방식으로 사람들이 살아가는 현실에서 가족의 의미는 끊임없이 구성되며 해체 · 재구성되고 있다(성미애, 2019).

가족의 건축가는 부모이다. 가족은 부모가 구성하는 구조적 배치, 역할, 규칙 등에 의해 건강한 가족생활의 기초를 형성한다. 따라서 다양한 가족은 전통적인 가족구조를 띠고 있지만 가족구성원이 재혼, 입양, 국제결혼 등을 통해 재구성된 가족이다. 이는 정형적인 가족형태임에도 불구하고 가부장적 제도와 규범의 제약을 받는 한계를 갖고 있다(양옥경, 2005). 이에 사회적 지원방안은 이러한 법적 · 제도적 제약을 완화하고 사회적인 편견과 낙인을 해소하는 것에 렌즈를 조절하여 맞추어 나갈 필요가 있다. 가족 밖 환경체계에서 지원망을 형성함과 동시에 가족 간 새로운 응집력을 결속할 수 있는 과제가 필요하다. 즉, 가족에게는 일관성 있는 기대와 결과를 주는 것이 중요하며 권위와 책임의 선이 명확하고, 상호 존중이 유지되는 한 어떤 유형의 가족이든 제대로 기능 발휘될 수 있다.

가구의 세대수별 분포는 여러 세대가 함께 거주하는 가족형태가 지속적으로 줄어드는 방향으로 변화하였다. 한국 가족형태의 변화는 '부부 가족' 및 '1세대가구'처럼 핵가족보다 더 작은 '초 핵가족'의 증가, 1인가구와 같은 '비 가족(non-family)' 형태가 증가하고 있다. 이는 가족형성이 어려워지고 있음을 보여주는 현상이라 할 수 있다.

현대 사회에서 전개되는 다양한 가족유형을 객관적인 현상으로 인식하고 좀 더 본질적인 접근으로 인간존엄성과 삶의 질로 바라볼 필요가 있다. 다양한 가족형태는 가족의 구조적 측면에서 사회적으로 소외되고 빈곤한 가족으로 전락하기 쉬운 경제적 상황과 가족 내 보호기능이 취약한 특성을 가지고 있다(양옥경, 2005).

가족에 대한 사회지원체계를 보면 가족 구조(한부모가족, 미혼모가족, 무자녀가족, 노인가족), 가족구성원 특성(재혼가족, 입양가족, 국제결혼가족), 가족 생활양식(맞벌이가족, 주말가족, 기러기가족) 그리고 탈근대(미혼모독신가족, 공동체가족, 동성애가족)라는 네 가지 측면으로 구별하여 볼 수 있다. 이에 사회적 지원방안의 대안 요소들은 '가족자원에서의 문제', '가족과정에서의 문제', '삶의 질 관련문제' 등 적용한 문제 내용들을 재구성한다. 따라서 '경제지원'과 '정서지원', 그리고 '위기지원'은 대부분의 가족유형에서 공통으로 나타나는 문제로 볼 수 있다. 이외에 가족의 다양한 측면에 따라 '소득지원', '법적·제도적 지원', '사회지원', '가족관계 및 기능유지지원' 등을 적용하여 지원방안을 제시할 수 있다(한국보건사회연구원, 2004; 양옥경, 2005 재인용).

1 개요 및 목표

1) 다문화가족

한국의 다문화 현상에 대한 인식은 보편적으로 관대하고 개방적인 방향으로 전환되었지만 정서적 측면에서는 변함없이 배타적이다. 또한 노동시장에서 차별 철폐 및 법적 권리 보호에 긍정적 태도이지만 사이버상의 적대감이 높다. 여전히 결혼이주여성을 가난한 나라의 이방인으로 바라보는 시선이다. 다문화사회에 대해서 학생들의 인식은 개방적인 태도를 보이고, 다양한 인종과 종교, 문화적 다양성의 확대가 중요하다고 생각한다. 그러나 동시에 한국이 단일 민족혈통을 유지해 온 것에 대해서는 자부심을 느끼는 것으로 나타났다. 이러한 인식은 다문화 사회에서 건강한 생각이지만 하나라는 잣대로 보는 순수 혈통의식은 우리 사회의 상황이 좋을 때는 건강하게 병존이 가능하다. 그렇지만 우리 사회의 상황이 복잡해지면 부메랑이 되어 어떻게 작용할지 모른다.

결혼이주 여성의 지역사회 참여는 자신을 동화의 대상으로 규정짓지 않고 한국사회의 사회적 관계망과 상호작용함으로써 변화의 단초를 이루어 자신을 역량강화시키고 있다. 또한 결혼이주 여성들은 아내와 엄마의 역할에 갇히지 않고 한국사회의 시민으로서 여러 영역에 참여하면서 자신들을 시민으로 통합시키고 있다.

2006년 다문화 다민족 사회로의 전환선언을 하였고 '여성이민자 가족 및 혼혈인, 이주자 사회통합 지원방안'을 중심으로 다문화정책을 시작하였다. 2008년 「다문화가족지원법」이 제정되었으며, 제정목적은 다문화가족구성원이 안정적인 가족생활을 영위할 수 있도록 함으로써 이들의 삶의 질 향상과 사회통합에 이바지함을 목적(제1조)으로 하고 있다. 결혼이민자가족지원센터 개소(2006)에서 다문화가족지원센터로 명칭변경(2008) 운영하였다. 나아가서 제1차 다문화가족정책 기본계획(2010~2012)을 시행하였으며 제2차 다문화가족정책 기본계획(2013~2017)을 시행하였다.

2) 북한이탈주민 가족

한국정책에서 북한이탈주민들은 그들을 다문화정책에 포함시키는 것에 대하여 단호한 거부감을 표현한다. 그 이유는 "남북은 다 같은 언어를 사용하며 한민족으로 우리 북한이탈주민은 남한사람을 같은 민족으로 보고 있다. 그런데 남한은 그런 시각으로 보지 않는 것 같다"고 한다. 여기서 그들은 '다문화'라는 용어의 해석에 있어서, 문화가 다른 곳에서 와서 다문화 속에 포함시키는 것은 이해가 되지만, 이성적으로 받아들여지지가 않는다고 한다. 이들은 조선족 · 중국 사람들보다 더 편견을 가지고 보고 있다고 호소한다. 북한이탈주민을 '미리 가 본 통일'이라는 시각으로 바라볼 필요가 있다. 지금은 북한이탈주민을 다문화 속에 포함시키고 있지만, 현재 한국현실을 감안하여 이들에게 평화감수성으로 다가가 정서적 지지차원에서 이해를 도모하고자 한다.

북한과 상이한 남한의 사회경제와 문화 속에서 적응의 어려움을 겪고 있다. 새로운 정착지에서의 급격한 변화로 인하여 난민이주민 가족보다 더 많은 가족갈등의 문제와 정신건강에서 취약하다. 남한 사회에 진입하기까지의 과정에서 극도의 긴장감과 불안을 경험하며, 인적 · 물적 자원이 부족하고 심리사회적인 스트레스에 직면해 있다.

표 12-1 북한이탈주민의 SWOT 분석: 내 외부역량강화 전략

내부역량 / 외부환경	강점(S)	약점(W)
	• 고난극복 • 새로운 아이디어 구현 • 자립 · 자활의지	• 의식구조의 차이 • 사회적 편견 • 문화지체
기회(O)	**강점 · 기회(SO)전략**	**약점 · 기회(WO)전략**
• 교육기회 • 적성과 개성의 실현 • 신앙생활	• 교육기회(면학+직업교육) • 적성과 개성실현 • 자영업개발	• 시장경제에 걸 맞는 가치관 • 지식 및 관리시스템 구축 • 취업능력보육
위험(T)	**강점 · 위험(ST)전략**	**약점 · 위험(WT)전략**
• 정서 · 심리적 불안 • 가족해체 • 새로운 환경과 이질감	• 자립자활의지 고양 • 남한 사회에 대한 우수성	• 사회적 편견 불식 • 의식구조 변화

3) 조손가족

아이가 친부모로부터 격리되어야 할 때 친척들을 먼저 고려하며 대부분이 조부모이다. 최근에는 점점 더 많은 조부모들이 자신의 손자녀들의 주보호자가 되고 있으며 이는 이들의 역할이 더욱 확대되어 가고 있음을 의미한다. 그래서 조부모들은 손 자녀들의 삶 속에서 중요한 역할을 차지해 오고 있다. 그러나 조부모 개개인에게 현실적이고 의미가 있어야 한다. 그러한 목표들은 민족적 정체성에 대한 조부모 자신의 인식과 전해 내려오는 전통적 가치 및 규범에 부합해야 함을 의미한다. 모든 조부모들이 전통들을 동일하게 고수하는 것은 아니라는 점에서 전통들에 의해 제한을 받아서는 안 된다. 오히려 지역사회에서 리더적 역할을 수행하고 자신의 능력을 개발하고 싶은 바람을 무색하게 할 수도 있다.

조부모들이 손 자녀를 돌보기 시작하면서부터 자신들의 사회활동을 포기해야만 하기 때문에 사회적 고립감이나 소외감에 직면하게 된다. 민족성과 문화가 이러한 조손가족들의 경험에 어떻게 영향을 미치는지를 살펴보는 것은 중요하다.

4) 한부모가족

부모 중 한 쪽의 사망, 이혼, 유기, 별거 등으로 인해 한쪽 부모가 없거나 법적 · 현실적으로 한쪽 부모역할이 없는 가족을 의미한다. 현재는 이들 용어가 주는 부정적인 이미지, 사회적 낙인 등을 이유로 '한부모가족'으로 통일하여 사용한다.

「한부모가족 지원법」으로는 모자복지법(1989년) → 모 · 부자복지법(2002년) → 한부모가족지원법(2007년)으로 변천해 왔으며, 이는 한부모가족의 생활안정 및 복지증진이 목적이다. 따라서 한부모가족 현황은 꾸준히 증가하는 추세이며, 경제적 어려움, 역할과중, 사회관계망 제한 등의 문제를 복합적으로 경험할 가능성이 높다. 이로 인하여 가족원의 삶의 질에 중요한 영향을 미치고 있다. 한부모가족의 가장 큰 잠재적 강점으로는 가족구성원의 자립정신과 자립능력이라 할 수 있다. 한부모들이 스스로 평가한 강점으로는 가정운영기술(40%), 재정적 자립(29%), 양육기술(59%), 자녀와의 커뮤니케이션 향상(28%), 개인적 성장(23%) 순이었다(Richards & Schmiege, 1993).

5) 재혼가족

가족마다 역사를 가지고 있어서 재혼가족은 가족구성원들이 정체성을 확립하고 가족 유대감을 갖는 데 초혼보다 더 많은 노력과 시간이 소요된다. 또한 재혼가족은 우리 사회에 존재하는 가족유형 중의 하나임에도 불구하고 사회적으로나 학문적으로 소외시 되고 있다. 그로 인하여 계부모역할이나 자녀관계 등에 대해 부정적 선입견이나 이에 기초한 부정적 신화나 잘못된 통념만이 난무하다. 최근 우리 사회에서 발생하는 재혼의 인구학적 변화양상은 재혼율이 가파르게 상승하고 있다는 것이다. 그리하여 재혼가족에 대한 이해가 촉구된다.

사회변화를 반영하는 결과로 여성의 재혼이 현저히 늘어났다는 사실이다. 남성보다 앞서는 여성의 재혼율 등은 우리 사회의 이혼율의 상승으로 인하여, 재혼율이 지속적으로 증가할 것이라는 예측을 낳게 한다. 또한 재혼율의 상승과 이혼율의 상승은 동전의 양면과 같은 관계로 볼 수 있다.

부모-자녀관계에서 친부모를 만나지 않더라도 자녀들의 기억 속에는 친부모가 존재하고 있어 실제 생활에 영향을 미친다. 재혼 전 서로에 대한 충분한 이해와 친구와 친척들이 인정하는 상대로 역할변화에 융통성 있게 적응해야 한다. 재혼가족의 성공적 적응을 위한 요소로 가족원에 대한 현실적인 기대, 견고한 부부관계형성, 만족스러운 계부모-계자녀관계형성하여 전 배우자와 협조관계를 구축하는 것이 필요하며, 새로운 가족문화를 만들어 가야 한다(성미애, 2019).

2 주요 가정 및 특성

1) 다문화가족

복합적인 욕구해결을 위한 맞춤형 서비스 및 지역사회 자원연계활동을 통해 한국생활에서 안정적 정착 및 자립을 위한 역량강화에 사례관리의 궁극적 목적으로 본다. 이에 부흥하여 좀 더 큰 의미와 영향을 주는 활동으로 상담기술의 병행이 필요하다. 가족 및 친인척의 지원이 적은 관계로 사례관리자에 대한 기대와 의존도가 높아 내국인가족 대상의 사례관리보다는 다문화가족 서비스 대상자들에게 좀 더 큰 의미와 영향을 주는 서비스로 인식하고 있다.

대상자 선정은 이후 사례관리 과정에서 사례관리자의 개입의 적절성, 실천의 점검 등에도 영향을 미치기 때문에 사례관리 대상자 선정에 대한 어려움이 있다. 상담중심에서 교육을 통한 실천과정으로의 선회 및 정립으로 인식이 변화되었다. 서비스 계획서 작성은 나침판의 역할로 가족의 도움이 필요한 상황이다. 이주여성이 갖고 있는 신체질환 및 한국어교육, 자녀양육, 취업과 관련된 욕구 이외에 대해서 이해하려하지 않는 상황이다. 그로 인하여 이주여성이 갖고 있는 심리정서 및 배우자로 인한 어려움에 대해서는 외면하는 태도를 취하는 경우가 종종 있다.

다문화가정의 외국인 모는 아이의 발달과정에서 초래되는 특성과 한국의 낯선 양육환경이 자신의 언어적 · 문화적 다름과 맞물려 여러 가지 갈등과 혼란을 초래한다. 이러한 현실을 인식하고, 그 문제를 해결하기 위해 다문화가정의 부모는 노력하고 있다. 다문화가족자녀가 학교와 사회에서 공통적으로 경험하는 어려움은 왕따, 정체성 혼란, 학업부진, 학교부적응, 폭력의 대상, 사회적 소외 등에 노출되어 있다. 또한 다문화가족자녀들은 한국말이 서툰 부모를 창피하게 여기고 무시하는 경우가 있어 이러한 이유로 부모-자녀관계에 갈등이 일어난다. 이때 나만의 '양육신념을 지키기'로 삶의 태도를 다져 나갈 때 자긍심을 갖게 하는 효과를 얻을 수 있다.

다문화가정의 외국인 모를 일방적인 수혜자로만 접근하는 것이 아니라 이들의 강점개발과 잠재적 능력발휘에 초점을 두고 지원정책을 구성할 필요성이 제기된다. 자녀의 성장과정에서 나타나는 다양한 문제행동에 부모가 대처할 수 있도록 부모교육, 코칭, 상담, 치료프로그램들을 개발하고 실시함으로써 다문화가정 부모들의 역량을 강화해 주어야 한다.

또한 그들은 결혼이주여성 모임뿐만 아니라 한국 어머니들과의 모임이 매우 필요함을 호소하고 있다. 한국여성들과의 모임은 자녀양육에 대한 정보의 통로, 자녀의 친구 만들기, 한국생활의 적응 부분에서 이주여성 모임과는 또 다른 유용한 도움이 되기 때문이다. 그래서 비슷한 연령대의 한국 어머니들과 1:1 멘토링, 품앗이 등 다양한 모임과 만남의 장으로 확대해 나갈 필요가 있다.

2) 북한이탈주민 가족

북한이탈주민 가족의 대해 좀 더 이해를 도모하고자 '북한가족 제도의 변화' 변천과정을 다음과 같이 제시하였다. '가정의 혁명화'는 1968년 3월 조선민주여성동맹 회의에서 처음 제기되었다. 가정을 삶과 행복을 추구하는 단위가 아니라 '공산주의 혁명을 수행하는 데 필요한 하나의 세포조직'으로 보았다(탈북자동지회, 2004). 가정에서 자녀를 '당을 위해 언제든지 목숨을 바칠 수 있는 결사대'로 키워야 한다고 주장한다(미래한국, 2014). 가정의 혁명화는 자신과 연결된 친인척들의 사상문제나 행동까지 연대책임으로 강요되고 있다(조선일보, 2001).

첫째, 1단계(1945~1953년)에서는 가장을 중심으로 하는 가족의 서열구조 및 조상숭배 풍습이 사회주의 건설에 장애요인으로 작용한다고 보았다. 이를 통하여 가정에 남아 있는 봉건적 잔재를 없애고 혼인과 이혼의 자유를 법적으로 보장했다. 1946년 호적제도폐지 후 공민증제도를 실시하여 전통적 가족관계를 배제시켰다. 1946년 남녀평등법, 노동법, 기타 사회주의화 조치로 전통적 가족관계를 해체하고 이를 사회주의적 가족관계로 대체하였다. 이는 '사회주의적 가족' 건설을 위한 제도적 장치를 마련하였다.

둘째, 2단계(1954~1960년)에서는 가족집단의 해체와 원초적 사회관계말살로 1958년 농업 집단화, 배급제도, 개인 상공업 국유화, 5호 담당제 등 사회주의적 개혁조치를 강행하여 가족 내 봉건적 유습청산, 가족중심 경제활동에서 집단주의적 경제활동으로 전환하였다.

셋째, 3단계(1961~1972년)에서는 가정의 혁명화는 가정으로부터 여성해방을 내세워 전통적 가족기능으로 말살을 시도하였다. 여성의 사회진출 본격화, 유치원, 탁아소에 의한 '사회주의적 인간' 양성, 부모의 자녀양육기능 박탈, 집단주의적 생활양식의 제도화, 가족성원의 사상적 동지화를 강조하였다.

넷째, 4단계(1973~1980년)에서는 '가정혁명화' 완성, 동 단위의 밥 공장, 찬 공장 설치 및 탁아소 운영 본격화하여 가족의 원초적 기능인 사회화 기능을 국가로 이전하였다. 부모-자녀 관계는 이차적 관계로 가족의 유대와 정서적 기능을 말살시켰으며, 사회주의적 가족형태 확립으로 전통적 대가족이 소가족화 되었다. 그러나 가족성분은 사회적 차별의 절대 기준으로 가족의 출신성분이 강조되었다.

3) 조손가족

아이부모의 부재에 대한 상실감과 슬픔은 관계형성에 영향을 미치고 양육을 더욱 어렵게 하므로 조부모 가족들이 직면하고 있는 문제들은 개인 및 가족 상담을 필요로 한다. 그리하여 서비스에 대한 욕구가 높음에도 불구하고 이에 대한 접근을 꺼려하는 경향이 있다. 손자녀 양육을 부끄럽게 생각하고 가족 안의 실패로 보아 이와 같은 낙인이 도움을 구하는 데 방해가 될 수 있다.

동화가 덜되고 문화적 전통을 고수하는 조부모는 양육권을 가진 조부모로서의 역할을 수용하는 것을 규범적인 의무로 간주해 도움을 받는 것을 전통적인 기대 및 규범들과 갈등을 초래할 수 있다고 생각할 수 있다. 또한 아동양육에 대한 공식적인 훈련은 제한되어 있으며 아동을 보호하기 위해 가족을 돕고 설계된 시스템이 조부모들에게는 위협적일 수도 있다.

신입 사회복지사들은 아이들이 잘못된 경우 조부모의 탓으로 돌리려는 태도를 보일 수 있고, 손자녀 양육에 대한 그들의 능력을 의심할 수도 있다. 이들이 서비스 이용이 낮다고 해서 실제적인 서비스 욕구가 낮다고 인지해서는 안 된다. 서비스 이용을 돕기 위한 전제조건으로 문화와 민족성이 어떻게 조부모들의 도움을 찾는 행동 및 서비스 지원에 대한 영향을 미치는지에 대한 이해가 필요하다. 이것은 사회복지사들로 하여금 도움의 필요성에 대한 다양한 민족 문화적 관점들, 도움을 받는 것 자체에 대한 낙인들, 다른 민족 집단으로부터 도움을 받는 것에 대한 수용성 등에 대한 이해를 요구한다(Elaine et al., 김욱 외, 2016).

문화는 사람들이 상호작용하고 행동들을 해석하는 방법들에 영향을 미치는 것으로, 조부모들이 자신의 역할들을 경험하는 방식을 결정하는 주요 요인이다. 가족 내에서 이야기꾼, 가족의 사학자, 특별한 때 베이비시터 이상의 역할들을 수행한다. 현재는 그들의 선택이라기보다 필요로 인해 그렇게 해야만 하는 것이다. 그리하여 법적 양육권을 가진 조부모들은 높은 비율로 우울증, 부적절한 자기평가의 건강상태, 만성적 건강문제들, 일상 활동을 제한하는 가능성의 문제들을 갖고 있다(Emick & Hayslip, 1999; Elaine et al., 김욱 외, 2016 재인용). 나아가 심각한 문제행동들을 가진 손자녀를 돌보는 것은 조부모들의 정신건강에 부정적인 영향을 미친다(Kelly et al., 2011; Elaine et al., 김욱 외, 2016 재인용).

4) 한부모가족

한부모가족과 여성사회권을 살펴본 연구에서는 우리나라 한부모여성의 경우 모성권에 관련 정책적 지원은 거의 존재하지 않고 있는 반면, 노동자로서 노동시장 참여를 강조하는 삶을 중심으로 편재되어 있다. 한부모가 경험하는 경제적 스트레스가 부모역할수행에 부정적 영향을 주는 것을 볼 때 한부모의 경제적 문제는 자녀양육의 문제와 연계될 수 있다. 한부모가족의 성별에 따라 어려움의 요소가 다르게 나타난다. 한부모가족이 된 후 가장 큰 문제로는 부자 한부모가족은 자녀양육과 교육, 모자 한부모가족은 경제적 어려움이다. 그러나 한부모가족정책은 모자 한부모가족에 더 비중을 두고 있으나 취약위기가족지원사업의 확대 및 꼭 필요중심의 지원이 필요하다(김영란 외, 2016).

첫째, 자녀지원 및 심리 · 정서적 문제는, 빈곤여성가장 본인을 지원하는 것만큼 중요하다. 자녀는 빈곤여성가장이 존재하는 의미이고 삶의 목표이며 우리 사회에서 낮은 학력은 빈곤을 재생산시키는 요인이 될 수 있다. 그러므로 자녀에게 충분한 교육기회를 제공하고, 세대 간 빈곤의 재생산 고리를 단절시키는 것이 필요하다.

한부모가 된 후 정서적 스트레스 경험을 하는데, 여성은 급성적 신체적 · 정신적 스트레스 경험, 남성보다 타인들의 이혼에 대한 부정적 시선에 민감하다. 남성은 만성적 신체적 문제, 결혼 실패로 인한 패배감 경험, 자녀에게 감정 및 애정표출과 부모역할수행의 어려움 경험을 나타낸다(성정현, 2017). 남녀모두 이혼초기에는 정서적 혼동과 우울, 불안한 정서 상태를 경험하며 점차 자유로움이 증대된다. 이를 통하여 개인적 성숙 및 자녀와의 관계 개선 등을 경험하기도 한다(임경택 외, 2015).

둘째, 주거문제 및 건강문제해결로, 빈곤여성가장에게 영구임대아파트를 제공하고 있지만 상당한 액수의 보증금이 필요하므로 극빈층은 현실적으로 입주가 불가능하며, 임대아파트 단지 주위의 인프라가 열악하다. 이혼의 원인을 제공한 배우자, 자녀를 양육하지 않는 부모가 주거를 이동하는 경우가 많으며 주거비 부담이 높고, 필요한 지원으로는 생계비와 양육비-시설-임대주택등 주거지원순으로 나타났다(여성가족부, 2015). 대부분의 빈곤여성가장들은 디스크, 고혈압, 협심증, 골다공증, 만성피로 등 크고 작은 증상을 호소하고 있다. 건강은 직업생활을 유지하는 데 직결되므로 직접적 자원이다. 예방을 위해 무료건강검진이나 체육시설제공 등 보다 적극적인 서비스 제공이 필요하다.

셋째, 부모-자녀 및 관계의 문제에서, 부모역할의 변화와 확장으로 인한 어려운 경험을 호소한다. 여성가장은 경제활동과 자녀양육의 이중부담, 아버지 역할도 수행해야 한다는 심리적 압박, 경제적 문제가 자녀 양육에 부정적 영향을 미치는 경우가 많다. 성장기 자녀는 수급대상자로 낙인 시 되는 것에 상처를 받을 수 있으며, 부모-자녀관계 만족도는 부자가족보다 모자가족이 높다. 이는 부자가족의 경우 상호작용할 수 있는 시간이 상대적으로 부족하기 때문이다(임경택 외, 2015).

한부모가족은 사회의 부정적 인식으로 인해 심리적 위축, 경제적 어려움 극복을 위해 자녀를 원가족에게 위탁하는 등 부모역할혼란을 경험한다. 경제활동으로 인해 자녀 돌봄의 공백 가능성이 높다. 이때 미취학자녀인 영유아 자녀가 많을수록 우울감이 높으며, 유치원 등원 등 보육 및 양육을 도와 줄 조력자가 필요하다. 학령기 자녀는 학부모 상담, 학교활동 참여 등 학교 및 교사와 소통의 어려움, 교우 및 또래관계 지도 어려움이 있다. 성인자녀는 어린 시절 양육 결핍에 대한 분노가 있으며 이혼가정에서 성장한 경우 결혼기대가 낮다.

5) 재혼가족

재혼으로 인한 가족형성은 초혼보다 더 많은 노력을 요하며, 거기에 따르는 구체적인 준비와 계획이 필요하다. 이는 가족구조와 조직의 급격한 변화를 불러오는 중대한 전환기이다. 계자녀의 존재, 불명확한 계부모역할, 전혼과 재혼생활에서 발생하는 경제적 욕구에 대한 자원분배 등 가족들은 생활패턴과 규칙, 의사소통방법, 역할수행 등 다양한 적응문제를 경험하게 된다. 이러한 문제는 재혼의 대한 별도의 준비를 요구하게 되는 것이다(Lyster, Russell & Hiebert, 1995; 김연옥 외, 2005 재인용). 그럼에도 불구하고 충분한 준비를 하지 않고, 재혼 시 직면하게 되는 문제들에 대한 사전지식이 부족한 것으로 보고되고 있다. 재혼가족의 취약성은 재혼의 이혼율을 통해 사실로 증명이 된다. 미국의 경우 초혼의 이혼율이 40%인데 비해 재혼의 이혼율은 70%에 이르고 있다.

계자녀가 있는 재혼의 이혼율은 계자녀가 없는 재혼의 두 배라는 통계(Meyerstein, 1997; 김연옥 외, 2005 재인용)는 재혼가족의 취약성을 극명하게 드러내고 있다. 재혼에 관한 사회적 관심이나 공론화가 거의 제기되지 않은 현실을 고려하면 재혼에 대한 사회적 개입이 전혀 이루어지지 않고 있다고 볼 수 있다.

재혼가족에 대한 이론적 관점은 1980년대까지 미국에서는 재혼연구의 지배적 시각은 결손비교관점(deficit-comparison perspective)이었다. 초혼핵가족에 비교하여 재혼가족의 기능적이지 못한 부분을 해결하고 지양해야 할 '문제'로 인식하는 문제지향적 특성을 갖는다. 이 관점이 초혼핵가족 이데올로기에 기반하고 있기 때문에 재혼가족의 구조적인 복잡성과 다양성에 대한 관심이 긍정적 측면보다는 부정적 측면에 치중되었다고 보았다(Ganong & Coleman, 1990; 김연옥 외, 2005 재인용). 발달적 관점에서는 재혼가족을 본질적으로 초혼가족과는 다르며 나름대로의 독특한 관계와 상호작용의 유형을 가지 있다는 시각에서 출발한다. 이는 재혼가족의 병리적 현상에 기여하는 요인들에 관심을 두기보다는 재혼가족의 건강한 발달에 기여하는 요인들에 주안점을 두고 있다. 일반화 된 모델을 개발한 페이퍼나우(Papernow, 1984)의 모델은 재혼가족의 발달상의 변화를 개념화하여 단계별 발달과제를 제시하였다.

표 12-2 단계별 발달과제

단계		증상
출발단계 (배우자의 상호지지적 태도에 의해 2~3년 시간 소요)	환상(fantasy)	재혼에 대한 환상과 비현실적 기대감 (전혼의 경험에서 비롯된 것이거나 재혼에 대한 정보부족 혹은 잘못된 사회적 통념이나 신념체계)
	혼돈(assimilation)	재혼생활이 현실과 접촉되는 단계
	자각(awareness)	인식단계에서는 이해함과 동시에 원하는 것에 대한 인식도 명확해지며 겉으로 표현하기 시작–재혼가족 내부에 변화가 필요함을 인식. 먼저 계부모가 깨달음
중기 (재구조화: 변화야기	동원(mobilization)	능동적으로 직면하고 긍정적 변화를 위해 상호 간에 조직적으로 영향–갈등과 다툼은 새로운 구조로 변화시키기 위한 미래지향적 노력–계부모 촉발(소외불만), 친부모 스트레스 받는 입장

단계		증상
1~3년)	행동(action)	재혼 전의 가족체계를 '녹이는 단계' 구체적 욕구해결, 과제를 완수–새로운 의식, 규칙, 행동양식–부부가 비로소 한 단위(unit)
말기 (굳히기)	접촉(con–tact)	하나의 경계로 묶는 'we'
	해소(resolution)	규범이 확립되고 가족의 역사가 이루어지기 시작 각자의 역할과 관계형성 방법에 대해 감각을 가짐. 계부모는 '가장 가까운 외부인' 마지막 환상을 인식하고 그것을 버리는 시기

3 주요 기술

1) 의사소통과정

가족의 기능을 파악하기 위해 의사소통방식을 관찰하고 분석해 본다. 이는 가족들이 각자 방식대로 의사소통을 통해 의미전달을 하고 서로의 행동에 피드백을 제공하므로 가정에서 일상생활이 영위되고 있기 때문이다. 가족구성원들은 의사소통방식으로 언어적 혹은 비언어적으로 상호작용한다. 일반적인 의사소통은 내용 기능에서 사실적 정보, 의견, 감정을 전달하며 관계기능은 정보가 전달되는 과정에서 관계속성을 규정한다(김혜란 외, 2001). 긍정적 의사소통은 일치되고, 명확하며, 지지적이고, 문제해결에 효과적인 반면 부정적 의사소통은 이중구속으로 일치되지 않고, 모순되며, 공감적이지 못하고, 문제해결에 비효과적이다. 사회복지사는 가족의 의사소통방식에 대한 사정 시 의사소통의 일치성, 명확성, 가족 내에 부정적 의사소통 방식이 나타나는지 평가할 필요가 있다(김연옥 외, 2005).

① 명료성은 가족구성원이 침묵, 비밀, 왜곡을 통하여 고통스럽거나 위협적인 정보

로부터 서로를 보호하려고 할 때, 그와 같은 의사소통의 차단은 충분한 의사결정, 진정한 관계에 대한 장벽을 만들어낸다. 이는 가족 내의 표현되지 않은 긴장에 대해 인식하고 있다. 그러므로 가족구성원들은 가능한 정보를 공유하고, 그들이 다루는 불확실성을 인정하면서 더욱 재 확신을 얻게 된다. 그러므로 진실을 말하는 것은 위기에 대처하고 정신적 외상을 치료하기 위한 필수 과정이다(양옥경, 2005).

② 개방적인 정서표현은 불확실성, 양가감정, 그리고 의견 차이를 수용하기 때문에 가족구성원들은 어울려 개방하는 것에 대한 위기의식이 거의 없다. 서로 말해야 하는 것에 대한 관심과 이해받는 것에 대한 기대감을 표현한다. 그래서 개방적인 의사소통은 지속적인 고난을 다루는 데 특히 중요하다. 그러므로 긍정적인 감정의 개방적 표현은 부정적인 상호작용을 상쇄시키는 데 절대적이다.

③ 유모는 가족구성원들이 위협적 상황을 해독하고, 대화를 활성화하며, 따뜻함과 애정의 감정을 표현하고, 불안을 줄이고, 실수를 지적하도록 도울 수 있다. 또한 유머는 직접적 대면을 용이하게 하며, 방어적 반응을 녹이고, 무거운 짐을 가볍게 할 수 있다.

④ 긍정적, 미래 지향적 초점을 채택하기로 한 미래 지향적 질문은 인생 후반의 실현을 위한 새로운 가능성을 열어 놓을 수 있다. 개인적인 정신적 외상으로부터 회복되는 과정에 가족을 참여시키며, 가족탄력성 접근은 구성원들이 함께 상호지지하고 치유하도록 한다. 관계적 탄력성 강화를 위한 실천지침으로 시간경과에 따른 스트레스와 대처 적응과정 추적을 해 본다. 시간선(timeline)은 과거와 관련된 현재의 증상, 지속적이고 위협적인 스트레스 사건, 그리고 그들의 의미 및 가족 대처전략을 추적하는 데 유용하다(양옥경, 2005).

탄력성에 대한 문헌은 긍정적인 방향으로 아동을 안내하고 용기를 주는 멘토링이 매우 중요하다고 한다. 스트레스 상황에 대해 선택적인 긍정적 성향을 갖고 있는 사람들이 더 잘 사는 경향이 있음을 발견하였다. 이것을 '긍정적 착각'이라고 명명하였다. 이는 위기에 직면하여 개인이 고난을 극복하기 위해 최선의 노력을 할 수 있도록 희망을 유지시켜주는 것을 말한다(Taylor, 1989). '긍정적 착각'이 스트레스 사건이나 위협에 대한 정보를 통합하며, 그 의미를 중시한다는 것이다. 이는 과업유지, 다른 사람들을 기꺼이 도움, 고기능과 같은 다양한 적응적 대처와 관련된다(양옥경, 2005).

⑤ 가족들에게는 경험과 지식의 한계를 초월하는 가치와 신념체계가 담겨 있는 대화가 필요하다. 이것은 가족구성원이 고통스럽고, 불확실하며, 두려운 현실을 희망을 갖고, 사건을 이해하는 시각으로 볼 수 있도록 해 준다(양옥경, 2005).

2) 옹호기술 및 네트워크

클라이언트가 자신의 관리를 주장할 능력이 취약하거나 자신의 권익을 확보할 능력과 지식이 부족할 경우, 사례관리자는 클라이언트의 최선의 이익을 위해 다양한 직·간접적인 옹호[1]활동을 통해 함께 힘을 키우고 체계에 대한 개입활동을 행하게 된다.

부모 자신 돌보기 및 확대가족과 사회적 지지의 활용으로 부모는 확대가족 및 지역사회 내의 활용 가능한 자원과 상시 연결되어 있어 부모역할수행에 대한 지지를 받을 수 있어야 한다. 또한 자신에게 가장 적절한 방식의 휴식과 스트레스 관리방법을 찾을 수 있도록 한다. 이로 인한부모의 리더십 강화는 기능적인 가족에서 부모는 일관성 있는 기대와 결과를 주며 관심, 인정, 승인을 통하여 적응적인 행동을 보상하고, 자녀의 성공을 지지한다.

사회복지사는 사회적 욕구를 충족시키기 위해 동원된 시설, 설비, 자금, 물자, 그리고 집단이나 개인이 가지고 있는 지식이나 기능을 총칭한 사회자원과 지역사회자원을 활용할 수 있는 기술이 필요하다. 클라이언트의 복합적인 욕구는 클라이언트와 가족뿐

1) 사회복지영역에서 옹호의 개념은 '사회정의를 확보·유지하기 위한 목적에서 하나 이상의 개인이나 집단 또는 지역사회를 대신해서 일련의 조치를 직접 주장, 방어, 개입, 지지, 추천하는 행위'로 정의할 수 있다(사회복지대백과사전, 1999).

만 아니라 지역사회 차원에서 다양한 기관이나 시설, 단체의 참여와 협력을 통해서 충족될 수 있다. 자연스럽게 사회적 관계망이나 조직 간 협력이 중시된다.

3) 협상기술

자신의 의견을 다른 사람에게 제시하고, 차이를 수용하며 공유된 목적을 향하여 일하는 것을 포함한다. 모든 가족구성원들은 연민과 이해를 가지고 말하고 듣는 법을 배울 필요가 있다. 또한 비평, 비판, 위축, 관계를 침식하는 공격과 방어 등의 부정적 반응을 피하고 중단할 필요가 있다. 안 좋은 방향으로 진행되는 대화를 수정하는 방법과 상처받거나 화가 났을 때 서로를 진정시키는 방법을 배운다. 대응 모두 작은 성공을 공유하면서 가족구성원들의 자신감과 역량은 더 큰 도전을 충족시킬 수 있도록 점차적으로 성장시킨다. 실수를 수용해 주면 가족구성원들은 실패해도 공격을 받지 않는다는 것을 알게 되며 스스로를 부적응으로 정의하지 않게 된다. 무엇인가가 잘못되었을 때, 그 부분에 대해 설명을 해 주는 것은 실수를 되풀이하지 않도록 해 준다. 잠재된 문제가 위협적으로 나타났을 때, 기능적 가족구성원들은 아주 빠르게 이에 대응하여, 명확하고 개방적 방법으로 토론하며, 실질적이고 감정적인 국면 모두에 대해 이야기한다. 이러한 적극적인 방법으로 위기를 피하게 되는 것이다.

4) 위기경험의 의미구성 사회복지사

가족문제를 다룰 때 사회복지사가 생각하는 만족스러운 관계라는 기준이 아니라, 가족이 추구하는 변화나 만족의 정도와 그 변화와 적응을 가능케 하는 방법이 중요하다는 점이다. 사실상 변화 여부가 아닌 변화의 속도와 방향이다. 기능적인 가족 인지의 여부는 좋은 시점에 도달하여 그 상태를 유지하느냐에 달려 있는 것이 아니라, 복잡한 환경 속에서 끊임없이 변화 적응하는 자원을 효과적으로 사용하느냐에 달려 있다. 가족이 자신들의 강점을 인식함으로써 변화에 잘 대처하고 새로운 기회를 창조하기 위해 그것을 효과적으로 사용하도록 도와줄 수 있어야 한다.

위기가 가족에게 부여하는 의미를 탐색하고 우리 자신의 경험이나 관심사에 근거하여 선입견을 갖지 않도록 하는 것은 중요하다. 위기 시 가족 반응과 상황에 대해 '당신이 견딜 수 있는 것은 무엇 때문인가요? 와 같은 질문은 각 가족구성원의 특별한 경험과 가장 의미 있거나 고통스러운 것의 관한 다양한 주관적 시각을 인정하는 것이다(Wright et al., 1996). 가족이 취약한 구성원과 자녀들이 위기나 위협을 이해하도록 돕고 그들이 보호받을 것이라고 안심시키도록 지도하는 것은 특히 중요하다. 가족복지는 무슨 일이 일어났고, 대안이 무엇이며, 가족구성원에서 전체로 보는 가족과 각 사람이 갖는 의미가 무엇인지를 보다 완전히 이해할 때 향상된다(양옥경, 2005).

가족의 방향을 정상화하는 것은 다른 가족과의 공통성에 대한 이해를 높여준다. 가족과정 안에서 긴장된 관계 혹은 좌절은 가족이 경험하는 스트레스 상황하에서 이해될 수 있고, 또 있을 수 있는 일로 여겨질 수 있다. 사회복지사는 가족구성원의 긍정적인 면이 무엇인지를 발견함으로써 강점을 확인할 수 있다. 모든 가족은 강점과 자원을 소유하고 있다. 그러므로 가족구성원의 잠재력에 주목하여 긍정적 의도, 노력, 성취에 이르도록 이를 칭찬하는 방법을 발견하여 탄력성을 조장할 수 있다. 모든 사람들은 긍지와 성취의 근원이 되거나 혹은 될 수 있는 '역량의 섬(islands of competence)'을 가지고 있다(Brooks, 1994).

4 한계점

오늘날 다양한 문화적 배경을 지닌 가족이 증가하고 있어 한국 가족의 다양화에 큰 몫을 담당하고 있다. 가족의 형태가 다양해지고 그러한 가족을 이루고 살아가는 개인의 수는 갈수록 증가하고 있다. 그럼에도 불구하고 기존 가족혈연에 기초한 전통적 핵가족으로 편협하게 해석되므로 다양한 가족은 비정상적 문제 가족으로 치부되어 왔고, 가족 내에서는 여성·아동·노약자에 대한 차별과 폭력의 문제가 빈번하게 발생해 왔다. 이제는 현실의 변화를 바탕으로 가족의 문제를 해결하고 해체를 예방하기 위한 적극적 노력이 요구된다. 이러한 맥락에서 가족에 대한 이해의 폭을 넓히는 일이 매우 시급하다. 더불어 가족 내 구성원 간의 관계에 대한 인식은 수직적 위계질서가 아닌 평등하고 민주주의적 관계로 전환되어야 할 것이다. 이러한 전환은 제도 내에서의 가족에 대한 수용범위를 넓히는 행위로 이어져야 할 것이다.

「다문화가족지원법」은 다문화가족의 범위를 결혼이민자로 제한하고 있어 다양한 한계점이 출현하고 있다. 또한 미등록 외국인근로자의 자녀들도 교육권이 보장되나 중고등학교 진학률은 매우 낮은 수준으로 교육적 대책이 시급하다. 다문화가족은 한국에서 자문화 중심적인 사회에 적응하는 데 많은 어려움을 경험하고 있다. 특히 북한이탈주민 등 이주가족의 증가에 따라 그들은 어떻게 한국사회에 동화시킬 것인가보다는 그 가족의 문화를 존중하고 어떻게 사회통합을 이루어갈 것인가가 주요 과제이다(이영분 외, 2014). 이와 같이 가족을 위한 복지 프로그램과 서비스를 확충하고 효율적으로 운영하기 위해서는 복지행정의 전달체계에 민간의 참여를 유도하는 것이 필요하다. 민간과 공공부문 간에 적절한 역할분담을 통해 정책방안의 효율성을 높여 다양한 가족의 욕구에 대한 만족도를 높여 나가야 할 것이다.

5 사례관리

1) 목적과 사례관리의 필요성

가족위기 및 문제의 통합적 해결, 가족관계의 개선, 사회적 지지망 확대의 통합, 가족의 문제해결역량 강화는 행복하고 건강한 가정을 세워 나간다. 사례관리의 필요성은 가족원의 낮은 문제해결, 역량 지속적인 상담, 낮은 자존감, 내재된 부정적 감정, 가족원 간의 갈등, 약한 응집력에 있다. 다양하고 복합적인 복지욕구는 민과 관의 통합적 서비스 설계와 연계, 복지정보의 부족, 서비스 접근성 취약, 점검 및 관리자 부재, 사회적 편견과 고립, 자원의 부족, 인간관계의 단절로 인하여 지역사회의 관심과 지원이 필요하다.

다음은 가족중심사례관리로 한부모사례관리를 살펴보고자 예시로 제시하였다(부평구건강지원센터).

(1) 사례관리: 사정–개입계획수립–계약–개입–모니터링–평가 및 종결

개입 교육 프로그램, 문화, 상담, 직접서비스(후원 및 물품 제공), 병원, 법률, 고용, 육아, 교육, 종결

(2) 사례관리 성과지표

위기 및 문제해결 여부, 가족관계의 개선 여부 사회적 지지망의 통합 및 확대 여부, 자원의 접근성 및 이용역량 강화 여부

(3) 성과평가도구

• 가족 기능 척도를 활용하여 가족 기능 향상 정도를 사전, 사후로 평가함: 의사소

통, 정서적 지지, 문제해결력, 가족응집력으로 구분한다.

- 클라이언트 스스로 행복한 가정이 되기 위해 설정한 목표에 대한 클라이언트가 인지하는 변화의 정도의 비교: 일상생활, 가족관계, 심리 정서적 건강, 사회적 관계로 구분한다.

2) 가족중심 사례관리 실천의 주요요소

- 가족유형별 특정 사정도구나 개입방법의 준비
- 가족유형별 내·외적 자원체계의 기본 목록 구비
- 가족을 단위로 한 사정과 그에 따른 목표설정 후 그에 대한 클라이언트와 가족 전체의 동의
- 가족체계, 가족발달단계, 가족의 기능, 특정한 가족과업의 수행 필요성 등에 따른 전문적 지식과 실천 기술을 소유한 사례관리자. 상담 및 정신건강분야의 전문역량의 필요성(폭력, 이혼, 가족사건 등을 다뤄야 함)

(1) 사례발굴단계

① 사례관리 발굴망 조직 및 활동

주민센터 한부모 담당자 방문 및 사업설명, 관내 지역아동센터 장 초청 설명회, 교육복지투자우선지역 대상교를 비롯한 학교 네트워크 구성 및 사업설명회 개최

② 부자(父子)가정(○○○씨)

주민센터 공문 홍보 후 구청 담당직원에게 협조를 요청함. 대상자 발굴을 위한 주민센터 담당자 방문(공문 수신확인과 함께 부자가정 특화사업 설명), 주민센터 부자가정 명단(4가정) 막내아들이 수두로 인해 학교에 등교할 수 없게 됨. 주말에 연락을 받고 즉시

INTAKE 함. 부자가정 특화사업의 하나인 아이돌보미 서비스를 연결(작은 누나 하교시간까지 식사와 함께 돌봄), 가사와 자녀양육부담으로 매우 지쳐 있던 시기에 직접적인 서비스를 제공받고 더욱 사례관리자에 대한 신뢰도가 높아져 사례관리에 참여하기로 동의함.

(2) 정보수집단계

가족을 사정하는 방법으로 면접과정은 질문과 진술의 혼합으로 자료를 수집한다.

의뢰된 사례에 대한 초기접촉은 전화 후 가정방문, 정기적 방문을 통한 욕구 및 자원조사.

제시된 욕구를 합의 된 욕구로 변환하기 위한 내부 사례회의, 슈퍼비전, 클라이언트 면접을 수시로 실시한다. PIE 체계를 활용한 정보수집, 가족사정-체계, 발달과업, 부자가정의 특수문제, 도구사용.

① 기초정보 수집

가. 내담자의 1차 문제 및 욕구: 건설현장을 따라 다니므로 자녀를 돌볼 수 없고 가사를 담당하기 어려움

나. 가족형태: 이혼상태로 두 딸(고1, 중1), 아들(초2)과 함께 살고 있음

다. 경제상황: 전세 4,000(전세대출 2,000포함). 부자가정으로 등록 자녀 교육비, 급식비 지원받고 있음. □□건설 현장에서 설비 일을 하고 있음

라. 건강상태: 아들이 수두에 걸려 학교에 가지 못한 채 집에 있음

마. 주거 및 안전상황: 방3, 화장실1, 주방을 갖춘 주택의 2층으로 채광과 환기가 잘 되고 가구 배치도 안정감이 있으나 청소나 빨래 등이 늘어져 있고 문단속을 하지 못하여 위험에 노출될 가능성이 있음

바. 가족기능: 아빠는 공사현장에 새벽 4시에 나가고 첫째 딸은 고등학생이므로 일찍 등교하여 중1인 둘째 딸이 가사를 맡아야 하는 상황임. 또한 주 양육기능을 담당할 사람이 없음

사. 지지망: 식당을 하는 누나 1인(가끔 만나는 정도). ○○에서 전처는 ○○종업원으로 일하며 전화만 가끔 하는 정도 사회적 접촉이 거의 없고 외롭다는 표현을 함

② 사정을 위한 정보수집

클라이언트가 제기하는 문제나 욕구가 과연 개인의 문제인가?

가족 수준의 문제라면 이 문제가 이 가족에게 주는 의미는 무엇인가?

가. 욕구사정

- 이혼가정: 이혼과 관련된 가족의 형태변화에 대한 적응욕구
- 부자가정이 겪는 문제: 가사, 자녀양육 등의 가족역할의 재구조화 욕구
- 가족발달단계상 겪는 문제: 청소년기 자녀를 둔 가정의 문제

나. 사정 시 있었던 갈등: 직접서비스의 연계 및 가족역할 훈련과 적응사이에서 오는 갈등

다. 기초이론과 관점: 임파워먼트 관점, 가족체계이론

(3) 계획단계

위기개입(신속한 사정, 신속한 자원배치)－개입수준 결정－개입순서 결정－개입방법 결정

표 12-3 제시된 욕구의 계획순서(사례 ○○씨의 1차 개입계획표)

등급		A	B
제시된 욕구		집안 살림살이가 어렵다.	아이들 학습 면을 관리 받고 싶다.
목표	합의 된 목표	가사부담의 완화	성장단계에 맞는 교육 환경을 조성
	구체적 목표	1. 일시적 가사도우미 파견으로 긴급 문제해결 2. 가사 업무처리를 가족역할분담과 실행의 훈련	1. 자녀1은 진로계획을 상담을 통해 동기를 부여한다. 2. 자녀3은 학습능력을 향상시킴과 규칙적인 학업생활 습관화

등급	A	B
클라이언트의 강점	1. 성실함과 책임감 2. 가족 간 유대관계 양호 아이들에게 내적 힘이 느껴짐	1. 자녀1의 진로 준비노력 2. 아이들의 긍정적 사고
서비스지원계획	1. 가사도우미 파견 2. 가사분담 생활화: 분담표 만들기, 요리법 안내, 청소요령 3. 아버지 마음 이해해 주기	1. 자녀1: 진로상담, 피아노레슨봉사자 연결하기, 부모님의 이혼에 대한 감정정리 상담 2. 자녀2: 생활태도 파악, 학업수준과 습관 관찰 수정, 보완, 방과후 교사연결 3. 학습도우미 파견: 자녀2와 자녀3

(4) 실행단계

① **직접서비스**: 위기지원, 교육, 상담, 정보 제공

② **간접서비스**: 중개, 중재, 의뢰, 연계, 점검과 조정, 비공식지원망 형성 및 지원

(5) 연계서비스 내용

① **가족교육 연계 목적**: 한부모가정을 대상으로 자녀 및 부모의 정서적 · 육체적 지원을 통해 자아존중감 향상과 더불어 한부모가정의 사회적응력 향상을 도모한다.

② **가족문화 프로그램연계**: 가족의 구조적, 기능적 결손으로 심리 정서적 부적응 상태를 경험하고 있는 한부모 가족구성원의 자아존중감 향상과 정서적인 안정을 지원하고 한부모 가족구성원 간의 유대감을 강화한다.

③ **집단상담 연계**: 집단 상담을 통하여 내적인 힘을 강화함으로써 자신을 재조명하고 미래를 설계하여 당당한 자신의 삶을 살도록 한다.

④ **간접서비스는 비공식지원망 형성**: 자조모임(자신의 문제를 스스로 도와 해결하는 집단)

- 집단의 발달단계: 집단에서 자신의 위치와 역할을 탐색하는 단계(1회)

- 저항, 무관심, 과장하기, 탐색 등 가벼운 문제를 내보이며 참여자들의 반응을 탐색하는 단계(2회)
- 호기심, 수용 친밀감이 형성되는 단계(3회), 친밀감과 동질감을 갖기 시작하는 단계(4회)
- 동질감이 고조되는 단계(5, 6회)
- 공동체 의식이 형성, 확산되는 단계(집단상담 7, 8회)로 스스로의 문제를 서로 해결해 주는 단계

(6) 점검과 조정단계

클라이언트에 대한 점검과 조정활동–중간평가(자기작성식), 개입계획표 수정
연계기관과의 조정과 점검활동–의뢰서, 종결보고서, 사례회의, 방문면접, E-mailing

3) 조손가족 사례

학령기 손 자녀를 둔 조손가족 사례관리로 조부모를 대상으로 면접한 내용을 예시하였다(강기정, 2008).

표 12-4 사례의뢰 과정 및 욕구

유형	주요욕구	면접 내용
양육 문제	손자녀 학습활동	• 내가 버는 돈으로는 우리 4식구가 살기 너무 힘들어요. 큰 손자는 못해 주고 작은손자만 학습지를 하고 있는데 이 녀석이 혼자하기 어려워서 그런 건지... 집중력이 부족해서 그런 건지... 학교성적이 오르지 않아 걱정이에요. 어떻게 좋은 방법 없을까요. 선생님? • 내가 공부에 대한 생각이 전혀 없어 가지고, 손주 녀석 공부를 가르칠 수가 없어서 속상해... 옆에서 가르쳐주는 사람이 있으면 우리 손자 녀석도 공부를 곧잘 할껀디...

유형	주요욕구	면접 내용
	손자녀 특별활동	• 우리 애덜 노는 거라면 엄청 좋아하지... 근데 돈이 있어야지 어디라도 데리고 가는데... 먹고 살기도 힘들어... 내가 그냥 미안하지... • 내가 신세대 엄마처럼 우리 손자를 데리고 어디를 갈 수 없어서 미안해요. 많이 보고 이것저것 해 봐야 나중에 커서 도움이 될텐데... • 아이들이 책보는 걸 좋아하는데 책값이 비싸서 사줄 수는 없고, 근처에 도서관도 없어서 저 멀리 있는 도서관을 가라고 시키는데 갔다오는게 위험하기도 하고, 이용하기도 불편해서 맘이 안 놓여...
	문화체험 활동	• 내가 수영장에 수영복을 입고 언제 또 와보겠어 이렇게라도 선생님들이 데리고 오니까 오는 거지... 이이고 ~ 물 좋다! 무척 좋아... • 재미있어요. 따뜻한 물이 있는 수영장도 처음 와보네! 우리 손자가 엄청 재미있게 놀더라고요. 그거 보니깐 나도 기분 좋고... 손자랑 같이 와서 놀고 있어서 너무 좋아요.
신체적 문제	조부모 건강증진 지원	• 안경이 오래 돼가지고 하나도 안 보이고 뿌옇게 보여. 바꿔야 되는데 돈이 만만치 않으니까 바꾸지도 못하고 있어. • 내가 옛날에 사고가 나서 목 디스크가 있어요. 무릎도 다쳐서 걸어 다니는 데 힘들어요. 나이가 드니깐 눈도 침침하고 잔병이 많아서 병원에서 살아요. • 허이구. 내는 온 몸이 다 쑤시고 허리가 굽어서 돌아다니기 힘들어유... 걷는 것도 힘들고 빨래하기도 힘들고... 세탁기에 있는 빨래 꺼내다가 내가 딸려들어 간다니께요.
주거 · 생활 문제	주거환경 및 식생활 개선	• 우리 애들 방이 워낙 작아... 어릴 때부터 있던 짐들이 쌓여 있어. 공부를 해야 하는데 이것저것 짐도 많아서 공부를 마루에 엎드려서 해. • 우리 손자 방에 있는 유리가 깨져서 너무 위험해유... 장난이라도 치다가 다칠까 봐 걱정되는데... 너무 위험해서 창문을 갈아 끼워야 하는데... 유리값도 만만치 않더라고유... 좀 도와 주셔유... • 우리 손자는 먹는 걸 얼마나 밝히는지 머슴밥을 먹는다니께유. 늙어서 간도 맞추기 힘들고 맨날 김치만 주고
심리 · 정서 문제	개별상담 및 가족상담	• 애들 키우는 데 힘들지... 속마음을 누구한테 이야기하겠어... • 내가 없이는 우리 손자는 아무것도 못해요. 내가 죽으면 우리 손자 누가 거둘지 그게 제일 걱정이에요. 험한 세상 잘 살아갈지... • 아이들이 사춘기가 와서 그런지 나랑 애들이랑 얘기 하는게 힘들고, 내가 잘 키우고 있는가 하는 걱정스런 생각이 들어요.
	사례관리자 가정방문	• 자주 와~ 항상 이렇게 와서 얼마나 좋은지 몰라... 내가 누구한테 속마음을 이야기하겠어. 항상 선생님이 오니까 터놓고 이야기할 수 있지...

4) 그 밖의 사례

(1) 자녀양육 갈등

자녀의 잘못된 행동에 민감하여 공격적 방식으로 대처하는 외국인 모의 내면에는 한국의 아동 · 청소년 문화를 이해하지 못하는 것과 함께 자신에게 원인을 찾는 주변의 시선 때문이라고 보인다. 외국인 모의 강점을 부각시키는 것과 동시에 바람직한 양육 태도를 알려줌으로써 양육에 대한 확신과 여유를 회복시킨다.

"게임 때문에 많이 싸웠는데, 근데 저는 끝까지 안 지려고 했어요. 아들한테 내가 이겨야 된다고 했거든요. 근데 아들이 울면서 얘기했어요. '게임 안 하면 애들이 왕따시키니까 그래서 자기도 게임해야 된다'고, 그래서 제가 '엄마가 질게', 그냥 게임 내버려뒀어요."

말이 안 통한다는 것은 자녀의 또래문화와 생각을 이해하지 못한다는 것을 의미한다. 그것으로부터 파생되는 갈등은 외국인 모(母)에게 위축과 위기로 다가온다. 따라서 다문화가정의 청소년 자녀와 외국인 모를 위한 사회적 도움이 절실하다.

"제가 애들 화제에 못 따라가나 봐요. 애들끼리는 알콩 달콩 말을 하는데 제가 '그게 뭐야?' 그렇게 물어보잖아요. 그럼 '엄마는 왜 그걸 이해 못해?' 이러는 거예요. 제가 세대차이도 있지만... 그 뒤에 숨어 있는 느낌을 못 알아듣는 것 같은 느낌을 받았어요."

(2) 북한이탈주민을 위한부모교육 프로그램의 목표

① 자녀 양육에 대한 정보 및 교육을 통한 불안감 경감

② 부모자녀 간 적응 속도 차이에 대한 격차 경감

③ 남한 사회적응력 향상을 위한 가족 지지체계 강화

④ 부적응 상황(학습장애, 학교폭력, 가출, 집단 따돌림, 왕따 등)에 대한 대처능력 강화

(3) 재혼가족의 가족기능향상 프로그램의 요건

재혼가족의 가족기능향상 프로그램의 요건을 제시하였는데 다음과 같다(김연옥, 2004).

① 초혼핵가족 중심주의에서 벗어나, 재혼가족을 정상적 관점에서 본다는 것은 재혼가족 본인 자신들에 대해 부정적 견해를 가지지 않도록 하는 것이 중요하다.

② 재혼가족의 유형을 고려하여 한 개념으로 보기에는 현실적으로 차이점이 크므로 가능한 집단 유형을 고려하여 집단의 동질성을 높이는 것이 좋다.

③ 재혼가족의 환상에 도전해야 한다. 계자녀에 대한 즉각적 사랑, 헤어진 부모에 대한 충성심 등 비현실적 기대나 환상들을 직면하게 하는 것이 필요하다.

④ 부부관계에서 재혼에 대한 남녀 간의 기대감 간극이 있으며, 이 차이를 핵심으로 다룰 필요가 있다. 예를 들어, 여자의 경우 혼자가 되었을 때 생활과 아동양육 등을 독자적으로 감당하며 사회적 관계도 활발해진다. 이러한 경험은 재혼생활에 좀 더 자율적이며 평등적인 기대감을 갖게 하는 반면에 남자의 그 부분과 충돌이 일어날 수 있으므로 이 부분에 대해 세밀한 사회복지사의 관심이 요구된다.

⑤ 계부모－계자녀 관계에서 부모(새 엄마, 새 아빠)라는 것을 강요하기보다는 '친구' 관계로 시작하고, 부모가 되려고 노력하기보다는 '부모의 역할을 하는 사람'으로 서서히 다가가는 것이 둘의 관계에 효과적이라고 한다.

⑥ 초기단계의 재혼가족일 경우에는 각자에게 초점을 맞추고, 가족체계로 발전하기 시작하는 중간단계 이후부터는 가족전체를 대상으로 하는 것이 좋다.

⑦ 재혼가족의 발달단계별로 발달과제를 고려해야 한다. 발달단계별로 재혼에 대한 환상 깨기, 재혼가족 상호 간 욕구나 느낌 표출하기, 새로운 규범과 역할정립하기 등 변화하는 발달과제를 프로그램에 고려해야 한다.

오늘날 과거에 비해 현재 가족구성의 방식이나 관계에 있어 유연하고 평등적인 방향을 추구하는 경향을 나타내고 있다.

CHAPTER

13 사회복지실천기술의 사례관리와 서비스 전달

1 사례관리실천의 개요와 주요 활동

1) 사례관리의 개념

사례관리(case management)란 복합적이고 다양한 욕구가 있는 클라이언트와 그 가족의 사회적 기능 회복을 돕는 통합적 실천방법이다. 이 일을 위해 운영체계를 확립하고, 클라이언트와 함께 강점관점의 체계적인 사정(assessment)을 해야 하며, 클라이언트의 내·외적 자원과 지역사회 자원을 개발하고 네트워크(network)하여 삶의 질(quality of life, QOL) 향상을 위해 노력해야 한다.

사례관리의 경우 만성 정신장애인과 노인 그리고 만성신부전장애인 등의 경우 건강문제, 경제적인 문제, 사회적응 문제, 이동문제, 교육문제, 고용문제, 자녀양육 문제와 같은 가족관련 문제 등 이들이 당면한 실제적인 문제는 다양하다.

문제해결(problem solving)을 위하여 이들에게 필요한 원조를 제공할 경우에는 이들의 문제가 개별적인 사회복지실천으로 접근하기 어렵게 복잡하고 다양하기 때문에 인적 자원을 비롯한 다양한 사회적 자원의 개발이 이루어져야 할 것이고 공적인 제도의 뒷받침이 우선적으로 마련되어야 한다. 또한 이들이 지역사회 내에 구성원으로 살아가는 데 있어서 이들의 지역성원으로 받아들여 통합적인 생활이 가능할 수 있는 사회구성원들의 사회적 성숙 또한 선결조건으로 해결되어야 한다는 특징이 있다. 또한, 이들 클라이언트에 대한 지원은 이들이 자립생활이 가능해질 때까지 지속적으로 행하여지는 특징이 있다. 때론 중증장애인이나 만성 정신장애인, 지속적으로 허약해지는 노인, 진행성 장애인 등과 같이 스스로의 자립생활이 불가능한 경우에는 클라이언트에 대한 관리가 생애 전 과정 동안 지속적으로 행하여지는 경우도 있다.

이러한 입장에서 실천되고 있는 사례관리는 그 대상을 재가 중심적 보호 영역뿐만 아니라 정신보건 영역과 재활 영역 그리고 노인복지 영역과 발달장애 영역 등과 같이 여러 사회복지실천분야에서 폭넓게 활용되고 있다.

사례관리는 종래의 사회복지실천 방법 외에도 탈시설화(de-institution)에 대한 대처, 클라이언트의 욕구의 다양화, 복잡화, 서비스 공급 주체의 다양화, 서비스의 단편성, 사회복지비용의 삭감 등과 관련된 문제들을 보다 효과적으로 해결하기 위한 시대적 요청에 따라 개발된 사회복지실천의 새로운 분야인 것이다(김성철 외, 2017).

(1) 사례관리의 원칙

사례관리는 본질적으로 미시적(microscopic)인 동시에 거시적인 접근으로서, 개별적 실천과 통합적 실천, 지역사회실천을 통합한 형태를 수반하고 있다. 또한 사례관리가 적극적으로 이루어지기 위해서는 각기 다른 사회계층의 사람들을 실천과정에 포함시켜야 한다. 레빈과 플레밍(Levin & Fleming, 1984)은 서비스체계 차원과 동시에 클라이언트 차원에서의 사례관리기법(case management techniques)에 대하여 언급하였다. 즉, 정부나 사회복지기관과 같은 서비스체계 차원에서의 사례관리기법은 체계 내의 클라이언트에 대한 서비스를 조정하는 전략으로 밝힐 수 있고 클라이언트 차원에서의 사례관리는 클라이언트에 대한 특정한 서비스의 필요성과 그 필요한 서비스를 제공받을 수 있도록 하는 클라이언트 중심의 목적 지향적인 과정으로 정의되고 있다(김성철 외, 2017).

사례관리의 일반적인 정의들은 변화의 표적이 되는 개인과 환경의 문제를 동시에 중시하고, 사례관리자는 개입 시 개인과 환경 간의 균형을 맞추는 일을 사례관리의 목표로 삼아 왔다. 로스만(Rothman, 1991)은 사례관리는 두 가지 중심적인 기능으로 통합되는데 첫째, 지역사회 안에서 클라이언트에게 개별화된 조언과 상담, 치료를 제공하는 것이고, 둘째, 서비스가 필요한 클라이언트를 지역사회의 기관과 비공식적 지지망에 연결하는 것이라고 하였다.

그리고 오코너(O' Connor, 1988)는 사회복지실천의 '핵심기술들' 중의 하나로서 사례관리를 정의했으며 사례관리의 개념과 사례관리 체계(case management system)에 관한 개념 간의 중요한 구별을 지어 논의하였다. 사례관리는 사례계획(case plan)의 실행에 기여하는 직접적인 실천 활동들과 관련되는 것이며, 사례계획은 클라이언트, 사례관리자, 서비스 제공자 그리고 이들 간의 상호작용을 포함하는 총괄적인 계획(comprehensive plan)이라고 했다(김성철, 2019).

그리고 목슬리(Moxley, 1989)는 사례관리란 대인서비스 실천의 다양한 분야에서 복합적인 욕구(needs)를 가진 클라이언트를 대상으로 사례관리자가 클라이언트의 욕구를 사정하고 적절한 서비스, 기회 또는 급여를 확인하고 포괄적인 서비스 계획을 개발하며, 클라이언트의 서비스에 대한 접근과 이용을 위한 옹호(advocacy)를 제공하고, 적절하고 효과적인 서비스의 전달을 점검하거나 평가 하는 것을 통하여 클라이언트의 욕구를 충족시킬 수 있도록 원조(assistance)하는 것이다. 즉, 이것은 클라이언트에 대한 대인 서비스의 제공과 기회 또는 급여의 조정을 증진시키는 클라이언트 수준에 따른 전략으로서 서비스의 통합과 보호의 연속성을 달성하기 위한 수단이다.

이처럼 사례관리에 관한 정의들이 다양하고, 실천방법이나 내용 등 그 범위는 전통적인 사회복지실천의 모든 측면을 통합한 것이며, 다양하고 복합적인 욕구를 가진 클라이언트를 대상으로 그들의 욕구를 충족시키고 사회적 기능을 향상시키기 위하여 만들어진 사회복지실천의 새로운 접근 방법이다. 특별히 사례관리는 사례관리자가 클라이언트의 협력을 통하여 개발한 보호계획(care plan)을 바탕으로 클라이언트의 장기보호의 욕구를 충족시키며 클라이언트 지원망이 기능적 능력을 향상시키거나 극대화시키며, 연속적이고 포괄적인 서비스의 제공과 서비스의 조정을 통하여 효과적이고 효율적인 서비스의 전달을 촉진하고 보장하는 사례관리자와 클라이언트 사이의 전문적 관계에 기초한 대인관계의 과정이다(김성철 외, 2017).

이상의 내용을 중심으로 사례관리의 특성을 정리하면 다음과 같다. 다양한 문제와 복합적인 욕구를 가진 클라이언트를 대상으로 한다. 클라이언트의 문제해결과 치료보다는 욕구충족과 보호에 더 중점을 둔다. 클라이언트의 사회적 기능과 독립을 극대화하기 위해서 보호의 연속성과 책임성을 보장한다. 서비스의 효과성(effectiveness)과 효율성(efficiency)을 높이기 위해 포괄적인 서비스를 제공하고 서비스의 조정과 점검을 실시한다. 클라이언트와 그들의 사회환경과의 상호작용에 관심을 집중시키며 다양한 지원체계의 광범위한 서비스를 활용한다. 가정방문과 같은 출장원조, 안내와 의뢰 등과 같은 적극적인 클라이언트와의 접근을 강조한다. 클라이언트 수준에서 클라이언트 각자의 욕구를 개별화하며, 개입과정에서 클라이언트의 참여와 자기결정(self-determination)을 촉진시킨다. 개별적인 실천기술과 지역사회 실천기술을 통합한 형태이다.

사례관리의 목적은 클라이언트 개인의 능력과 자원들 간의 균형을 유지할 수 있도록 하는 데 있다. 즉, 사례관리의 목적은 클라이언트의 다양하고 복합적인 욕구를 충족시키고 사회적 기능과 자립을 극대화하려는 노력과 관련되어 있다. 이 목적의 달성을 위해서는 복합적이고 지속적인 욕구를 지닌 클라이언트를 위한 개입으로서 시행할 경우 몇 가지의 기본 원칙을 기반으로 해야 하며 이것을 정리하면 다음과 같다.

① 서비스의 개별성

서비스는 클라이언트의 확인된 욕구마다 각기 구체적으로 개발되거나 고안되어야 한다.

② 서비스의 포괄성

포괄적 서비스란 클라이언트 생활의 모든 부분들 중 주거, 여가선용, 고용, 정신보건, 사회적 · 경제적 · 의료적 보호 등을 모두 포함하는 것으로서 충족되지 않는 욕구가 없도록 원조함에 중점을 두는 것이다.

③ 규모 있는 서비스

서비스의 중복을 방지 함으로써 서비스 비용의 낭비를 방지해야 한다. 잘 조정되지 못한 서비스들은 특정욕구에 대해 중복되기도 하며 이로 인해 충족되어야 할 다른 욕구들이 충족되지 못하는 경우를 초래하기도 한다.

④ 자율성의 증대

사례관리의 주요 초점 중의 하나는 클라이언트를 가능한 한도 내에서 최대한으로 자조하도록 함에 있다. 이는 클라이언트의 자기결정을 최대화시킴으로써 자신을 스스로 돌아볼 수 있도록 하는 것을 의미한다.

⑤ 지속성

사례관리에서는 클라이언트가 차후의 발달단계로 옮겨가는 동안 욕구에 대한 모니터를 지속적으로 해야 할 것이다. 실제로 사례관리의 대상이 되는 클라이언트의 대부분은 만성적 문제들로 인해 고통받는 경우가 많고 빠른 회복은 없다. 그러므로 이들은 인생전체의 시기에 걸쳐 도움을 필요로 하며 이에 부응하기 위해 지속적인 관리가 필요하다고 하겠다.

사례관리의 목적은 서비스 전반에 걸쳐 오랜 시간 동안 적절한 보호와 관리가 지속될 수 있도록 하는 것이다. 사례관리의 목적을 달성하기 위해서는 사례관리자는 옹호자와 중개자, 진단자와 계획자, 지역사회 사회복지사와 평가자, 자문자와 치료자와 같은 다양한 역할과 기술을 요구하는 실천가들의 기능을 수행할 수 있다(김성철, 2019).

2) 사례관리의 이론적 기반

(1) 사례관리의 목적

사례관리의 목적을 충족시키기 위하여 사례관리자의 활동을 중심으로 사례관리의 목적을 살펴보면 다음과 같다.

① 클라이언트가 가능한 한 쉽고 편리하게 서비스와 자원들에 접근하고 이용할 수 있도록 클라이언트 자신의 생활기술을 최대한 증진시킨다.
② 클라이언트의 복지와 기능을 증진시키기 위해 사회적 망과 관련하여 사회복지서비스 제공자들의 능력을 개발한다.
③ 가능한 한 가장 효율적인 방법으로 서비스와 지원이 전달될 수 있도록 하고 동시에 서비스의 효과성을 증진시킨다.
④ 환경을 이용하는 것을 충족시키기 위해 각 개인의 잠재 가능성을 개발하고 그 활용을 극대화시킨다.
⑤ 가족들과 일차적 집단들의 보호능력을 극대화시킨다.
⑥ 일차적인 보호자원들과 보호의 공적 체계들을 통합시킨다.
⑦ 개인들과 일차적 집단들의 욕구를 충족시키기 위한 공적 보호체계 내에서의 능력을 극대화시킨다.

이와 같은 목적들의 기초가 되는 중심 가치는 클라이언트의 자기결정이다. 이 가치는 환경의 영향을 최소화시키도록 노력하며, 그것은 또한 개인들과 일차적 집단들의 중요성을 최우선으로 한다. 개인들과 일차적인 집단들이 가능한 한 많은 활동을 수행할 때 공적 서비스들의 보호기능이 비공식적 체계들의 활동들과 경쟁하기보다는 오히려 보완하는 방식들로 통합될 수 있다.

사례관리 목적은 클라이언트가 직면한 장애를 극복하기 위해서 직접적 서비스를 충분히 제공하고 클라이언트를 자원과 연결시키고, 간접적인 서비스들을 충분히 제공함으로써 클라이언트가 사례관리사의 도움 없이도 자원들과의 연결을 유지할 수 있도록 하는 것이다. 이러한 견해들을 바탕으로 사례관리의 목적을 보호의 연속성, 서비스 전달의 비용-효과성의 증대, 서비스에 대한 접근성과 책임성의 증진, 일차집단의 보호능력 향상 그리고 클라이언트의 사회적 기능의 향상 등이 있다(김성철, 2019).

(2) 사례관리의 기능

사례관리의 기능(function of case management)은 사례관리 표적인구집단의 유형, 사례관리자를 고용하는 기관의 유형, 담당 사례관리 대상자의 규모, 환경적인 제한 정도, 서비스 전달체계의 본질, 사례관리자의 역할과 지위, 프로그램의 특성, 서비스 제공분야 등에 따라 다양하게 나타난다. 사례관리의 기능은 대체로 사례발견, 사례등록, 사정, 목표설정과 서비스 개입계획의 수립 및 개입실행, 그리고 개입결과의 측정과 평가 등이 있으며, 그 외에도 사례발견, 방문원조, 서비스 수혜자격과 적격성 심사, 접수, 자원 확인, 서비스의 실행, 재사정, 종결, 옹호, 상담, 치료, 분쟁조정, 능력조성, 보호와 연속성, 관계유지 등이 있다.

이 가운데에서 여러 학자들에 의해 정리된 사례관리의 기능은 다음과 같다.

첫째, 클라이언트와 필요한 서비스의 연결기능은 클라이언트의 욕구를 충족시키기 위해서 필요하고 유용한 서비스와 권리를 클라이언트에게 위임하고 양도하는 것이다. 클라이언트와 필요한 서비스를 연결시켜주는 기능을 수행하기 위하여 사례관리자는 클라이언트에게 유용한 자원이 무엇인지를 인식하고 클라이언트와 서비스의 효과적인 연결을 위해서 클라이언트를 옹호해야 한다. 공식적 기제는 각각의 기관의 역할과 책임을 명시한 기관 상호 간의 협정, 입회기준, 클라이언트에 대한 기관의 협력을 명시한 다른 규정들이 있다. 비공식적 기제는 다른 프로그램과 직원 사이의 업무협약 또는 이해가 있다.

둘째, 비공식보호체계와 클라이언트 간의 상호작용의 촉진기능을 들 수 있는데, 이

기능은 비공식 지원체계를 통하여 클라이언트는 경제적 · 사회적 안정, 신체적 · 정신적인 건강, 정서적 지지, 안내, 지역사회 생활의 향상 등에서 결정적인 도움을 받고 있으며, 이것은 다른 지원체계보다도 훨씬 더 클라이언트에게 실질적인 지원을 제공할 수 있다. 클라이언트를 돕는 비공식 지원체계는 가족, 친척, 친구, 이웃, 자원봉사자, 종교단체, 자조집단 등이 있다.

셋째, 사례관리 기관들 간의 조정 기능으로서 공식적인 정책이나 비공식적인 기관들 간의 협정을 통하여 기관들 사이의 연계를 촉진함으로써 사례관리의 효과성을 높이는 기능이다. 기관 간의 조정에서 공식적인 정책은 국가의 정책적인 차원에서 이루어지며, 비공식적인 협정은 기관의 행정적인 차원에서 이루어지거나 사례관리자에 의해서 프로그램 차원에서 이루어지기도 한다. 기관 상호 간의 협정은 서비스의 유형, 클라이언트의 수, 재정적인 여건 등과 밀접하게 관련되어 있으며, 프로그램이 진행되기 전이나 진행 중에도 언제나 이루어질 수 있다.

넷째, 상담기능으로서 상담은 사례관리 과정에서 클라이언트에게 유용한 서비스에 접근할 수 있도록 필요한 정보를 제공하며, 클라이언트 자신의 욕구와 문제에 대한 이해를 증진시키고, 그들 가족들에게 클라이언트에 대한 이해를 촉구하며, 서비스 제공기관과의 접촉을 향상시키는 기능을 수행한다. 또한 상담은 클라이언트에게 정서적 지지를 제공하며, 고립감과 문제에 대한 압박감을 감소시키고, 클라이언트로 하여금 문제를 스스로 해결할 수 있도록 동기를 부여하고 클라이언트를 세력화시키는 기능을 수행한다.

다섯째, 문제해결 기능으로서 문제해결은 사례관리 과정에서 클라이언트에게 발생할 수 있는 클라이언트 개인의 성격상의 문제와 위기상황 또는 실직과 부부갈등과 같은 일상생활상의 문제 등을 잘 극복할 수 있도록 하는 기능이다. 사례관리자는 클라이언트의 문제해결을 위해서 클라이언트에게 격려, 지지, 안도감 등을 제공하며 자신의 문제를 해결하려는 동기를 부여하며, 문제해결에 필요한 기회와 자원에 접근할 수 있도록 돕는다. 또한 사례관리자는 클라이언트의 문제에 대한 인식노력, 지각능력 및 대처능력을 극대화할 수 있도록 돕는다.

여섯째, 옹호기능으로서 옹호는 클라이언트와 클라이언트 집단의 사회적 기능을 향상시키기 위해서 클라이언트의 무기력과 무능력을 제거하는 것이며, 명확한 욕구를 가지고 있는 개인 또는 집단에게 힘과 자원을 적절하게 분배하려는 목적을 둔 활동을 포함한다. 옹호는 자원획득이 불리한 조건에 처한 클라이언트가 서비스 또는 자원을 획득할 수 있도록 하거나, 클라이언트에게 불리하게 작용하는 현재의 정책, 절차 또는 관례를 수정하기 위해서나 또는 필요한 자원 또는 서비스를 제공할 수 있도록 하는 새로운 입법 또는 정책을 조장하기 위해서 클라이언트와 함께 또는 클라이언트를 위해서 일하는 과정이다. 때로는 클라이언트 개인이나 집단에게 서비스의 공정성을 보장하기 위해서 중재와 교섭, 논쟁과 협상 그리고 환경조성 등의 역할이 포함된다(김성철 외, 2019).

(3) 사례관리자의 역할

사례관리자의 역할(case manager's role)은 간단한 정보제공과 의뢰 작업, 더 나아가서 매우 복잡한 직접적인 개입과 옹호 전략에 대한 활동들까지를 모두 망라하는 것처럼 보인다. 그러나 사례관리자는 사례관리와 관련된 서비스 제공자로서의 역할과 함께 자신의 활동 내용을 조정할 수 있어야 한다. 사례관리자의 업무는 클라이언트와 함께 클라이언트에게 필요한 원조 형태를 구체화하고, 도움을 효과적으로 활용하는 데 있어서 존재하고 있는 장애물을 확인하고 극복함으로써 클라이언트에게 직접적인 서비스를 제공하고, 동시에 클라이언트를 잠재적인 원조자와 연결시키고, 문제가 해결될 때까지 이러한 연결이 유지되도록 간접적인 조정 서비스를 제공하는 것이다.

또한 사례관리자는 지역사회 실천기술을 필요로 한다. 그리고 사례관리자의 지역사회와의 접촉은 지역사회 자원이 클라이언트에게 적당한 수준의 생활을 유지할 수 있을 만큼 충분한 경우에만 실제적으로 유용한 것이며 의미 있는 것이다. 적절한 기금지원과 지지적 서비스 없이는 사례관리는 책임성 있는 보호를 충분히 제공할 수 없으며 사례관리자는 클라이언트 욕구 충족을 위해 공공기관의 책임자나 입법 담당자들과 대응해야 하는 역할까지도 감당해야 한다. 따라서 사례관리자는 클라이언트 욕구파악과 서비스 제공에 관해 명백한 인식을 가지고 사례관리 수행에 필요한 변화를 지지하기 위해 다른 관심 집단과 협력이 필요하다.

구체적인 사례관리자의 역할은 다음과 같다.

첫째, 사정자로서의 사례관리자(case manager as assessor)는 클라이언트의 약점과 역기능, 질병과 결함 그리고 증상 등과 같은 부정적인 요소보다는 강점과 능력, 성장과 발전의 가능성과 건전한 기능, 자원과 잠재력 등의 긍정적인 요소에 중점을 두고 클라이언트의 욕구를 수집하고 분석하며 종합한다.

둘째, 계획자로서의 사례관리자(case manager as planner)는 클라이언트의 욕구를 충족시키기 위한 사례계획과 치료, 서비스 통합과 기관의 협력 및 서비스망을 설계한다.

셋째, 상담자로서의 사례관리자(case manager as counselor)의 업무는 클라이언트에 대한 이해를 발전시키고 클라이언트가 스스로 지지망과 같은 자원을 개발하고 유지하는 방법을 알 필요가 없다는 사실을 가르치는 것이다. 때때로 클라이언트는 새로운 지식이나 기술이 필요하기도 하고 때로는 그들 자신에 대해서 새로운 것을 학습할 필요가 있다. 사례관리자는 클라이언트의 신뢰 관계를 발전시키는데, 이러한 관계 는 클라이언트의 행동 속에 있는 역기능적인 측면을 점검하는 것을 가능하게 하고, 보다 유용한 측면의 개발을 촉진시킨다.

넷째, 중개자로서의 사례관리자(case manager as mediator)는 클라이언트가 필요로 하는 자원을 소정의 사회기관으로부터 제공받지 못하거나, 지식이나 능력이 부족하여 다른 유용한 자원을 활용하지 못할 경우에 사례관리자가 다른 유용한 자원과 클라이언트를 연결시키는 역할을 수행한다.

다섯째, 조정자로서 사례관리자(case manager as coordinator)는 클라이언트의 문제와 원조자들로부터 도움이 필요한 욕구를 사정하며 원조를 수행하는 과정에서 클라이언트의 욕구와 자원과의 관계, 클라이언트와 원조자들 간의 관계에서 필요한 조정과 타협의 책임이 있다. 사례관리자는 계획을 수립하고 클라이언트가 이러한 원조자들과 효과적인 접촉을 할 수 있도록 돕는다. 필요하다면, 사례관리자는 갈등을 감소시키고 지지망의 효과성을 증진시키기 위해서 원조자들과 의사소통을 해야 한다.

여섯째, 평가자로서의 사례관리자(case manager as evaluator)는 프로그램의 효과성, 효율성 및 비용효과성(cost-effectiveness)을 검토하기 위하여 사례관리 과정 전반에 관한 정보와 자료를 수집하고 분석하는 것이다. 평가에서 사례관리자는 개별클라이언트와 담당 사례, 서비스 계획과 서비스 전달체계 그리고 서비스 활동 및 지원체계의 효과성을 분석한다.

일곱째, 옹호자로서의 사례관리자(case manager as advocate)다. 대체로 사례관리가 필요한 클라이언트들은 스스로 자신을 대변하고 옹호할 수 있는 능력이 부족하다. 이들 클라이언트들에게 필요한 자원이 존재하지 않거나, 자원을 필요로 하는 클라이언트들에게 제대로 자원이 공급되지 않는 경우가 많다. 이때 사례관리자는 클라이언트를 대변하여 클라이언트의 요구사항을 구체화시키고 가능한 한 자원이 클라이언트에게 적절히 공급될 수 있도록 노력하며, 클라이언트의 옹호자로서 활동한다(김성철 외, 2017).

3) 사례관리의 유형

사례관리의 유형은 여러 가지 변수들에 따라 매우 다양하게 나타난다.

① **대상자 지향도(client orientation)**: 얼마나 대상자가 문제 사정 및 해결과정에 관여할 수 있는가에 따라 대상자 지향적일 수도 있으며 사례관리자 지향적일 수도 있는데, 가능한 한 대상자 지향적이어야 한다.

② **문제사정의 범위(scope of problem assessment)**: 문제 확인 범위가 얼마나 포괄적인지 그리고 특정문제만을 다루는지 또는 모든 불편사항을 다루는가에 따라 사례관리의 유형이 달라질 수 있다. 가능하다면 문제사정의 범위는 대상자의 욕구를 우선해서 정해져야 한다.

③ **프로그램 구조(program structure)**: 1:1의 구조인가, 아니면 팀:1의 구조인가에 따라 사례관리 유형이 달라질 수 있으며 가능하다면 팀:1의 구조가 바람직하다.

④ **직접서비스 제공의 정도**(degree of direct service provision): 사례관리가 자료수집 정도에서 끝날 수도 있고, 상담을 제공할 수도 있으며, 치료적 상담까지 제공할 수도 있다. 가능하다면 치료적 상담까지 제공하는 것을 목표로 한다.

⑤ **문제의 심각성**(severity of the problem) **정도**: 얼마나 만성적이고 얼마나 심한 정도의 사람들을 대상자로 하는가에 따라서도 사례관리의 유형이 달라질 수 있다.

⑥ **사례관리자의 훈련도**(case manager training): 현재는 무훈련자로부터 고급수준의 훈련을 받은 사람까지 사례관리를 하고 있지만 실제로 사례관리는 특수한 고급훈련을 받은 사람에 의해서만 제공되어야 한다.

⑦ **장소**(place): 사무실에만 앉아서 하는가, 아니면 지역사회 전체를 행동반경으로 하는가에 따라 사례관리 유형이 달라진다. 사례관리에서는 가해자를 돕기 위해 필요한 지역사회의 참여를 최소한의 범위 내에서 가능한 한 최대화시켜야 하며, 문제가 너무 심각하여 사회에서의 격리가 필요한 사람의 사회적응을 위해서는 실험적인 치료장소를 활용하기도 한다.

⑧ **직원 비율**(staff ratio): 현재는 한 사람의 사례관리자가 10명 정도를 담당하고 있는 경우에서부터 제한 없이 의뢰되는 대로 받고 있는 경우까지 다양하다. 그러나 사례관리자가 치료까지 담당하면서 사례관리의 효과를 최대화하려면 현재 관리 중인 사례의 수가 15건을 넘지 않아야 한다.

⑨ **학위**(degree): 현재는 고등학교 졸업자로부터 박사학위 소지자까지 다양한 사람들이 사례관리를 하고 있다. 그러나 사례관리를 제대로 수행하려면 최소한 관련 학과를 대학에서 졸업하고, 전문가의 지도 감독하에 1,000시간 이상의 전문 훈련을 받은 사람이 필요하다.

⑩ **인력**(manpower): 사례관리에서는 인력의 24시간 동원을 기본으로 한다.

⑪ **만남의 정도**(the degree of meeting): 초기와 위기 상황 시에는 매일 만나야 한다. 대상자의 욕구와 변화 정도에 따라 한 달에 한번 만나는 정도까지로 변화할 수 있다.

⑫ **제공되는 서비스의 기간(term of service provided)**: 현재는 1회 만남에서부터 수년에 걸친 만남까지 그 기간이 다양하나, 사례관리에서는 대상자의 변화를 위해 최소한 1년 이상의 기간이 필요한 것으로 본다.

⑬ **행정적 권위(administrative authority)**: 사례관리가 효과적으로 수행되려면 사례관리자에게는 필요한 자원을 연계하면서 계속적으로 구심점 역할을 할 수 있도록 하는 정도의 권위가 제도적으로 주어져야 한다(김성철, 2019).

* 위의 각 변수의 정도에 따라 최소한 다음 4가지 정도의 사례관리 유형이 가능하다.

유형	사례관리자의 주요기능	비고
단순형(simple model)	중재	대상자와 지역사회자원의 연계
기본형(basic model)	중재+교육	단순형기능+정보제공+동기부여교육
통합형(comprehensive model)	중재+교육+치료	기본형기능+재활 상담/치료
전문관리형(professional management model)	중재+교육+치료+관리/기획	통합형기능+행정+기획

2 사례관리의 과정

1) 과정(process)

사례관리의 과정(process of case management)은 일반적으로 접수(관여)와 사정, 서비스 기획(계획)과 개입 (실행), 점검(조정)과 평가 그리고 종결(분리)의 7단계로 나뉜다.

사례관리가 사회복지실천 영역에서 특히 중요성을 띠는 것은 무엇보다도 클라이언트의 권리를 강조하는 점이 사회복지의 특성과 일치하기 때문이며, 이 외에도 여러 이유들로 인해 사회복지사들에게 사례관리는 점차 중요해지고 있다

사례관리의 과정은 서비스 체계의 목표에 의해서 진행되는 것이 아니라 클라이언트의 목표에 따라 클라이언트가 필요로 하고 원하는 서비스를 제공받을 수 있도록 원조해 주는 방향으로 움직여야 한다. 또한 사례관리 과정을 통해 클라이언트에게 지속적으로 서비스 제공과 관련한 목표를 달성 하는 것뿐만 아니라, 서비스 접근성, 서비스 제공의 책임성 그리고 효율성과 같은 사례관리의 기능수행과 관련한 목표도 달성 가능한 것이다.

사례관리 서비스에서 수행하는 전형적인 기능들과 이러한 기능들의 상호 관련성을 바탕으로 사례관리실천의 단계를 규정하고 있다. 이러한 기능들은 개별 클라이언트와 관련된 실천에 초점을 두고 있으며, 단계적 실행의 연속성을 바탕으로 이루어져 있다.

2) 개입과정(intervention)

(1) 초기접촉(initial contact)

사례관리 맥락에서 클라이언트는 기관과 가족, 지역사회와 조직, 교회와 경찰, 학교로부터의 의뢰(referral)과정이나 스스로의 방문과정을 통해 기관과 접촉하게 된다. 외부로부터 이루어지게 되면 기관에서는 클라이언트를 수용하게 된다. 대부분의 기관들이 기본적으로는 의뢰에 의해 클라이언트와 접촉을 하게 되며, 이 밖에도 또 다른 접촉방식으로는 사례관리자가 기관 밖으로 클라이언트를 찾아 나서는 아웃리치(outreach)방식인데, 기관의 클라이언트를 접촉하려는 노력들이 지역사회에까지 확장되어 클라이언트를 찾아서 기관의 서비스 체계로 들어오도록 독려하는 것이다. 이러한 접근방식은 서비스가 가장 필요하나 스스로는 기관과 접촉하지 않는 클라이언트, 예를 들면 부랑인이나 노인들을 찾아 나서는 경우에 해당된다. 아웃리치 방식은 기관 상황에서는 현

재 자연적인 클라이언트의 유입이 부족하거나 현재 서비스를 제공받는 클라이언트보다는 좀 더 많은 수의 클라이언트에게 제공할 자원이 있음을 말해 주는 것이기도 하다. 새로운 클라이언트의 유입을 위해서 사례관리자는 클라이언트를 찾아 나서 초기접촉을 위한 시간약속과 방문계획을 세우는 일이 필요하다(김성철, 2019).

(2) 접수면접, 사정, 실천계획 및 목표설정

사례관리 맥락에서 접수면접, 사정 그리고 실천계획 수립 및 목표설정 등의 몇 가지 분리된 기능들은 서로 중복되거나 상호작용한다. 이들의 활동은 때로 동시에 일어나며, 사례관리자(case manager)는 이 세 가지 과정 사이를 오가며 각각의 조절과 조정역할을 하며, 동시에 각각 독립적으로 기능하기도 한다.

① 접수면접

접수면접(intake)의 기능은 클라이언트의 문제와 상황을 밝혀내는 것이다. 이것은 사례관리 서비스가 필요한 집단과 개인을 설정해서 대상화하는 것을 말한다. 또한 사례관리자는 적합한 기관에 클라이언트의 배치가 이루어졌는지를 이 단계에서 결정한다. 클라이언트로서의 자격요건이 조사되고 경제적 상황이 평가된다. 클라이언트에게는 기관이 제공하는 서비스의 내용과 한계 등에 관한 정보가 제공된다. 때때로 이러한 일은 집단 단위로 오리엔테이션 형태로 이루어지기도 한다. 기본적이고 일차적인 개입계획은 이때부터 시작된다. 접수면접 과정은 때로 개인의 일반적인 사회 심리적인 정보를 모으고 신청서를 작성하고 일상적인 지시를 하는 일 등의 공식적인 과정이다. 접수면접의 기능은 개입과정의 시작, 즉 계약(engagement)이라고도 불린다.

② 사정

사정(assessment)단계에서는 좀 더 철저하게 문제를 확인하기 위해 클라이언트의 사회심리적 · 신체적 기능수행 정도를 자세히 파악해야 한다. 클라이언트의 가족과 클라이언트가 전에 이용하던 기관과 같은 외부 정보 제공자라도 활용할 수 있다. 이 기능은 표준화된 임상 면접기술을 비롯한 여러 가지의 사정도구들을 이용해 현재 클라이언트의 심리적 · 사회적인 기능수준을 결정하는 것이다. 사정은 클라이언트의 발전과 성장을 가져올 수 있는 상황의 강점(strengths)을 파악하기 위하여 노력하는 동시에 클라이언트의 제한점도 함께 인식한다.

자료조사나 수집과정을 통하여 클라이언트에게 제공 가능한 혜택과 서비스에 대한 사정뿐만 아니라 클라이언트에 대응하는 가족의 대처능력과 협조 그리고 노력상황 등에 관한 자세하고 빈틈이 없는 사정이 요구된다.

③ 기획(planning)

서비스 목표는 사정에 기초하여 종합적인 서비스 계획을 수립하는 것을 말한다. 대부분의 사례관리는 클라이언트가 개선이 필요하다고 인식하는 영역이 무엇인지를 알아보고 전문적인 목표에 클라이언트의 개인목표를 포함시킨다. 실천목표는 대체로 단기목표와 중기목표 그리고 장기목표가 설정된다. 예를 들면 위기상황과 같은 경우에는 단기목표가 세워지기도 하고, 자아존중감의 향상과 구체적인 직업목표의 설정 그리고 주택마련 욕구등과 같은 장기목표가 세워지는 경우도 있다. 실천계획이나 목표를 설정할 때는 클라이언트의 한계를 고려하는 등 현실적인 면을 이해하는 것이 중요하다. 현재의 상황을 유지하거나 곤란을 감소시킬 수 있는 구체적인 프로그램 개발과 같은 것이 주요 목표일 수도 있다. 이상과 같이 일단 서비스 목표가 설정되면 개입계획과 자원 확인 및 개발 작업 등 두 가지 기능을 수행하게 된다.

(3) 개입계획 수립(planning intervention)과 자원개발(resource development)

사례관리 맥락에서 이 시점에서 실천단계의 논리적 전개는 처음에는 특정한 목표를 겨냥한 개입서비스를 계획하고 그 후에 계획을 실행하기 위해 필요한 자원을 찾는 것이다. 이 단계의 문제점은 서비스 자원이 부족하고 서비스 체계가 급속하게 변화한다는 것이다. 원하는 목표에 이르기 위한 수단이 항상 그곳에 있는 것은 아니다. 그러므로 사례관리자는 먼저 자원들 가운데서 사용 가능한 것이 무엇인지 찾아보고 거기에 맞추어 서비스를 계획해야 한다.

① 개입계획

개입계획(intervention plan)은 상담과 치료를 포함한 치료계획과 좀 더 실질적인 원조를 위해 외부기관에 클라이언트를 연결시키는 일 등 서비스 실천전략이다. 서비스 개입계획에는 보통 단기목표와 장기목표를 성취하기 위한 방법이 모두 포함된다. 개입계획은 활용 가능한 자원의 확인과 연결 정도에 따라 수립되는 것이기 때문에 제한적일 수 있다. 개입계획을 수립하면서 사례관리자는 클라이언트와 다른 차원의 체계들과 이를 가로막는 장애물을 고려하고 이것에 대응하기 위한 방안을 수립하게 된다. 개입계획을 수립하는 과정에서 클라이언트는 가능한 한 폭넓게 관여하면서 자신의 욕구를 정확히 밝히고 좀 더 효율적인 개입계획 수립을 가능케 하며 궁극적으로는 사례관리의 목적을 달성할 수 있는 서비스 결과가 나오도록 해야 한다. 개입계획은 클라이언트 욕구를 적정화하고 필요한 서비스를 효과적으로 전달하며 수행하는 과정에서 클라이언트 지원망을 발전시키기 위해 필요한 몇 가지 주요 구성요소를 함께 수반하고 있다.

개입계획을 수립하는 데 있어 고려하여야 할 사항은 다음과 같다.

계획 가운데 실행해야 할 관련 욕구영역에 대한 특정화 주요 목표의 명확화 서비스와 지지적 목표들에 대한 분류화와 항목화 계획된 목표달성을 위해 고안된 특정 활동을 수행할 활동자의 선정 각각의 목표달성을 위한 시간의 안배 등 각각의 목표들이 달성되었을 시 기대되는 변화에 관한 진술을 포함한다.

② 자원 확인과 개발

자원 확인과 개발(resource identification and development) 기능은 비슷한 서비스자원과 정보자원에 대한 접근이 용이하도록 자료를 조직하는 것이다. 자원 확인과 개발에는 기관들과의 전화접촉, 기관 대표자 회의, 비공식적 망, 사무실 보관문서의 확인이나 주소록 확인과 같은 많은 자원 확인 방법이 있다. 대부분의 사례관리자는 여러 가지 수단을 동원하여 정보를 얻고 있으며, 때로 필요한 정보를 클라이언트로부터 얻을 수도 있다. 사례관리자는 기관정책이나 프로그램 내용이 자주 바뀌기 때문에 정확하지 않은 정보일 가능성이 있음을 고려해야 한다. 약물중독이나 후천성면역결핍증(AIDS)과 같은 진단을 받은 새로운 유형의 클라이언트를 위한 서비스 자원을 찾는 일은 쉽지 않다. 사례관리자는 특정 클라이언트를 위한 특별한 자원제공 기회가 결여되었거나 공급이 부족할 때는 새로운 자원을 개발할 필요가 있다.

클라이언트에 대한 서비스 지원계획은 클라이언트와 클라이언트의 사회적 망, 구성원과 여러 영역의 다양한 전문가들이 함께 하는 팀 접근을 통한 상호 제휴 과정을 통해서 발전하는 것이다. 사례관리자는 팀 접근과정을 통한 서비스의 지원계획 수립과 서비스 전달 과정에서 팀의 통합을 위해 다양한 정보를 투입해야 할 경우, 정보의 양을 조정하는 조정자 역할이 요구된다.

(4) 클라이언트와 서비스체계와의 연결

사례관리 맥락에서 사례관리자는 클라이언트를 위탁하기에 앞서 우선적으로 클라이언트에게 필요한 서비스의 내용과 서비스 방법을 결정해야 하고, 그 다음에 클라이언트가 서비스를 받을 수 있도록 조건과 환경을 조성하고, 필요한 또 다른 서비스에 연결(linking)될 수 있도록 하는 등 계속적으로 그 서비스를 이용하는 데 있어 필요한 모든 노력을 다하여 클라이언트와 서비스 체계와의 연결이 순조롭게 진행되도록 돕는다. 사례관리자는 서로 다른 유형의 자원들과 지역사회 기관 그리고 클라이언트를 연결함으로써 클라이언트에 대한 서비스와 지원계획을 적용할 수 있는 매개자의 역할을 수행하게 된다. 효과적인 연결은 특정 지역사회의 대인서비스 전달체계에 관한 사례관리자의 지식수준에 달려 있다. 이러한 지식은 사례관리 사정과정에서 생겨나는 자원목록(resource inventories)의 확보를 통해서 발전되고 확대된다.

이 밖에도 사례관리자는 구체적이고 정서적인 지지를 해 줄 필요가 있다. 서비스 접촉을 완벽하게 활용하기 위한 기술로서, 예를 들어 누구와 어떤 정도로 접촉할 것인지 하는 연결-조직기술과 어떤 새로운 서비스가 개발되고 있는지, 어떤 제도적인 정책을 적용할 수 있는지, 어떤 기금을 신청할 수 있는지 등과 같은 지역사회의 공식적 혹은 비공식적 자원 그리고 인적·물적 자원발견 및 활용 기술을 필요로 한다.

효과적인 매개에 영향을 미치는 또 다른 요소는 다른 기관들과 사례관리자와의 연결이다. 기관들과 기관에 속한 직원과의 개인적인 접촉을 통하여 사례관리자는 전문가망(professional network)을 형성하면서 상호관계성을 수립하게 된다. 이러한 망은 상호매개적인 서비스로 이용될 수 있다. 전문가망은 사례관리자가 특정 클라이언트에 그들의 욕구에 부응하는 서비스를 가진 제공자들이 상호작용할 수 있도록 해 주고, 제공된 서비스의 적절성을 파악하도록 도우며, 서비스와 서비스 간의 상호작용이 원활히 이루어질 수 있도록 한다. 사례관리자는 동료들의 전문가 망을 통해서 다른 기관들에 접근할 수 있다. 전문가 망을 형성하고 있는 상황에서 사례관리자는 다른 사례관리자와 함께 일하고 이들의 연합된 협조체계를 발전시키며, 다른 서비스들의 효과성, 서비스제 공 방법과 내용에 관한 내부정보를 함께 나눔으로써 지역사회 전달체계에 대한 지식을 더욱 축척해 나갈 수 있다.

클라이언트와 자원체계 간의 연결기능이 효율적으로 이루어지려면, 연결과 관련하여 클라이언트를 준비시키는 일이 중요하다. 사례관리자는 클라이언트에게 우선 자원체계에 관한 상세한 정보를 제공하고 자원체계와의 연결 시 발생할 수 있는 난점을 점검하여 중재자로서의 역할을 수행하게 된다. 이때 자원 체계와 연결은 외부적인 것과 아울러 내부적인 것일 수도 있으며 공식적·비공식적인 접근 모두 필요한 것이다.

사례관리자는 각각 서로 다른 집단들은 서로 다른 자원체계를 가지고 있으므로 어떠한 공식적 혹은 비공식적인 접근이 강조되어야 하는지를 결정하는 데 사례관리자의 윤리적인 판단을 필요로 한다. 예들 들면, 어떤 집단은 가족 내에서 원조를 제공하기 원하는 대가족구성원들을 가지고 있다. 그러나 이러한 비공식적 서비스인 가족자원을 활용하는 일을 선호하는 것은 바람직하지 않다. 그 이유는 지원에 있어 공적 서비스의 이용보다 가족자원의 활용이 중심이 되고 활성화되는 경우, 각 집단이 활용할 수 있는 공식적 서비스의 범위가 감소될 수도 있기 때문이다.

(5) 점검과 재사정

사례관리 맥락에서 점검과 재사정(monitoring and reassessment)이라는 두 기능은 부분적으로 중복된다. 점검과 재사정의 목적은 현재의 서비스 제공과 조정 등이 클라이언트에게 어느 정도 만족스러운 상태인지 혹은 개입 계획의 새로운 변화의 필요성이 있는지 등을 평가하기 위해서 실시되고 있다.

① 점검

기관과 비공식적 망과의 접촉은 점검(monitoring)이 중심이 된다. 점검은 클라이언트의 수립된 실행계획에서 정해진 서비스의 전달과정을 확인하는 방법으로서 사례관리자에 의해 행해지는 활동적이고 유동적인 과정이라는 뜻을 지니고 있다. 점검은 서비스 전달을 관찰 또는 감독하는 기능을 포함한다. 사례관리자는 서비스 전달체계를 통해서 클라이언트의 변화와 진척사항을 확인하게 된다.

사례관리자가 실행하는 점검의 내용은 다음과 같다.

㉠ 클라이언트 지원망의 구성원들이 목표를 달성하기 위하여, 특정 행동을 수행하고 그들의 책임을 수행하는데, 적절한 시간안배가 이루어지고 있는지를 점검한다.

㉡ 클라이언트에 대한 계획이 수립된 시점에서 욕구를 충족시킬 수 있는 필요한 서비스와 자원을 가지고 있는지를 점검한다.

㉢ 클라이언트에 대한 서비스와 지원계획이 어느 정도 잘 이해되고 있는지를 점검한다.

㉣ 그 계획이 성공적인지 혹은 역행적 결과를 가져오고 있는지, 즉 서비스와 지지의 산출결과(output)를 검토하는 일 등을 점검한다.

사례관리자가 점검 기능을 수행하는 데 필요한 접근방법은 크게 두 가지가 있다.

첫 번째는 비공식적 근거에서 이루어지는 유형으로 효과적이고 자유로운 흐름과 실제로 행하는 것이다. 사례관리자 자신을 이용함으로써 클라이언트 서비스와 지원계획이 적절하게 실행되고 있는지 그리고 바라는 결과가 이루어지고 있는지를 검토하는 것이다.

두 번째는 공식적이고 양적인 접근의 유형은 구조화되고, 절차화되고 공식화된 것이다. 사례관리자는 서비스와 지원과정의 노력과 적정성, 질과 결과를 점검하는 데 있어서 규범적이고 표준 지향적 기준으로 마련된 도구를 이용한다. 이러한 도구들에는 구조화된 질문, 사례관리자에 의해 만들어진 인터뷰 도구, 클라이언트의 기록부를 검토하기 위해 구조화된 검토항목, 클라이언트의 행동의 변화를 사정하기 위해 이용되는 구조화된 기능적 척도 등이 있다.

② 재사정(reassessment)

사례관리의 맥락에서 클라이언트에 대해 장기간 보호 목적을 전제로 할 때 상황에 따라 클라이언트의 관리상황의 반복적인 평가를 실시하는 것이 필수적이며, 이러한 평가는 시간적인 간격을 두고 설정된 시점에 따라 공식적으로 요구되기도 한다. 각각의 사정은 재사정을 필요로 한다. 재사정은 공식적일 수도 또는 비공식적일 수도 있으며 주기적으로 이루어질 수도 혹은 계속적으로 이루어질 수도 있으며, 때로는 빈번하게 행해질 수 있다. 이를 위해서는 클라이언트 자신이 재사정에 참여하는 일이 우선적으로 이루어져야 한다.

재사정을 방해하는 요인으로는 잘못 설정된 목표로 인해 사정이 잘못된 경우에는 클라이언트가 자신에 관해 정보를 제공하지 않거나 잘못된 정보나 정확하지 않은 정보를 제공하게 되면 사례관리실천의 개입목표 설정과 개입방법의 사용이 적절치 못하고 효율적이지 못하게 되며 사례관리 실천의 결과 역시 바람직한 것을 기대할 수 없다고 본다. 다른 기관들로부터 부가적으로 제공받는 정보들이 사정을 하는 데 있어 적절치 못한 경우가 종종 있고 이것은 많은 업무량과 시간제한이 장애가 된다. 그리고 일반적으로 재사정은 순차적으로 새로운 자원과의 연결이나 배치 그리고 새로운 개입계획과 수정된 개입목표와 관련되어 이루어지게 된다(김성철, 2019).

(6) 평가

사례관리의 맥락에서 평가(evaluation)라 함은 사례관리자에 의해 형성되고 조정되는 서비스 계획과 구성요소 그리고 활동들이 과연 시간과 비용을 투자할 만한 가치가 있는지 혹은 없는지를 알아보기 위한 과정이다. 평가를 실행하는 데 있어서 사례관리자는 클라이언트가 사례관리 과정에 참여한 결과가 긍정적으로 혜택을 받았는지를 살피고 산출이 효과적으로 나타나고 있는지의 여부에 관심을 가져야만 되는 것이다. 이와 같이 평가는 클라이언트에 대한 득과 실을 알아보기 위해 사례관리자가 활용하는 기능이다.

사례관리에서 평가의 내용은 다음과 같다.

① 투입(input)에 대한 평가로서 개입 계획 시 구성된 전문인력과 서비스 그리고 자원들이 목표로 삼은 사례관리 목적을 달성하기에 적정한 것인지의 여부를 평가한다.

② 과정(process)에 대한 평가로서 클라이언트에 대한 서비스와 지지계획에서 정해진 활동과 과업이 적절한 방법으로 수행되고 있는지의 여부를 평가한다.

③ 연관성(correlation)에 대한 평가로서 클라이언트에 대한 서비스와 지원계획은 클라이언트의 욕구에 부응할 수 있는 것인지, 특히 클라이언트 지지망에 대한 계속적인 사정과 점검을 통해 드러난 욕구와 관련해서 볼 때 이 계획은 여전히 욕구에 부응할 수 있는 것인지의 여부를 평가한다.

(7) 기관의 조정

사례관리 맥락에서 다양한 기관들 간의 조정기능은 공식적 정책을 통하거나 조직 간의 비공식적 동의에 의해 연결기능을 원활하게 하는 기관 간의 관계를 수립하는 것이다. 공식적 정책(formal policy)은 전형적으로 가장 높은 위계차원에서 이루어지며, 비공식적 동의는 공식적인 정책에 비해 덜 구속적이며 때로는 사례관리자에 의해 제공되는 프로그램의 실시 여부, 내용을 논의하는 등 프로그램 수준에서 행해진다. 이러한 조직 간 이해와 조정은 서비스 유형, 클라이언트의 유형과 인원, 재정적 고려 등과 관련되어 있다. 이러한 서비스 제공 기관 간의 이해와 조정은 서비스 프로그램이 시작되기 전이나 프로그램 실시 중 어느 때라도 이루어질 수 있는 것이다.

사례관리자는 기관 간의 조정활동을 원활히 하기 위하여 기관 전체와의 공식적 조정뿐만 아니라 조직 내 개인과 비공식적이고 개별적인 서비스 조정을 하는 일도 중요하다. 특히, 사례관리 조직이 개별 사례관리자에 의해 발생하는 연결에 대해 행정적 수준을 명백히 해야 한다. 더 나아가서 조직 간 관계는 재정적 의무나 권위 등과 같은 강제적 영향에 기초하고 있을 때 더욱 긴밀한 연결의 가능성이 크다. 또한, 기관 간의 조정은 클라이언트와 서비스 체계 간의 성공적인 연결을 조장하는 수단으로 기관 간의 상호의존적이고 의미 있는 교환을 요구하고 있다. 이때 기관들 간의 교환활동이란 클라이언트에 대한 정보의 공유와 상호의뢰, 시설의 공동 활용과 직원의 교류 등을 포함한다(김성철, 2019).

(8) 상담

사례관리기능에서 상담(consulting)은 중요한 활동으로 정보와 조언을 제공하는 것이며, 상담은 특히 전통적인 치료와 같이 심리 내적인 것에만 국한되는 것이 아니라 주거문제나 재정문제, 양육문제나 고용문제와 같은 영역에서의 문제해결과 현실검증 그리고 사회화기술과 실제적 도움이 전 과정에 걸쳐 요구되는 기술이다. 상담에는 가족구성원과 기관대표자 그리고 수용보호시설 운영자 등에게 제공되는 자문이 해당된다. 효과적인 상담은 기본 생활기술 훈련과 교육활동, 역할놀이의 활용과 바람직한 행동에 대한 모델링 등을 포함하고 있다. 이러한 상담은 자기 관리기술을 개발하고 긍정적인 강화의 기능사용을 조장하는 것으로서, 보통 단기적인 것이므로 사례관리의 각각의 단계 혹은 전 과정을 통하여 제공될 수 있다.

(9) 치료

사례관리 맥락에서 치료(treatment)는 개인의 정신 내적인 문제로서 내면 깊이 자리 잡은 성격 문제에 초점을 맞추는 장기치료와 실직, 부부갈등 등과 같은 일상적인 생활 문제에 초점을 두는 단기치료로 구분할 수 있다. 치료는 개별적이거나 집단적일 수 있고, 가족이 관여할 수도 있고, 위기적인 특징을 가질 수도 있다. 클라이언트들의 긍정 적인 행동변화를 강화하고 유지하기 위해 필요에 따라서는 치료에 가족구성원을 포함시키는 것이 중요하다. 치료는 클라이언트가 일상생활 상황을 다루도록 돕는 '여기－지금(here and now)'을 강조해야 한다. 만성적인 문제를 가지고 있는 클라이언트는 만성화로 인해 개인의 내적인 성찰 능력이 제한되어 있고, 이것은 클라이언트의 현재 상황에 대한 관리와 사회적응, 그리고 사회적 지지와 클라이언트의 연결 등이 개입형태를 이룬 치료내용에 포함된다. 치료는 클라이언트의 변화추이에 따라 사례관리의 과정 중 언제든지 이루어질 수 있고 필요에 따라서 제공되고 철회될 수도 있다. 사례관리의 맥락에서 상담과 치료(counseling and treatment)는 특징적인 면에서 많은 부분 중복되기도 하며 뚜렷한 구별을 짓기가 어려운점이 있다.

(10) 옹호

사례관리 맥락에서 옹호(advocacy)는 중요한 기능이며, 특별히 대부분의 클라이언트들이 학습된 무기력 상태이거나 사회적으로 소외된 경우가 많아 사례관리자의 옹호 기능은 더욱더 반드시 요구된다. 클라이언트를 옹호하는 일은 사례관리 전체 과정 가운데 매우 초기에 필요할 수도 있고, 기관이 서비스를 제공하기를 거절하는 연결 시기에 일어날 수도 있다. 이 기능은 많은 사람들이 종종 간과하거나 실행하기가 어렵다고 여기는 중요한 기능이기도 하다. 사례관리에 있어 옹호는 두 가지 차원으로서 클라이언트 체계 차원과 서비스 체계 차원(service system dimension)에서 행해진다.

클라이언트 체계 차원의 옹호는 클라이언트가 적절한 서비스를 제공받지 못 하거나 부당한 처우를 받을 때 클라이언트를 돕는 확실하고 단언적인 접근이다. 서비스 체계

차원에서 옹호는 서비스를 제공하는 과정에서 겪게 되는 부당한 처우에 대한 접근이다. 옹호자는 관료적 규칙과 장애를 헤쳐 나가서 클라이언트 자신이 마땅히 받아야 할 혜택을 얻을 수 있도록 도울 준비가 되어 있어야 한다. 옹호의 강도는 사례관리 개입 시 필요에 따라 단계적 방법으로 증대되는데 토의나 설득, 촉구나 강제와 같은 여러 종류가 있다. 옹호는 사례관리의 맥락에서 기관 등 조직의 구성과 운영방법 등에 따라 다양한 방법과 이해를 요구한다(김성철, 2019).

3 서비스 전달

1) 사례관리의 의의

(1) 사례관리의 의의

사례관리는 보호관리나 사례조정 그리고 자원조정으로 정의한다. 사례관리는 보건 및 사회서비스 분야의 다양하고 복잡한 문제에 대한 해답으로 폭 넓게 받아들여지고 있다. 정신 장애인이나 만성질환을 가진 노인 및 그 가족은 다차원적이고 장기적인 서비스 욕구를 가지고 있다. 그러나 이들에게 필요로 되는 다양한 서비스에 대한 정보가 부족하고, 더욱이 서비스 전달체계가 복잡하여서 클라이언트와 서비스가 적절히 연결되지 못하는 문제들이 자주 발생한다. 이러한 문제를 해결하는 필요한 방법으로써 사례관리방안이 필요하다.

(2) 사례관리의 적용

사례관리 서비스 성격 차원은 다음과 같다.

① 서비스 체계 중심의 개념

랩과 챔버레인(Rapp & Chamberain, 1985)에 의하면 사례관리란 "탈시설화의 영향으로 인해 서비스 전달 체계에서 나타난 서비스의 단편성과 분산성, 불연속성과 비접근 그리고 중복성 등의 문제를 극복하기 위한 해결책"으로 정의하였다. 루빈(Rubin, 1987)은 "지역사회의 복합적인 서비스욕구를 가진 클라이언트를 보호하기 위해 복잡한 서비스 전달체계와 연계하고 적절한 시기에 필요한 서비스를 제공받도록 보장하는 것"으로 정의하고 있고, 네팅과 프랭크(Netting & Frank, 1990)도 사례관리란 "서비스 전달체계의 복잡한 서비스를 조정하는 것으로 보고 보호의 지속성을 보장하고 한정된 자원을 가진 클라이언트를 위해 비공식적인 지지서비스를 발전시키고 조정하는 것"이라고 정의하였다. 종합해 보면 서비스체계 중심 개념에서의 사례관리는 다소 서비스를 제공하는 행정적인 입장에서 정의되어진 개념이라고 할 수 있다.

② 클라이언트 체계 중심의 개념

이 개념은 클라이언트와 사례관리자와의 치료적 관계를 바탕으로 클라이언트의 정신내적 · 대인 관계적 · 환경적 개입이 상호 연합하는 것이다. 이 개념의 대표적인 학자 램은 '치료자(healer)－사례관리자(case manager)' 개념을 사용하여 고도의 전문적 치료적 개입을 통해 정확한 클라이언트의 욕구를 사정, 평가하고 클라이언트가 사례관리 과정에 참여할 수 있도록 촉진시켜야 한다고 주장하였다. 클라이언트 체계 중심의 사례관리는 클라이언트에 대한 대면서비스에 초점을 두고 직접적 서비스 기능을 강조하는 개념이다.

③ '상황 속의 인간(person in situation)'을 강조하는 개념

이 개념은 체계적 관점의 개념틀을 기초로 해서 개인과 환경의 상호작용(interaction)이라는 입장에서 클라이언트 차원의 개념과 서비스 체계 차원의 개념을 포괄적으로 수용하는 견해이다. 이 개념에서의 사례관리는 전통적인 사회복지실천방법인 개별사회사업(case social work), 집단사회사업(group social work) 및 지역사회조직(community organization)을 통합한 사회복지실천의 핵심기술로서, 특별한 클라이언트집단을 위한 최선의 직접적 서비스(direct service)와 지역사회 차원의 서비스를 통합하여 실천하는 것이라고 정의되기도 한다. 여기서 직접적인 서비스란 클라이언트 차원의 치료적인 관계를 중심으로 한 개념이며, 지역사회 차원의 서비스는 서비스 연계와 조정(linkage and coordination)에 역점을 둔 개념이다(김성철, 2019).

참고문헌

강기정(2008). 조손가족의 가족기능강화를 위한 사례관리 시범사업 평가 및 정책방향. 한국가족복지학, 제13권 3호, 2008. 9, Vol. 13, No. 3, 111-128.
강진령(2016). 집단상담의 실제. 학지사.
고명수, 김종상(2019). 사회복지 실천기술론. 정민사.
권정옥(2007). 도박중독과 동기강화상담. 한국심리학회 학술대회 자료집, 2007(1), 2007. 8, 83-87.
글로벌세계대백과사전(2004). 가족의 기능. 도서출판 범한, 중앙교연.
김경우(2016). 사회복지실천기술론. MJ미디어.
김기태(1998). 위기개입론. 대왕사.
김기태, 김수환, 김영호, 박지영(2006). 사회복지실천론. 양서원.
김동배, 이윤로(1995). Group work 조사평가론. 인간과 복지.
김만두 역(1985). 위기개입론. 홍익재.
김민경(2017). 사회복지실천기술론. 양서원.
김성이, 조학래, 노충래(2004). 청소년복지학. 집문당.
김성천(2000). 한국가족복지정책의 재조명: 문제과 개방안의 모색. 한국가족복지학, 5. 71-102.
김성철(2016). Introduction to social welfare. 21세기사.
김성철(2017). 사회복지실천론. 21세기사.
김성철(2019). 사회복지실천론. 공동체.
김성철, 이재선, 공창숙, 박윤희, 순덕기, 신철민, 양용희, 오은경, 임원균, 장원종, 정용충, 조순일, 홍갑표(2015). 사회복지지도감독과 현장실무론. 퍼시픽북스.
김성철, 이재선, 순덕기, 신철민, 정용충, 조순일(2016). 사회복지실천기술론. 양서원.
김성철, 인천기독교사회복지관(2017). 사례관리실천론. 신정.
김연옥, 유채영, 이인정, 최해경(2005). 가족복지론. 나남출판사.
김영란, 황정임, 최진희, 김은경(2016). 부자가족의 가족역량 강화를 위한 지원방안 연구. 한국여성정책연구원.
김용환, 김승돈, 송기영, 안외자, 양정안, 이덕희(2016). 사회복지실천기술론. 동문사.

김우호, 성시한, 오승환, 이송희, 이용환(2019). **사회복지실천기술론**. 동문사.

김정진(2019). **사회복지실천기술론**. 학지사.

김정진, 임은희, 권진숙(2007). **사회복지실천기술론**. 서현사.

김준환, 김녹현, 송금희, 이은영, 임원선, 전영록, 허정철(2016). **사회복지실천기술론**. 창지사.

김진숙(2007). 부부문제에 대한 인지행동적 모델의 검증. 서울대학교 대학원 박사학위논문.

김춘경(2016). **상담의 이론과 실제**. 학지사.

김혜란, 홍선미, 공계순(2001). **사회복지실천기술론**. 나남출판사.

김혜란, 홍선미, 공계순(2006). **사회복지실천기술론**. 나남출판사.

김혜숙, 나임순, 김현경(2013). **사회복지실천기술론**. 학지사.

김혜영, 석말숙, 최현미, 신인순, 홍나미, 황미영(2017). **사회복지실천기술론**. 공동체.

남세진, 조흥식(1997). **집단지도방법론**. 서울대학교 출판부.

노충래(2006). **집단사회복지실천**. 학지사.

도광조(2018). **사회복지실천기술론**. 양서원.

박귀영, 류미령, 오현숙, 이영희, 이용환, 현영렬(2017). **사회복지실천기술론**. 양성원.

박병금(2016). **사회복지실천기술론**. 정민사.

박정문(2016). **사회복지실천기술론**. 창지사.

사회복지 대백과사전(1999).

서혜숙, 이혜숙, 이훈형, 한경리(2017). **사회복지실천기술론**. 양서원.

설진화(2013). **사회복지실천기술의 이해**. 양서원.

설진화(2016). **사회복지실천기술론**. 양성원.

설진화(2018). **사회복지실천기술론**. 양성원.

성미애(2019). **가족학특론**. 한국방송통신대학원.

성정현(2017). 이혼한 여성 한 부모들의 자립경험. **한국콘테츠학회논문지**, 17(5). 137-152.

송이은(2016). 가족의 형태 및 경제 수준이 성인 건강에 미치는 영향 -가족관계의 질을 중심으로-. 고려대학교대학원 박사학위논문.

송희경(2013). 조직 맥락에서 본 사회복지사의 심리적 임파워먼트와 직무태도의 관계. 건국대학교대학원 박사학위논문.

신성만(2017). 중독행동의 이해를 위한 동기균형이론. **한국심리학회지: 중독**2(1), 2017. 6, 1-12.

신성만, 류수정, 김병진, 이도형, 정여주(2015). 인터넷 중독 청소년을 위한 동기강화상담 집단프로그램 개발 및 효과. **상담학연구**, Vol. 16. No. 4, 89-109.

신성자 외(2000). 사회복지실천기술론. 고헌출판부.

신성자 외(2012). 사회복지실천기술론. 양서원.

신성자(2007). 사회복지실천기술론. 양서원.

신성자, 고유나, 김수정, 박용원, 성희자, 이원준, 전보경, 정숙희, 최은지(2017). 사회복지실천기술론. 양성원.

안세아(2016). 가족정책의 변화를 통해 본 복지체제의 재구성 -OECD 15개 국가를 중심으로-. 인하대학교대학원 박사학위논문.

양옥경(2005). 가족과 사회복지. 이화여자대학교출판부.

양옥경, 김민영(2003). 가족관계척도 활용을 위한 타당도 연구. 한국사회복지학, 54, 5-33.

양옥경, 김정진, 서미경, 김미옥, 김소희(2010). 사회복지실천론. 나남출판사.

엄명용, 노충래, 김용석(2005). 사회복지실천기술의 이해. 학지사,

엄명용, 노충래, 김용석(2008). 사회복지실천기술의 이해. 학지사.

엄명용, 노충래, 김용석(2015). 사회복지실천기술의 이해. 학지사

여성가족부(2015). 2015년 한 부모가족 실태조사.

윤경원(2020). 사회복지실천기술론. 동문사.

윤선오, 김현진(2016). 사회복지실천기술론. 양성원.

윤현수 외(2000). 사회복지실천기술론. 동인.

이광재, 이수영, 금기윤, 임정숙(2019). 사회복지실천기술론. 동문사.

이기량, 김병, 김효선, 나혜숙, 박영주(2017). 사회복지실천기술론. 공동체.

이문국 외 역(1998). 사회복지대백과사전. 나눔의 집.

이미선, 강우진, 권향임, 오영림(2020). 사회복지실천기술론. 신정.

이성희, 전재일(2008). 사회복지실천기술론. 형설.

이순배, 이만수, 김정훈, 김경희, 임안나, 송민석, 강성주(2011). 사회복지실천기술론. 공동체.

이신영, 박선영(2012). 사회복지실천기술론. 양성원.

이애란(2014). 북한의 '가정혁명화'를 아십니까. 미래한국.

이애재(2006). 사회복지실천기술론. 양서원.

이애재(2013). 사회복지실천기술론. 양서원.

이영분, 신영화, 박태영, 최선령, 최현미(2014). 가족치료 모델과 사례. 학지사.

이영실, 윤대중, 강윤경, 임정문, 황치정, 김성철, 김지철(2010). 사회복지실천기술론. 양서원.

이영실, 윤순이, 신준옥, 오현숙, 노길희, 조명희, 홍성희(2015). 사회복지실천기술론. 양서원.

이영호(2005). 사회복지실천기술론. 공동체.

이영호(2008). 사회복지실천기술론. 공동체.

이재선, 김성철, 순덕기, 신철민, 정용충(2016). 사회복지실천기술론: 현장실천중심. 양서원.

이태희, 류동수, 박희숙, 오하나, 황동섭(2019). 사회복지실천기술론. 지식공동체.

이혁구(1999). 탈근대사회의 가족변화와 가족윤리: 21세기 가족복지의 실천방향. 한국가족복지학, 4(0), 219-242.

인천시 부평구 건강가정지원센터. www. incheon.familynet.or.kr. 한 부모 가족사례관리.

임경택, 김병오(2015). 이혼 남성의 자녀양육 경험연구. 상담학연구, 16(4), 523-545.

임상록, 박주현, 배은숙, 오세숙, 이명순, 이영주, 이혜자, 최덕경(2010). 사회복지실천기술론. 파란마음.

임안나, 곽정국, 장승전, 임현진, 신후경, 김한덕, 이순자, 김덕주, 배재덕, 강해자(2011). 사회복지실천기술론. 공동체.

임인숙(1999). 미국 학계의 가족변화 논쟁. 가족과 문화, 11(1), 23-46.

장수미, 최정숙, 박형운, 김주현, 홍현미라, 이혜경, 이영선, 한인영(2018). 사회복지실천기술론. 학지사.

장수미, 최정숙, 박형원, 김주현, 홍현미라(2015). 사회복지실천기술론. 학지사.

장수미, 최정숙, 박형원, 김주현, 홍현미라(2017). 사회복지실천기술론. 학지사, 이화사회복지연구소 학술총서.

장수복, 이태희, 유영준, 정희정, 오봉욱, 최세영(2017). 가족복지론. 정민사.

전남련, 박정란, 윤기종, 이효수(2012). 사회복지실천기술론. 정민사.

전선영, 조금화, 박성석, 강윤경, 박정숙, 이미선, 이영실, 박미정, 권향임, 조미숙, 문영미(2011). 가족복지론. 신정.

전재일, 이성희(2000). 집단실천기술론. 사회복지개발연구원.

전재일, 이성희, 김연희(2016). 사회복지실천기술론. 공동체.

전희수, 최영주, 정백연, 박선태, 서민호(2018). 사회복지 실천기술론. 양성원.

정구철(2013). 보호관찰 대상자의 중독적 행동교정을 위한 동기강화상담(Motivational Interviewing), 한국보호관찰학회 추계학술대회(재범예방과 사회통합을 위한 보호관찰의 역할).

정문자, 이영분, 김유순, 김은영(2017). 해결중심 가족상담. 학지사.

정선영, 손덕순, 오영림(2017). 사례로 배우는 사회복지실천기술론. 학지사.

정순둘, 김고은, 김미영, 김은정, 김지혜, 박근혜, 박향경, 박현정, 박현주, 우재희, 이혜숙, 홍나미(2010). 임상사회복지이론. 학지사.

정원식, 박성수, 김창대(1999). 카운슬링의 원리. 교육과학사.

조미숙, 유용식, 윤춘모, 현영렬(2020). 사회복지실천기술론. 동문사.

조선일보(2001). 고위간부의 '혁명화', 탄광, 농장서 노동.

최선화(2016). 풀어쓴 사회복지실천기술. 공동체.

최세영(2018). 사회복지실천기술론. 어가.

최혜지, 김경미, 정순둘, 박선영, 장수미, 박형원, 배진형, 박화옥, 안준희(2014). 사회복지실천론. 학지사.

탈북자동지회(2004). 가정의 혁명화.

통계청(1)(2018). 2017 인구주택총조사.

통계청(2)(2018). 생명표, 국가승인통계 제101035호.

통계청(2019). 2018년 혼인, 이혼 통계.

한인영 외 역(2002). 위기개입. 나눔의 집.

한현지, 박지유, 오승환, 이송희, 이용환, 김우호(2020). 사회복지실천기술론. 동문사.

허남순 외(2004). 사회복지실천이론과 기술. 나눔의 집.

홍봉수, 임안나, 곽정국, 강해자, 장승전(2020). 사회복지실천기술론. 공동체.

홍봉수, 임안나, 곽정국, 강해자, 장승전, 임현진, 김영호, 배재덕, 전경란, 김덕주, 박명옥(2019). 사회복지실천기술론. 공동체.

황인옥(2018). 사회복지실천기술론. 공동체.

Aguilera, D. (1998). *Crisis intervention: Theory and methodology* (8th ed). New York: Mosby.

Bard, M. & Ellison, K. (1974). Crisis intervention and investigation of forcible rape. *Police chief, 41*(5), pp. 68-74.

Bellah, R. N. et al. (1985). *Habits of the Heart: Individualism and Commitment in American Life*. Perennial Library: Harper & Row Publishers.

Bendick, M. (1992). *Privatizing the Delivery of Social Welfare Service*. Working Paper No.6 Privatization. Project on the Federal Social Role. Washington D.C: National Conference on Social Welfare.

Berg, I. K. & Dolan, Y. M. (2001). *Tales of solutions*. New York: Norton & Company.

Bolman, L. & Deal, T. (1984). *Modern Approaches to Understanding and Managing Organizations*. San Francisco. CA: Jossey-Bass.

Brooks, R. B. (1994). Children at risk: Fostering resilience and hope. *American Journal of Orthopsychiatry*, Vol. 64, pp. 545-553.

Caplan, G. (1964). *Principles of preventive psychiatry*. New York: Basic Books.

Collins, D., Jordan, C. & Coleman. H. (1999). *An Introduction to Family Social Work*. 이화여자대학교 사회복지연구회 역(2007). 가족복지실천론. 서울: 나눔의 집.

Corey, G. & Corey, M. (1977). *Groups: process and practice*. Montrey. CA: Brooks/Cole Publishing Company.

De Jong, P. & Miller, S. (1995). How to Interview for Client Strenths. *Social Work, 40*(60). pp. 729-736.

Dunn, P. C. (1995). *Volunteer Management*. NASW Encyclopaedia of SW.

Elaine P. Congress & Manny J. Gonzalez. (2012). *Multicultural Perspectives in Social Work Practice with Families*. Springer Publishing Company. 김욱 외 역(2016). 다문화 클라이언트와 가족을 위한 사회복지실천. 나눔의 집.

Epstein, L. & Brown, L. B. (2002). *Brief treatment and a new look at the task-centered approach*. Boston: Allyn & Bacon.

Frankel, A. J. & Gelman, S. R. (1998). *Case Management: An Introduction to Concepts and skills*, Chicago, Il: Lyceum Books.

Ganong, L. H., Coleman, M. & Mapes, D. (1990). A Meta-analytic Review of Family Structure Stereotypes, *Journal of Marriage and the Family, 52*. pp. 287-298.

Gate, B. L. (1980). *Social Program Administration the Implementation Social Policy*. New Jersey: Prentice-Hall. Inc.

Gilbert, N. & Terrel, P. (1994). *Dimensions of Social Welfare Policy* (5th ed.). Boston: Allyn Bacon.

Glenn, N. (1993). *What's Happening to American Marriage?*. USA Today. May.

Glisson C. (2001). *Organizational Structure and performance*. Social Welfare.

Golan. N. (1978). *Treatment in crisis situation*. New York: Free Press.

Goldenberg, I. & Goldenberg, H. (2000). *Family therapy: An Overview* (5th ed), Books/Cole Thomson Learning. 김득성, 윤경자, 전영자, 전영주, 조명희, 현은민 역(2001). 가족치료. 시그마프레스.

Goldstein, E. & Noonan, M. (2005). *Short-Term Treatment and Social Work Practice*. 이선혜, 정슬기, 서진환 공역. 사회복지실천을 위한 통합적 단기개입. 학지사.

Haney, H. & Leibsohn, J. (2001). *Basic counseling responses in group: A multimedia learning system for the helping professions*. Cengage Learning.

Hepworth, D. H., Rooney R. H. & Larsen, J. A. (1997). *Direct Social Work Practice: Theory and Skills*. Belmont. CA: Wadsworth Publishing.

Jacobs, E. E., Masson, R. L., Harvill, R. L., & Schimmel, C. J. (2012). Group counselings: A group work design. *Journal for Specialists in Group work, 24.* pp. 113-124.

Jacobs, E. E., Schimmel, C. J., Masson, R. L. & Harvill, R. L. (2016). *Group Counseling Strategies and skills*. Cengage Learning. 김춘경 역(2016). 집단상담: 전략과 기술. 센게이지러닝.

James, R. & Gilliland, R. (2006). *Crisis Intervention Strategies* (5th ed.). Cengage Learning. 한인영, 장수미, 최정숙, 박향원, 이소래, 이혜경 공역(2008). 위기개입(개정판). 나눔의 집.

Lewin, B. (1979). *Group psychotherapy: Practice and development.* Englewood Cliffs. NJ: Prentice-Hall, Inc.

Likert, R. (1967). *The Human Organization: Its Management and Value*. New York: McGraw-Hill.

Lohman, R. (1980). *Breaking Even: Financial management in Human Service Organizations*. Philadelphia: Temple University Press.

Lundahl, B., Kunz, C., Brownell, C., Tollefson, D. & Burke, B. (2010). A Meta-Analysis of Motivational Interviewing: Twenty-Five Years of Empirical Studies. *Research on Social Work Practice, 20*(2). pp. 137-160.

Marsh, P. & Dole, M. (2005). *The task-centered book*. New York: Routledge.

Mattaini M. A., Lowery C. T. & Meyer C. H. (1998) *(The) Foundations of Social Work Practice* (2nd ed). 이팔환 외 역(2000). 사회복지실천이론의 토대. 나눔의 집.

Menefee, D. & Thompson, J. (1994). Identifying and Comparing Competencies for Social Work Management: A Practice Driven Approach. *Administration in Social Work. 18*(3).

Miller, W. R. & Rollnick, S. (2002). *Motivational Interviewing Preparing People for Change* (2nd ed). The Guilford Press. 신성만, 권정옥, 이상훈 역(2015). 동기강화상담(변화 함께하기). 시그마프레스.

Mintzberg, H. (1979). *The Structuring of Organizations*. Upper Saddle River. New Jersey: Prentice Hall.

Mintzberg, H. (1981). *Structure in Fives: Designing Organizations*. Englewood Cliffs. New Jersey: Prentice-Hall.

Motenko, A. K. (1989). The Frustrations, Gratifications, and Well-Being of Dementia Caregivers. *The Gerontologist, 29*(2). pp. 166-172.

Moxley, D. P. (1989). *The Practice of Case Management*. Newbury Park, CA: Sage Publications, Inc.

Mulligan T. & Palguta R. (1991). Sexual interest, activity and satisfaction among male nursing home residents, *Archives of Sexual Behavior, 20*(2).

Netting, F., Kettner, P. & McMurtry, S. (1993). *Social Work Macro Practice*. New York: Longman.

Neugeboren, B. (1985). *Policy and Practice in the Human Service*. New York: Longman.

Nolte, E., Knai, C. & Mckee, M. (2008). *Managing Chronic Condition: Experience in eight countries*. European Observatory on Health System and Policies.

Northen, H. & Kurland, R. (2001). *Social Work with Groups*. Columbia Univ. Press.

Palmer, S., Glass, T., Palmer, J., Loo, S. & Wegener, S. (2004). Crisis intervention with individuals and their families following stroke: *A model for psychosocial service during inpatient rehabilitation psychology, 49*(4). pp. 338-343.

Papell, C. P. & Rothman, B. (1962). Social group work models: Possession and heritage. *Journal of Education for Social Work, 2*(2). pp. 66-77.

Papernow, P. L. (1984). The Stepfamily Cycle An Experiential Model of Stepfamily Development. *Family Relations, 33*(3). pp. 355-363.

Parad, H. J. & Parad, L. G. (1990). Crisis intervention: An introductory overview. In H. J. Parad & L. G. Parad (Eds.), *Crisis intervention book 2: The practitioner' source-book for brief therapy*(pp. 3-68). Milwaukee, WI: Family Service America.

Payne, M. (1991). *Modern social work theory, A critical introduction*. London: Macmillan.

Pfeffer, J. & Salancik, G. (1978). *The External Control of Organization*. New York: Harper & Row.

Pincus, A. & Minahan, A. (1990). *Social Work Practice: Model and Method*. Itasca. Illinois: F. E. Peacock Publishers Inc.

Popenoe, D. (1988). *Disturbing the Nest*. N.Y.: Warner Books.

Popenoe, D. (1993). American Family Decline, 1960-1990: A Review and Appraisal, *Journal of Marriage and Family, 55*.

Rapoport, L. (1970). Crisis intervention as a mode of brief treatment. In Roberts. R. W. & Nee. R. H. (Eds). *Theories of Social Casework*, Chicago: University of Chicago Press.

Reichert, E. (2003). *Social Work and Human rights-A Foundation for Policy and Practice*. New

York: Columbia University Press.

Reid, W. J. (1996). Task-centered social work, In F. J. Tumer (Ed.), *Social work treatment(4th ed.)*. New York: Free Press.

Reid. W. J. & Epstein, L. (1977). *Task-Centered Practice*. NY: Columbia Univ. Press.

Richards, L. N. & Schmiegse, C. J. (1993). Problems and Strengths of Single-parent Familications for Practice and Policy, *Family Relations, 42*. pp. 277-285.

Rollinick, S. & Miller, W. (1995). What is Motivational Interviewing? *Behavioral and Cognitive Psychotherapy, 23*(4). pp. 325-334.

Rossi, P. H. & Freeman, H. E. (1993). *Evaluation: A Systematic Approach* (5th ed.). Beverly Hills. CA: Sage Publications.

Saleeby, D. (1996). *The strength perspective in social work practice*. New York: Longman press.

Saleeby, D. (2002). *The strength perspective in social work practice* (3rd ed.). New York: Longman.

Sarri, R. (1987). Administration in Social Welfare. *Encyclopedia of Social Work* (18th ed.). Vol. I.

Schein, E. (1970). *Organizational Psychology*. (2nd ed.). Englwood Cliffs. New Jersey: Prentice-Ha11.

Scott, W. R. (1987). *Organizations: Rational, Natural, and Open Systems* (2nd ed.). Englewood Cliffs. New Jersey: Prentice-Hall.

Selby, L. (1968). *The Field Work Supervisor as Educator in Education for Social Work* (eds.). E. Younghusband.

Skolnick, A. (1991) *Embattled Paraside*. N.Y.: Basic Books.

Smith, M. J. (1990). *Program Evaluation in Social Services*. New York: Springer.

Spears, L. (1995). *Introduction: Servant-Leadership & the Greenleaf Legacy*. In L. C. Spears (ed.). Reflection on Leadership: How Robert K. Greenleaf s Theory of Servant- Leadership Influenced Todays Top Management. New York: Willy.

Spreitzer, G. M., (1995). Psychological Empowerment in the Workplace. *Academy of Management Journal*, Vol.38(5), pp.1442-1465.

Tolson, E. R., Reid, W. J. & Garvin, C. D. (1994). *Generalist practice a task-centered approach*. New York: Columbia University Press.

Toseland, R. W. & Rivas, R. W. (1995). *An Introduction to Group Work Practice* (2nd ed), NY: Macmillan Co.

Weiner, B. (1990). *Human Services Management: Analysis and Application* (2nd ed.). Belmont. CA: Wadsworth Publishing.

Wormer, K. V. (2006). *Introduction to Social Welfare and Social Work*. Belmont, CA: Wadsworth.

Wright, L,. Watson, W. L. & Bell, J. M. (1996). *Beliefs: The heart of healing in families and illness*. New York: Basic Books

York, R. O. (1983). *Human Service planning: Concepts, Tools & Methods*. Chapel Hill: The University North Carona Press.

Zastrow, C. (1999). *The Practice of Social Work* (6th ed.). Pacific Grove. CA: Brooks & Cole.

찾아보기

[인명]

[내용]

ㄱ

ㄴ

ㄷ

ㅈ

ㅊ

ㅌ

ㅍ

ㅎ

저 / 자 / 소 / 개

■ **김성철**

백석대학교 보건복지대학원 교수

■ **김화신**

sb교육원 사회복지실천론 교수
사회복지법인 솔복지재단 대표이사

■ **모아라**

전, 연성대학교 사회복지과 교수

■ **박윤희**

해피드림 대표 FGTS 교수

■ **박종란**

경민대학교 효충사관과 교수
서울한영대학교 객원교수

■ **송희경**

국립한경대학교 아동가족복지학과 겸임교수

■ **오현주**

한국복지경영 & 코칭연구원 대표

■ **전정이**

사회복지정보자원연구소 연구원
sb교육원 장애인복지 운영교수

사회복지실천기술론

1판 1쇄 인쇄 — 2020년 9월 1일
1판 1쇄 발행 — 2020년 9월 4일

저　　자 - 김성철 김화신 모아라 박윤희 박종란 송희경 오현주 전정이
발 행 인 - 강철원
발 행 처 - 양성원
주　　소 - 경기도 파주시 검산로 173번길 29-20
전　　화 - 031-946-3861(代)
팩　　스 - 031-946-3864
이 메 일 - tnwpub@naver.com
홈페이지 - tnwpub.co.kr
출판등록 - 2015년 8월 31일 제 2015-000211 호

ISBN 979-11-6126-299-4

정가 19,000원